中国法院2023年度案例

国家法官学院 最高人民法院司法案例研究院 / 编

婚姻家庭与继承纠纷

中国法制出版社
CHINA LEGAL PUBLISHING HOUSE

《中国法院2023年度案例》通讯编辑名单

刘晓虹　北京市高级人民法院
王　凯　北京市高级人民法院
董　扬　天津市高级人民法院
童若涵　河北省高级人民法院
崔铮亮　山西省高级人民法院
杨智勇　内蒙古自治区高级人民法院
周文政　辽宁省高级人民法院
苏　浩　吉林省高级人民法院
王　妍　黑龙江省高级人民法院
牛晨光　上海市高级人民法院
缪　芳　江苏省高级人民法院
左一凡　江苏省高级人民法院
谷昔伟　江苏省南通市中级人民法院
宋婉龄　江苏省无锡市中级人民法院
杨　治　浙江省高级人民法院
李　波　浙江省高级人民法院
刘伟玲　安徽省高级人民法院
杨　宇　福建省高级人民法院
章光园　江西省高级人民法院
李　宁　山东省高级人民法院
张　琦　河南省高级人民法院
宋淼军　湖北省高级人民法院
黄　娅　湖北省宜昌市中级人民法院
唐　竞　湖南省高级人民法院
李　雪　广东省高级人民法院
邹尚忠　广西壮族自治区高级人民法院
韦丹萍　广西壮族自治区高级人民法院
李周伟　海南省高级人民法院
闫帅锋　重庆市高级人民法院
任　梦　四川省高级人民法院
杨俊杰　云南省高级人民法院
石　瑾　云南省昆明市中级人民法院
伍席芳　贵州省高级人民法院
余长智　贵州省贵阳市中级人民法院
王丽萍　西藏自治区高级人民法院
郑亚非　陕西省高级人民法院
张旦旦　甘肃省高级人民法院
王　晶　青海省高级人民法院
康　莹　宁夏回族自治区高级人民法院
石孝能　新疆维吾尔自治区高级人民法院
吉　雄　新疆维吾尔自治区高级人民法院生产建设兵团分院

序

法治是治国理政的基本方式，司法是法治体系的重要基石。党的二十大报告指出，要坚持走中国特色社会主义法治道路，建设中国特色社会主义法治体系、建设社会主义法治国家。加快建设公正高效权威的社会主义司法制度，努力让人民群众在每一个司法案件中感受到公平正义。人民法院始终坚持以习近平新时代中国特色社会主义思想为指导，深入学习贯彻习近平法治思想，围绕“公正与效率”这一主题，践行新时代能动司法理念，把加强司法案例研究作为加快建设公正高效权威社会主义司法制度，坚持为大局服务、为人民司法的重要途径，通过发布具有普遍指导意义的典型案例，统一法律适用，提高审判质效，提升司法公信力，努力让人民群众在每一个司法案件中感受到公平正义。

“中国法院年度案例系列”丛书，是国家法官学院和最高人民法院司法案例研究院精选全国各高级人民法院每年选送的优秀案例，深入挖掘典型案例内在价值编辑的实用精品丛书，旨在总结提炼典型案例的裁判规则和裁判方法，发挥司法规范、指导、评价、引领的重要作用，大力弘扬社会主义核心价值观，增强全民法治意识和法治素养，展现新时代我国司法领域新发展、新成就。

本丛书自2012年编辑出版以来，已连续出版12年，每年年初出版，受到读者广泛好评。本丛书出版之初有15个分册。近年来，为顺应审判执行实践需要，更加全面反映我国司法审判执行工作的发展进程，响应读者需求，2014年度新增金融纠纷、行政纠纷、刑事案例3个分册，2015年度将刑事案例调整为刑法总则案例、刑法分则案例2个分册，2016年度新增知识产权纠纷分册，2017年度新增执行案例分册，2018年度将刑事案例扩充为4个分册，2022年度将土地纠纷（含林地纠纷）分册改为土地纠纷（含环境资源案例）分册。在全国各级人民法院的大力支持下，丛书编委会现编辑出版《中国法院2023年度案例系列》丛书，共23个分册。

“中国法院年度案例系列”丛书以开放务实的态度、简洁明快的风格，追求“好读有用”，主要体现出以下特色：一是选编案例来源广泛、时效性强。

国家法官学院和最高人民法院司法案例研究院每年通过各高级人民法院汇集全国范围内上一年度审结生效的典型案例近万件，使该丛书有广泛的精选基础，可及时、定期提供全国范围内新近发生的多种类型的新型、疑难案例。二是由法官释理说法，全方位深度挖掘案例价值。大多数案例由主审法官撰写“法官后语”，深入阐释案例的裁判思路和相关考量，充分发挥典型案例在司法裁判、类案参考、法学研究、行为指引、宣示教育等方面的价值，力求引发读者的共鸣与思考，为读者提供借鉴和启迪。三是编排依次以案由和法律适用问题为序，方便读者检索。丛书充分体现“以读者为中心”的理念，每册内容主要根据案由分类编排，每个案例主要围绕法律适用问题，用一句话精要概括裁判规则、裁判思路或争议焦点，以其作为主标题，让读者能一目了然，迅速找到所检索的目标案例。四是注重裁判文书再加工，高度提炼案例内容。案例编写突出争议焦点以控制篇幅，剔除无关信息，尽可能在有限的篇幅内为读者提供更多与争议焦点、所查类案相关的有效、有益信息。

中国法制出版社始终全力支持“中国法院年度案例系列”丛书的出版，给了作者和编辑们极大的鼓励。2023年，这套丛书将继续提供数据库增值服务。购买本书，扫描前勒口二维码，即可在本年度免费查阅往年同类案例数据库。我们在此谨表谢忱，并希望通过共同努力，逐步完善，做得更好，真正探索出一条编辑案例书籍、挖掘案例价值的新路径，更好地服务司法审判高质量发展、服务法治社会建设、服务学习研究法律的读者。

“中国法院年度案例系列”丛书既是法官、检察官、律师等法律工作者的办案参考和司法人员培训的实用教材，也是社会大众学法用法的经典案例读本，同时是教学科研机构与人员从事案例研究的良好系列素材。当然，案例作者和编辑在编写、编审过程中也难以一步到位实现最初的愿望，客观上会存在各种不足甚至错误，欢迎读者批评指正。我们愿听取各方建议，不断拓宽深化司法案例研究领域，立足新发展阶段，推动实现中国特色司法案例事业的高质量发展。

国家法官学院

最高人民法院司法案例研究院

2023年5月

目　录

Contents

一、婚姻家庭纠纷

（一）婚约财产纠纷

（二）婚内夫妻财产分割纠纷

（三）离婚纠纷

（四）离婚后财产纠纷

（五）离婚后损害责任纠纷

（六）撤销婚姻纠纷

（七）夫妻财产约定纠纷

（八）同居关系纠纷

（九）亲子关系纠纷

（十）抚养纠纷

二、继承纠纷

（一）法定继承纠纷

（二）遗嘱继承纠纷

一、婚姻家庭纠纷

（一）婚约财产纠纷

1

男女交往期间，产生的大额转账汇款的性质认定

——冷某诉宋某婚约财产案

【案件基本信息】

1. 裁判书字号

黑龙江省齐齐哈尔市中级人民法院（2021）黑02民终3385号民事判决书

2. 案由：婚约财产纠纷

3. 当事人

原告（被上诉人）：冷某

被告（上诉人）：宋某

【基本案情】

2020年4月7日，冷某与宋某经媒人介绍相识，4月12日确立了恋爱关系。在异地通过电话及微信等方式沟通交往一段时间后，于2020年7月27日晚在原告家中双方亲属及媒人一同会餐，但会餐中未提及彩礼之事。2020年7

月 28 日 1 点 49 分冷某向宋某转账 50000 元。双方于同年 8 月开始同居生活，经过一段时间相处，宋某于 2021 年 3 月 13 日提出分手，双方解除恋爱关系。后双方因交往期间产生的大额转账性质认定及返还问题产生纠纷，诉至法院。

【案件焦点】

男女交往期间，产生的大额转账汇款的性质的认定。

【法院裁判要旨】①

黑龙江省拜泉县人民法院经审理认为：本案争议的焦点为该 50000 元是否属于彩礼款以及是否应该返还的问题。婚约财产纠纷，是指男女双方在相识恋爱期间，一方因某种原因而从对方获得数额较大的财物，当双方不能缔结婚姻时，财产受损的一方请求对方返还财物而产生的纠纷。本案中，虽然双方未按照农村习俗举行过彩礼的仪式并书写彩礼单，但原告冷某给付被告宋某 50000 元款项的事实存在，且该款项的数额较大，给付时间又发生于原、被告双方父母以及媒人均在场的聚餐当晚后的凌晨，而随后双方开始同居生活，再结合冷某为宋某购买过钻戒、金手镯的事实以及冷某提供的通话录音，能够认定双方存在缔结婚姻的目的，并因此给付彩礼款 50000 元的事实。宋某以该款项系双方恋爱期间冷某对其的赠与为由所作的抗辩，并不能影响彩礼返还的诉求，因为婚约是男女双方以缔结婚姻关系为目的所作的事先约定，因婚约给付彩礼的行为属于以结婚为目的的赠与，是一种附条件的赠与行为，现冷某以无法缔结婚姻为由，要求返还彩礼，符合法律规定，理由正当，应该予以支持。至于返还彩礼款的数额，考虑到双方同居 7 个月的事实情况，结合双方现实生活中的实际花销，被告宋某应当酌情返还 30000 元。综上所述，黑龙江省拜泉县人民法院依据《最高人民法院关于适用〈中华人民共和国婚姻法〉若干问题解释（二）》第十条、《最高人民法院关于适用〈中华人民共和国民法典〉时间效力的若干规定》第一条第二款、《中华人民共和国民事诉讼法》第六十四条第

---

① 本书【法院裁判要旨】适用的法律法规等条文均为案件裁判当时有效，下文不再对此进行提示。

一款之规定，判决如下：

一、被告宋某于本判决生效后十日内返还原告冷某彩礼款30000元；

二、驳回原告冷某的其他诉讼请求。

宋某不服原审判决，提起上诉。黑龙江省齐齐哈尔市中级人民法院经审理认为：本案中争议的50000元款项数额较大，如宋某所说该款项为赠与，非彩礼款，则不符合常理。恋爱中男女达成结婚合意后，一方出于结婚目的的财物赠与，在结婚目的不能实现时，受赠一方占有财物的合法依据已不存在，所以恋爱期间以结婚为目的的赠与，在双方当事人婚约解除后，赠与人有权利请求受赠人返还。因此冷某要求返还50000元款项，符合法律规定，应予支持。但鉴于双方在一起共同生活7个月，同居生活期间确有花销，一审酌情判令宋某返还冷某30000元适当。本院予以维持。

综上所述，宋某的上诉请求不能成立，应予驳回。一审判决认定事实清楚，适用法律正确，应予维持。黑龙江省齐齐哈尔市中级人民法院依照《中华人民共和国民事诉讼法》第一百七十条第一款第一项之规定，判决如下：

驳回上诉，维持原判。

【法官后语】[①]

婚约财产纠纷是民事诉讼中常见的纠纷类型之一，受风俗习惯传播渠道多元化、各地区人口流动增大等因素影响，近些年出现频率也有所增加。返还彩礼是婚姻财产纠纷的主要诉求，依据《最高人民法院关于适用〈中华人民共和国民法典〉婚姻家庭编的解释（一）》第五条的规定："当事人请求返还按照习俗给付的彩礼的，如果查明属于以下情形，人民法院应当予以支持：（一）双方未办理结婚登记手续；（二）双方办理结婚登记手续但确未共同生活；（三）婚前给付并导致给付人生活困难。适用前款第二项、第三项的规定，应当以双方离婚为条件。"但彩礼的范围受不同地区的风俗习惯影响较大，在法律条文中

---

① 本书【法官后语】对此类法律问题涉及的法律法规等内容进行了时效性更新，下文不再对此进行提示。

无法对其明确定义，故在法律实务中也有不同的观点。在部分地区，男女双方在交付彩礼的同时会记录在彩礼单中，并由双方各自留存一份，处理此类情况的案件一般只需将彩礼单中记载的财物认定为彩礼，其他经济往来如无特殊情况无须考虑。对于无上述风俗习惯的地区或本案中未形成彩礼单的情况，一方当事人主张返还彩礼而另一方当事人以双方财物属其他法律关系为由抗辩的，笔者认为在审判实践中对于彩礼的认定可以从以下三个方面进行考虑：

一、双方是否有缔结婚姻的意向

虽然法律并无明文规定，但在很多地区的风俗习惯中，无论是出于社交礼仪还是舆论压力又或者其他因素而给付彩礼，最根本的目的都是缔结婚姻。因此在财物交付前或财物交付时，双方已经对将来缔结婚姻有基本的共识这是能否认定财物为彩礼款的首要因素，如不满足此项要求，则与风俗习惯相悖，亦不满足返还彩礼款的法律依据：《最高人民法院关于适用〈中华人民共和国民法典〉婚姻家庭编的解释（一）》第五条中“当事人请求返还按照习俗给付的彩礼的，如果查明属于以下情形，人民法院应当予以支持”的规定。至于如何判断双方是否存在缔结婚姻的意向，当今社会对于结婚这类人生大事，往往仪式感很重，可以从双方的聊天记录、是否进行订婚仪式、是否对结婚物品进行采购、双方家人和朋友是否知晓等方面综合考量，需要注意的是依目前生活经验来看，是否有共同生活经历不必然与是否存在结婚意向存在联系，不能单独证明双方存在结婚意向。

二、双方对给付彩礼这一风俗习惯是否有共同认识

因《最高人民法院关于适用〈中华人民共和国民法典〉婚姻家庭编的解释（一）》第五条中明确规定“当事人请求返还按照习俗给付的彩礼的，如果查明属于以下情形，人民法院应当予以支持”，所以部分审判实践中会以涉案当地是否存在给付彩礼这一风俗习惯作为认定彩礼的标准。在当今社会信息传播的速度很快，很多风俗习惯经多种渠道传播开来，即便当地没有给付彩礼的习俗，但如果双方通过其他渠道对给付彩礼这一习俗有共同认识，在不违反民事法律行为基本原则的情况下，则可以认为给付的财物满足按照习俗给付的彩礼

的需求。至于如何判断双方对给付彩礼这一风俗习惯是否有共同认识，可以通过双方的自认、双方各自居住地是否有该习俗、双方恋爱交往所在地是否有该习俗、双方缔结婚姻地是否有该习俗等综合考量。

三、给付财物的相对价值大小

恋爱中的男女经济往来十分常见，但基于彩礼在习俗中的作用，其一般应为数额较大的现金或价值较高的贵重物品。此处的数额较大和价值较高的评判标准不应单纯以生活常识判断，因为在彩礼价值这方面风俗习惯对其并无明确标准，男女双方的主观意愿还有客观条件对其影响巨大，所以在判断时应多方面综合考量。至于如何判断给付财物的相对价值大小，可以通过以双方均认可的风俗习惯、双方对彩礼价值的主观判断、恋爱交往时或者缔结婚姻时当地的经济条件、男女双方尤其是给付财产方的经济状况等为参照因素，综合考量给付财物的价值是否满足彩礼的特点。另外需要注意的是，在部分审判实践中对于节日、纪念日等特殊意义的日子中特殊金额的经济往来不认定为彩礼，但在实际生活中，在有特殊意义的日子求婚、订婚屡见不鲜，对待此类情况仍需从多方面综合考量。

编写人：黑龙江省拜泉县人民法院　武志朋

2

婚后长期分居两地的生活状态未超越订立婚约时可预见范围的，不符合法定“登记结婚但确未共同生活”的彩礼返还条件

——陈某某等诉周某某婚约财产案

【案件基本信息】

1. 裁判书字号

浙江省杭州市中级人民法院（2022）浙 01 民终 2589 号民事判决书

2. 案由：婚约财产纠纷

3. 当事人

原告（上诉人）：林某、陈某、陈某某

被告（被上诉人）：周某某

【基本案情】

林某、陈某系夫妻关系，陈某某系林某、陈某之子。陈某某与周某某于2015年2月24日订婚，2016年1月9日举办婚礼，2017年1月9日登记结婚。2015年2月22日，林某通过转账的方式向周某某汇款100万元作为彩礼，周某某将上述款项于同日办理了七天通知存款。2015年2月28日，周某某将七天通知存款到期后的本息共计1000058.33元又汇给了林某。2015年2月至2018年1月，林某或者陈某某每月向周某某支付10000~20000元不等的款项。周某某、陈某某于2015年6月去海南拍婚纱照。2015年11月，陈某某去北京看望周某某。2016年2月，陈某某、周某某同去日本旅游。2017年2月，陈某某、周某某同去马尔代夫旅游。2017年5月、6月，陈某某两次去北京探望周某某。2017年6月9日，周某某经门诊体检诊断为妊娠状态。

2015年9月，周某某成为某音乐学院全日制研究生，进入该院音乐教育系学习，学制三年，2015年9月至2018年6月，周某某主要在北京居住、生活学习。周某某、陈某某因共同生活时间较短，聚少离多，感情失和。2018年4月，陈某某诉至法院，要求与周某某离婚，法院于2018年7月判决两人离婚。

2020年4月16日，周某某以委托理财合同纠纷为由将林某诉至法院，要求返还理财款本金100万元等。一审判决林某返还周某某理财款本金100万元等。林某不服该判决，上诉至杭州中院，杭州中院经审理认为："就周某某将该100万元款项交给林某而产生的法律关系，周某某在前案中否认其与林某之间存在委托理财关系，林某在前案中辩称的'打理'亦非通常意义上的委托理财关系，而应属林某管理周某某、陈某某的家庭财务。从林某、陈某某自2015年2月起至2018年1月止向周某某的转账情况来看，可以认定该款项一直独立存在。且在未经所有权人明确认可的情况下，林某无权对该100万元进行处分。

现周某某主张林某还款，鉴于周某某已与陈某某离婚，且陈某某在本案中未主张权利，故本院认定林某应向周某某返还50万元。”

林某等人因婚约财产纠纷提起本案诉讼，主张陈某某、周某某已经离婚，周某某收到给付的100万元彩礼后，双方未共同生活，因此要求返还100万元彩礼。周某某认可收到案涉100万元彩礼的事实，但认为双方自缔结婚约前至判决离婚期间一直存在共同生活关系，案涉彩礼不符合法定的返还条件。

【案件焦点】

林某、陈某、陈某某要求周某某返还100万元彩礼有无事实和法律依据。

【法院裁判要旨】

浙江省杭州市余杭区人民法院经审理认为：首先，周某某在与陈某某订婚后前往北京读书学习，双方因此聚少离多、共同生活时间较少，但双方于周某某在音乐学院读书期间登记结婚，且登记结婚发生在案涉彩礼给付后，由此可见双方在登记结婚时对婚后“聚少离多”的生活状态已有一定的预见，并表示接受。其次，虽陈某某、周某某婚后共同生活时间较少，但自结婚后的一年多时间，双方均曾努力维系婚姻家庭关系。第一，陈某某、周某某婚后有共同出国旅游；第二，被告收到案涉彩礼后不到一周内即将彩礼100万元交由原告林某打理，且在此期间，林某、陈某某按月向周某某转账；第三，虽陈某某、周某某婚后分居两地，但陈某某数次去北京探望周某某，周某某也有在法定假期回到杭州；第四，周某某于2017年6月9日经医院诊断为妊娠状态。由上可见，陈某某、周某某婚后存在共同生活状态，且这种生活状态也符合双方订立婚约以及结婚时的预期。原告的诉请，不符合法定的彩礼返还情形，法院不予支持。

浙江省杭州市余杭区人民法院依照《中华人民共和国民事诉讼法》第六十七条之规定，作出如下判决：

驳回原告林某、陈某、陈某某的全部诉讼请求。

林某、陈某、陈某某不服一审判决，提出上诉。浙江省杭州市中级人民法院经审理认为：陈某某、周某某于2015年2月24日订婚，此后两人曾共同去海南拍婚纱照，在周某某于北京求学期间，陈某某多次去北京看望周某某，并与其去日本、马尔代夫旅游，节假日期间共同往返于杭州、温州两地，双方在此期间，于2017年1月9日办理了结婚登记，直至2018年7月解除婚姻关系。根据上述情节，该院认定双方存在共同生活的事实。综上，原审判决并无不当。

浙江省杭州市中级人民法院依照《中华人民共和国民事诉讼法》第一百七十条第一款第一项之规定，作出如下判决：

驳回上诉，维持原判。

【法官后语】

婚约是男女双方以将来结婚、共同生活为目的所作的事先约定。彩礼是男女双方在缔结婚约过程中，给予对方的数额较大的金钱或价值较大的财物。婚姻自由原则是我国婚姻家事法长期以来确立的基本原则，鉴于此，缔结婚约的当事人不享有基于婚约而诉请缔结婚姻的权利，由此引发基于彩礼给付衍生的婚约财产纠纷不在少数。《最高人民法院关于适用〈中华人民共和国民法典〉婚姻家庭编的解释（一）》（以下简称《民法典婚姻家庭编司法解释（一）》）第五条就彩礼返还的情形作出规定。该条规范的目的在于：为给付彩礼而不能实现婚约目的的当事人提供一种权利救济途径，规制彩礼引发的失信、悖俗行为。从司法解释的文义看，是否存在婚姻关系是彩礼返还的构成要件之一，第一项是男女双方自始不存在登记结婚的事实，第二项、第三项是男女双方虽登记结婚但已离婚。此外，“共同生活”“生活困难”也是判断是否返还彩礼的重要考量因素。

囿于婚姻家庭生活的复杂性，司法解释难以穷尽列举所有彩礼返还情形，也难以明确界定其何为“确未共同生活”“给付导致生活困难”。笔者检索、梳理近年来有关彩礼返还的类案裁判文书，发现彩礼返还主要包括以下几种情形：（1）未办理登记结婚手续且未共同生活的，原则上支持彩礼返还。（2）未办理结婚登记，确已共同生活的，综合考量未登记结婚的原因、共同生活的实践、彩礼金额、有无生育子女等因素酌定返还彩礼的金额。（3）已登记结婚，确未共同生活，原则上支持彩礼返还。（4）已登记结婚，且存在共同生活。根据共同生活时间的长短判断彩礼是否应予以返还、返还多少。就如何理解、适用司法解释规定的第二项彩礼返还情形，实践中也存在不同认识。男女双方缔结婚姻关系的实质在于共同追求幸福家庭生活，鉴于此，共同生活状态当然应为认定彩礼返还的重要考量因素。常见的实践做法是根据双方共同生活的时间、彩礼数额并结合当地的风俗习惯等因素，确定是否返还及返还数额。个案中，登记结婚后的生活状态是否符合司法解释规定的“双方办理结婚登记手续但确未共同生活”的彩礼返还条件，不应局限、停留在共同生活状态的认定，应结合司法解释的规范目的，根据主、客观相一致的原则予以比较分析，考察接受彩礼的一方是否存在过错。客观上审查共同生活的事实，主观上考察双方在缔结婚约、登记结婚时对婚后共同生活状态的可预见性。给付彩礼后登记结婚的，原则上彩礼不予返还。婚后的生活状态超出缔结婚约、登记结婚时的可预见范围，且接受彩礼的一方存在过错的，可综合个案的具体情况酌情考虑全部或部分返还。

就本案而言，审理过程中主要涉及两个问题的认定：

1. 婚约财产纠纷中，彩礼返还的适格主体如何确定

登记结婚遵循男女双方自愿原则，但依传统婚俗习惯，缔结婚约尤其是婚约涉及的彩礼给付、婚礼举办等事项多有男女双方父母参与，多涉及两个家庭之间的往来。彩礼的来源、给付和接受主体也并非仅限于结婚男女双方。因此，从社会生活实际以及纠纷解决的效果来看，将婚约财产纠纷的适格诉讼主体严格限制为登记结婚的男女双方并不适宜。本案中，据查，案涉100万元彩礼系陈某某的母亲林某转账给付周某某，款项来源于林某、陈某夫妻共同财产。因此，林某、陈某是与本案有直接利害关系的当事人，属本案适格原告，周某某辩称二人非本案适格原告，依据不足，法院不予采纳。

2. “双方办理结婚登记手续但确未共同生活”如何认定

婚姻自由是法定的基本原则，结婚应当男女双方完全自愿，禁止任何一方对另一方加以强迫。鉴于此，缔结婚约的双方并无享有依婚约申请强制登记结婚的权利。但背离婚约仍持有基于婚约给付的彩礼的行为，有违诚信原则、公

序良俗，有加以规制的必要，为此，《民法典婚姻家庭编司法解释（一）》第五条列举了彩礼返还的三种法定情形。依文义、体系解释，该条第一项显然与彩礼给付的目的完全背离，此种情形，支持彩礼返还具有正当性。第二项“双方办理结婚登记手续但确未共同生活”则背离了夫妻双方互相忠实、互相尊重、互相关爱的实质要求，因此也应支持彩礼返还。实践中，不无争议的是该项“确未共同生活”如何理解和把握，联系到本案，笔者认为，“确未共同生活”应基于司法解释的规范目的，综合考量婚约订立时双方的工作生活状态、结婚年限、婚后共同生活事实、彩礼实际支配情况等因素。本案中，陈某某、周某某原共同生活在杭州，在订立婚约半年后，周某某前往北京读研，双方因此分居。双方婚礼举办时间、登记结婚时间均发生在周某某读书期间。周某某读书期间，双方也互有探视、共同旅游，且周某某在读书期间经医院诊断为妊娠状态。虽毕业前，双方经法院判决离婚，但承上所述，陈某某、周某某婚后生活状态符合双方订立婚约以及结婚时的预期。原告的诉请，不符合法定的彩礼返还情形，应不予支持。

编写人：浙江省杭州市余杭区人民法院　张浩

（二）婚内夫妻财产分割纠纷

3

夫妻一方基于“转移、挥霍”等法定情形请求分割共有财产的判定

——刘某某诉王某甲等共有案

【案件基本信息】

1. 裁判书字号

北京市第三中级人民法院（2021）京03民终9807号民事判决书

2. 案由：共有纠纷

3. 当事人

原告（被上诉人）：刘某某

被告（上诉人）：王某甲、李某某、王某乙

第三人：置业公司

【基本案情】

王某甲与李某某原系夫妻关系，王某乙系二人之女。1999年王某甲与李某某经法院调解离婚。2013年12月28日，王某甲与刘某某结婚。2017年12月27日，刘某某将户籍迁入涉诉宅院，四人户籍均在涉诉宅院。2018年8月至2019年3月，王某乙代理王某甲与置业公司签订多份拆迁协议及安置房认购协议。其间，刘某某因身体原因两次住院治疗，三人均表示不知情，且根据《拆

迁协议》刘某某属于享有安置资格的四人之一。后王某甲在未征得刘某某同意的情况下，将拆迁利益包含拆迁补偿、补助及奖励款赠与王某乙。

拆迁档案中记载部分内容如下：1. 宅基地区位补偿款、宅基地内空地奖、提前搬家奖根据宅基地的相应面积计算，生活补助费按安置面积计算，搬家补助、宅基地合法利用奖、工程配合奖按每宗宅基地相同标准计算，人员安置补助按照每人20000元计算；涉诉宅院宅基地空地面积为78.27平方米，建筑面积为154.73平方米。2. 王某甲出具的放弃宅基地权利声明及授权王某乙办理拆迁安置等事宜的授权委托书。3. 王某甲出具情况说明及承诺书，称其与刘某某处于离婚诉讼状态，刘某某无法到场选房，一切法律后果由其自行承担。4. 王某甲、李某某、王某乙出具声明，由王某乙代替刘某某办理购房事宜，全部家庭成员已决定不以刘某某的名义预选房屋，法律后果与置业公司无关。

后拆迁补偿、补助款除20万元转给李某某，剩余钱款均转账给王某乙。王某乙在诉讼中提交证据证明王某乙曾在2019年2月至7月转账给王某甲共计105万元。王某甲表示该钱款绝大部分已用于个人消费。

【案件焦点】

1. 所涉拆迁利益是否为王某甲与刘某某的共有财产；2. 刘某某可否主张分割拆迁利益。

【法院裁判要旨】

北京市顺义区人民法院经审理认为：刘某某户籍于2017年12月27日迁入涉诉宅院，其作为王某甲的配偶，具有使用涉诉宅院土地的权利。刘某某婚后未在涉诉宅院对房屋及附属物有添附，故与既有房屋相连部分的宅基地的拆迁利益刘某某无权享有，而就宅院空地部分的拆迁利益含宅基地区位补偿款、宅基地内空地奖、提前搬家奖刘某某有权享有。而对于按照每宗宅基地进行固定补偿的搬家补助、宅基地合法利用奖、工程配合奖，刘某某作为实际居住使用涉诉宅院的家庭成员之一，享有相应的权利。生活补助按照拆迁政策，系依据被拆迁人选择的安置房面积给予补偿，在刘某某符合安置资格的情况下，其享有该部分费用的权利。上述财产属于刘某某婚后取得的财产，应属于其与王某甲的夫妻共同财产。王某甲在未征得刘某某同意的情况下，将属于自己以及与刘某某夫妻共有的拆迁补偿、补助及奖励款赠与王某乙，考虑到王某甲与王某乙系父女关系，且王某乙是作为王某甲的代理人办理的拆迁相应事宜，对刘某某作为被拆迁家庭成员享有相应利益亦属明知，故王某乙取得相应款项并非善意，王某甲涉及夫妻共同财产部分的赠与应为无效。虽王某甲、王某乙、李某某称王某乙回转给王某甲共计 105 万元，但同时又表示王某甲已经花费了绝大部分，故综上情况本院认定王某甲具有转移、挥霍夫妻共同财产的情节，刘某某有权请求分割共同财产。北京市顺义区人民法院依照《中华人民共和国婚姻法》第十七条，《最高人民法院关于适用〈中华人民共和国婚姻法〉若干问题的解释（三）》第四条，《最高人民法院关于适用〈中华人民共和国民法典〉时间效力的若干规定》第一条之规定，作出如下判决：

被告王某甲、李某某、王某乙于本判决生效之日起七日内给付原告刘某某拆迁补偿、补助及奖励款 225966 元。

王某甲等不服原审判决向北京市第三中级人民法院提起上诉，二审法院同意一审法院裁判意见，作出判决如下：

驳回上诉，维持原判。

【法官后语】

随着社会物质生活的进步和个人财富的增长，一方在家庭生活中占据经济主导并掌控家庭财产的情形增多，以感情生活为依托建立起的婚姻关系开始变得脆弱，这势必导致财产控制弱势一方的财产平等处置权受到挤压。为此，婚姻法开辟了一条紧急救济通道，一方可不必等至漫长的离婚拉锯战结束，在婚姻存续期间，即可基于法定情形主张分割夫妻共同财产。该制度源于《最高人民法院关于适用〈中华人民共和国婚姻法〉若干问题的解释（三）》（以下简称《司法解释（三）》）第四条（已废止），《中华人民共和国民法典》（以下简称《民法典》）吸收了上述司法解释的规定，在保障夫妻平等处置权的基本立法框架下作出了相应调整。该规则的适用可划分为两层：一是判断涉案财产是否可以请求分割；二是分割婚内共同财产所依赖理由是否满足特定情形。

本案中，分割对象为涉诉宅院的拆迁利益，判断上述财产权益是否可以请求分割，应考虑两个方面因素：一是分割财产应当是大额财产。由于该制度具有紧急救济功能，应主要针对价值较高的财产进行分割，以便权益得到及时保护。反之，若允许小额财产进行分割，势必会加重司法负担，造成一定程度司法资源浪费。本案中，涉诉宅院拆迁利益所涉金额较大，刘某某当然可以请求分割。二是所分割财产应具有可分性，如存款或者本案中的拆迁补偿款等。

婚内夫妻一方只得依“法定情形”才可主张分割夫妻共同财产。《司法解释（三）》第四条（已废止），在立法技术上对法定情形采用封闭式列举，其目的是严格限制婚内分割共同财产行为，以维系夫妻共同财产制，防止扩大适用破坏夫妻关系的稳定。《民法典》第一千零六十六条既承袭了《司法解释（三）》第四条（已废止）的立法精神，又立足于新时代婚姻家庭观念对原条文进行调整，着重强调对夫妻合法权益的保护。一方面，《民法典》第一千零六十六条删除了“婚姻关系存续期间，夫妻一方请求分割共同财产的，人民法院不予支持”的原则性规定，传递了《民法典》对夫妻财产弱势方保护的决心，即满足法定情形即可请求分割夫妻共同财产。另一方面，删除了“不损害债权人利益”的法定情形附加条件，在夫妻弱势一方权益保护与债权人利益保护中作出了权衡。本案适用第一种法定情形，即严重损害夫妻共同财产利益的行为。关于该条应同时满足主客观双重条件才得以适用。客观方面，需现实存在损害夫妻共同财产的行为，且该行为已达到“严重损害”的程度，程度大小可依家庭财产状况进行个案分析。主观方面，造成损害的一方应具备主观恶意，即故意损害共同财产之意图。本案的三名被告明显知晓原告可能享有涉诉宅院的拆迁利益，且未经原告同意而排除原告与开发商签订相关拆迁补偿协议，应视为恶意。另外，本案拆迁款数额较大，尽管王某乙表示已将大部分拆迁款转给王某甲，但王某甲又将其大笔挥霍，其行为已严重损害了刘某某对夫妻共同财产的平等处置权。

值得一提的是，婚内分割夫妻共同财产的请求一定是基于夫妻共同财产制，否则不得请求分割夫妻财产。另外，一方依据《民法典》第一千零六十六条请求分割夫妻共同财产所产生的法律效果是请求分割的特定财产得以分割，不破坏夫妻共同财产制，即后续夫妻关系存续期间产生的财产仍为夫妻共有。

综上，本案在个案效果上，一、二审法院均以王某甲等具有转移、挥霍夫妻共同财产的情节支持了原告刘某某分割夫妻共同财产的请求，使原告刘某某的共同财产平等处置权得以保护。在社会效果上，因拆迁利益引起家庭矛盾在当今社会时有发生，共有制基础上的夫妻财产关系因“利”而变得脆弱，家庭财产控制弱势方的利益被侵害现象时有发生，司法层面需要发声，本案即是法院立足于公正司法前提下及时“打”给婚姻弱势方的“镇定剂”。

编写人：北京市顺义区人民法院　于浩森　周益

（三）离婚纠纷

4

夫妻“假离婚”签订的离婚协议中财产分割内容因缺乏夫妻真实意思表示应认定为无效

——洪某诉李某离婚后财产案

【案件基本信息】

1. 裁判书字号

福建省厦门市思明区人民法院（2020）闽 0203 民初 7776 号民事判决书

2. 案由：离婚后财产纠纷

3. 当事人

原告：洪某

被告：李某

【基本案情】

洪某与李某于2009年9月28日在厦门市思明区民政局登记结婚，同年12月31日生育婚生子李某浩，2014年7月2日在厦门市思明区民政局办理离婚登记手续。洪某与李某签订的《离婚协议书》第三条第三款约定：位于厦门市思明区莲秀里×号房产一套，是男方婚前所购，离婚后，归女方所有，男方无条件协助女方办理过户手续，所产生的费用由男方支付。

2014年，洪某与李某为了让婚生子在天津上学进而打算申请天津户口，因天津政策规定外地居民要取得天津蓝印户口需将三人户口迁至天津，其不愿将户口都迁往天津，双方协商后决定女方户口留在厦门，为此双方办理了离婚登记手续，但离婚后仍共同在天津居住生活。李某承认2014年时其申请并在2015年时取得过天津蓝印户口，2017年之前洪某与其共同居住在天津，2017年之后洪某回到厦门生活。

2014年9月3日，洪某申请将其婚姻状况由已婚变更为离异。同日，李某向公安机关提交《户口登记项目变更更正申请表》，申请变更项目为婚姻状况，申请理由为“已办理离婚手续。现未再婚，申请婚姻状况由已婚更改为离婚”，并提交离婚证书为证明材料。庭审时，李某否认当日前往派出所办理婚姻状况变更登记。

2015年11月3日，李某与兴业银行股份有限公司天津分行签订《零售借款最高额抵押合同》的婚姻状况一栏显示“离婚”。2018年2月28日，李某与福建南安农村商业银行股份有限公司签订《综合授信合同》和《最高额抵押合同》，并向银行提交了离婚证及《离婚协议书》。

厦门市思明区莲秀里×号房产现登记权利人为李某。双方离婚后至今，李某未将案涉房产过户到洪某名下。后双方因财产分割问题诉至法院。

案件审理期间，经李某申请，审理法院委托福建历思司法鉴定所对《离婚协议书》上“李某”是否李某本人签署进行鉴定，该司法鉴定所出具《司法鉴定意见书》，认为落款日期为“2014年7月2日”的《离婚协议书》中“李某”签字笔迹是李某本人所写。

【案件焦点】

1. 洪某与李某离婚登记是否合法有效；2. 基于双方办理的离婚登记而签订的《离婚协议书》的效力应如何认定。

【法院裁判要旨】

福建省厦门市思明区人民法院经审理认为：对于争议焦点之一“洪某与李某离婚登记是否合法有效”，离婚是具有要式性的特殊行为，夫妻前往婚姻登记机关完成离婚登记是解除夫妻关系身份行为的生效要件，双方婚姻关系自离婚登记办理完毕时终止。李某至今未向民政局申请撤销离婚登记或向法院提起行政诉讼，该离婚登记行政行为仍合法有效，洪某与李某离婚登记行为产生解除二人夫妻关系的法律效力。

对于另一个争议焦点，即“基于假离婚签订的《离婚协议书》的效力认定”，根据已查明的事实，洪某在庭审中承认 2014 年双方办理离婚登记手续是为了“小孩在天津上学”之便利，并非因感情破裂，且双方在离婚后仍共同居住于天津。洪某的上述承认构成自认，其办理离婚登记手续时欠缺结束双方婚姻关系的真实意思表示。根据前述分析，洪某与李某离婚登记合法有效，但婚姻关系的终止与财产关系的处分是两个完整且独立的法律行为，两者效力应分别评价。离婚涉及的夫妻身份关系自双方向民政部门办理离婚登记之日起解除，而《离婚协议书》因缺乏双方真实意思表示而应认定为无效，洪某与李某并未对离婚后财产分割约定达成真实的合意，故《离婚协议书》中夫妻财产分割部分的约定无效。洪某主张李某知晓离婚后未积极申请撤销离婚登记，反而在办理银行贷款及抵押时使用了《离婚协议书》，该行为应视为李某对其《离婚协议书》的追认，李某对此不予认可。追认适用于包括无权代理、无权处分、限制行为能力人从事法律行为等效力待定行为，而本案双方合意造成订立《离婚协议书》的假象，其真意并非追求离婚法律效果产生，双方对该虚假意思表示并无信赖，法律无必要使该意思表示产生约束力，该行为属于无效的行为，不属于效力待定的行为，故李某使用《离婚协议书》的行为不构成对《离婚协议书》的追认。因此，洪某与李某的夫妻共同财产应予重新分割，双方可协商解决或者另案起诉。本案中，洪某依据《离婚协议书》要求李某履行《离婚协议书》第三条第三款约定的义务的主张于法无据，本院不予支持，判决驳回洪某的全部诉讼请求。

判决后，双方当事人均未上诉，本判决现已生效。

【法官后语】

该案例涉及夫妻合意“假离婚”，在民政部门办理的离婚登记是否产生解除婚姻关系的法律效果，以及基于“假离婚”签订的《离婚协议书》中身份关系及财产关系处理的效力应如何认定的问题。

一、夫妻“假离婚”依法发生解除婚姻关系的法律效力

“虚假离婚”或“假离婚”并非法律概念，它是相对于我国法律规定中“离婚”而形成的社会俗称概念。狭义的“假离婚”是指夫妻双方内心均无真正解除婚姻关系的本意，而为了追求某种目的通谋办理离婚登记而解除婚姻关系的行为。

“假离婚”依法发生人身关系的变更主要基于以下三个原因：第一，人身关系具有伦理性。“实质意思说”观点认为虚假离婚的一方离婚后与第三方结婚的，因保护善意第三人之需要，该虚假离婚行为应认定有效；如双方均未与第三方结婚的，则双方虚假离婚无效。① 但若因当事人一方或者双方“假离婚”后是否另行缔结婚姻而区分“假离婚”效力，则有悖于婚姻家庭的伦理秩序，亦与法律行为效力认定标准的同一性原则相违背。第二，虚假离婚在离婚的意思表示上能实现意思表示理论的自洽。当事人选择虚假离婚的理由是行为动机，并不是虚假行为构成中的一部分，也就是说，虚假离婚的双方当事人在向行政机关申请离婚登记时并不存在意思表示上的不真实，其内心意思与表示意思一

① 程小勇：《虚假离婚的法律分析与司法应对》，载茆荣华主编：《〈民法典〉适用与司法实务》，法律出版社2020年版，第725页。

致，即解除双方婚姻关系。第三，离婚行为自完成离婚登记时生效。离婚是具有要式性的特殊行为，“因其采用公然的方式缔结，其效力的判断应坚持依方式公然缔结之行为，不能因私的密约左右其效力”。[①] 故离婚行为中不仅包含了双方当事人的意思表示，还包含了婚姻登记机关具有公信力的登记形式。因此，夫妻双方前往婚姻登记机关完成离婚登记是解除夫妻关系身份行为的生效要件，双方婚姻关系自离婚登记办理完毕时终止。本案中，虽然李某主张自己是被离婚，但至本案判决前其并未向民政部门申请撤销离婚登记或向法院提起行政诉讼，该离婚登记行政行为仍合法有效。

二、离婚协议身份关系与财产关系效力遵循相区分处理原则

离婚协议为复合型协议，身份协议部分主要由婚姻关系解除及子女抚养条款组成，财产协议部分则一般涉及财产分割和债务承担安排。离婚协议身份关系与财产关系效力遵循相区分处理原则，表现如下：第一，财产关系的内容可以独立于身份关系解除而独立发生效力。例如，夫妻婚内达成的财产分割协议，该协议效力也受到法院认可。第二，财产关系的内容属于以协议离婚为附条件的协议。本质上，该协议中财产关系的内容是以协议离婚作为生效条件的，但不同于身份关系的认定，财产关系的认定应探究双方是否存在真实意思表示等影响合同生效与否的因素。第三，离婚协议中财产分割的意思表示瑕疵不影响离婚的效力。《最高人民法院关于适用〈中华人民共和国民法典〉婚姻家庭编的解释（一）》第七十条第一款规定：“夫妻双方协议离婚后就财产分割问题反悔，请求撤销财产分割协议的，人民法院应当受理。”依照该规定，当事人订立财产分割协议时存在欺诈、胁迫等情形的，可以请求人民法院变更或者撤销协议，但并不影响婚姻关系的解除。因此，婚姻关系的终止与财产关系的处分是两个完整且独立的法律行为，两者效力应分别评价。

本案中，洪某与李某离婚登记合法有效，洪某自认其办理离婚登记手续时欠缺结束双方婚姻关系的真实意思表示，李某则表示其是“被离婚”，故洪某

① ［日］栗生武夫：《婚姻法之近代化》，胡长青译，中国政法大学出版社 2003 年版，第 59 页。

与李某在《离婚协议书》中作出的财产分割约定缺乏双方真实合意，该部分约定应认定无效。

三、“假离婚”中离婚协议的效力认定可适用通谋虚伪行为规则

《中华人民共和国民法典》（以下简称《民法典》）第一百四十六条“通谋虚伪意思表示”为新增条款，该意思瑕疵行为理论可以运用于认定夫妻“假离婚”时离婚协议的效力。首先，从体例上看，《民法典》总则编中民事法律行为效力的一般性规定起统领作用，且因婚姻家庭法融入民法，其与总则编之间存在一般规定与特别规定的逻辑关系，故可以适用总则编法律规范认定身份协议效力；其次，“虚假离婚”与“通谋虚伪行为”存在结构上的相似性。“通谋虚伪行为”是指双方当事人皆欠缺内心的效果意思，表意人此项非真意的“合意”表示为对方所“明知”，而“通谋虚假离婚”夫妻存在以离婚作为达成某种目的的手段的合意，该合意为双方“明知”，客观上双方故意为非真意的“合意”表示，完成形式“合法”的离婚登记。最后，“假离婚”场合的财产分割与通谋虚伪行为规则具有一致的价值内核。离婚协议系以意思表示为核心的民事行为，而通谋虚伪行为规则旨在保护和探寻当事人真意，以尊重当事人的意思自治，故二者在制度内核上具有一致性。

本案中，洪某与李某基于其他目的签署的《离婚协议书》财产分割部分内容未体现双方真实分配财产的意愿，故应根据《民法典》第一百四十六条第一款之规定，认定双方达成的财产分割约定无效。

值得注意的是，针对案件审理中发现当事人通过虚假离婚获得非法财产利益的情况，应当强化监督与司法建议职能，以实现对虚假离婚的有效规制，并建立正确的司法导向。

编写人：福建省厦门市思明区人民法院　傅嘉琳

5

夫妻双方未能保障疾患未成年子女合法权益，法院可以不准离婚

——闻某某诉沈某某离婚案

【案件基本信息】

1. 裁判书字号

江苏省无锡市锡山区人民法院（2021）苏0205民初1265号民事判决书

2. 案由：离婚纠纷

3. 当事人

原告：闻某某

被告：沈某某

【基本案情】

闻某某与沈某某于2014年2月经人介绍相识，同年5月8日登记结婚，并于2016年6月6日生育沈某（患有自闭症）。二人婚后初期感情尚可。

闻某某称由于婚前双方缺乏了解，感情基础薄弱。婚后双方在认知、生活习惯等方面存在较大分歧，时常因各种家庭琐事争吵，彼此缺乏信任。2019年，闻某某向江苏省无锡市新吴区人民法院起诉离婚，法院判决不准离婚。自从闻某某起诉离婚后，二人分居，沈某由沈某某照顾，闻某某在春节期间照顾过一个月，沈某目前在沈某某老家。2020年12月10日，闻某某第二次向法院提起离婚诉讼，并要求沈某由沈某某抚养，其每月承担抚养费1000元。

沈某某同意离婚，但认为沈某随闻某某生活对沈某成长更为有利，其目前不具备抚养条件，其愿意支付抚养费，并要求探视沈某。针对闻某某和沈某某

上述意见，法院向二人释明了父母对于孩子的抚养义务，要求二人慎重考虑。后，二人同意轮流抚养沈某，一人抚养一年。2021年4月20日，闻某某到庭陈述因其无稳定的工作，父亲也已离开无锡回老家居住，且其父母处于分居状态，没人帮其带孩子，其无法抚养沈某，要求由沈某某抚养沈某，其愿意支付抚养费。

【案件焦点】

在夫妻双方均同意离婚且拒绝直接抚养未成年子女的情况下，法院是否可以不准双方离婚。

【法院裁判要旨】

江苏省无锡市锡山区人民法院经审理认为：离婚纠纷，不仅关乎对夫妻双方婚姻关系的认定，同时也涉及对子女、财产等一系列问题的处理。特别是在涉及子女抚养问题时，应充分考虑未成年子女的合法权利，最大限度地保护未成年子女的合法权利。离婚后，子女仍是父母双方的子女，父母对子女仍有抚养、教育、保护的权利和义务。父母应当正确履行监护职责，抚养教育未成年人。本案中，经闻某某和沈某某确认，沈某患有自闭症，较其他健康的未成年人而言，沈某的学习、生活，特别是在心理上需要父母更多的陪伴与呵护。闻某某和沈某某多次强调自身的客观困难，推卸无论是人伦情感上的，还是法定义务上的应由二人承担的责任，拒绝在离婚后抚养沈某，该行为不仅违反了法律规定，也违背了公序良俗。尊老爱幼是中华民族的传统美德，未成年人的健康成长承载着国家的未来和民族的希望。无论是在婚姻中，还是在离婚后，父母依法履行对未成年子女的抚养义务，不仅是家庭责任，更是社会责任。闻某某和沈某某拒绝在离婚后抚养沈某，与中华民族的传统美德相悖，理应受到法律的否定性评价。出于保障沈某合法权利的考虑，法院对闻某某提出离婚的请求不予支持，也希望双方都能反思自己的行为，致力于修复双方的感情，即便双方感情无法修复，也应为沈某的健康成长考虑，妥善解决双方之间的矛盾。

江苏省无锡市锡山区人民法院依照《中华人民共和国民法典》第十条、第一千零八十四条，《中华人民共和国民事诉讼法》第六十四条、第一百四十二条之规定，判决如下：

不准闻某某与沈某某离婚。

判决后，双方当事人均未上诉，本判决现已生效。

【法官后语】

《中华人民共和国民法典》（以下简称《民法典》）第一千零七十九条第二款规定："人民法院审理离婚案件，应当进行调解；如果感情确已破裂，调解无效的，应当准予离婚。"但基于离婚案件复合之诉的特征，人民法院在判定离婚时，往往综合考量子女抚养等各种因素来认定。具体到本案，审理法院在处理离婚诉讼时，将未成年子女权益保障放在首位，判决在夫妻双方拒绝直接抚养未成年子女的情况下，不准离婚。这主要是基于以下三个方面的考虑。

首先，如前所述，离婚案件是涉及身份关系、抚养义务等因素的复合之诉。《民法典》第一千零七十六条第二款规定："离婚协议应当载明双方自愿离婚的意思表示和对子女抚养、财产以及债务处理等事项协商一致的意见。"此外，《民法典》还规定了夫妻离婚后子女抚养、共同财产分割等事项。由此可知，离婚案件不仅关乎夫妻婚姻关系，也涉及子女抚养等一系列问题。离婚制度虽然强调保护当事人婚姻自由的合法权利，存在一定的个人价值倾向。但是，基于婚姻关系社会化色彩的特征，婚姻当事人必须承担一定程度的社会责任，享受权利或实现自由不能以牺牲社会或者家庭的整体利益为代价。这也要求人民法院在处理离婚纠纷时不能片面地考虑个人情感，而应衡平个人、家庭与社会的整体法益，对各方的权利、义务与责任作出整体考量。

其次，父母对未成年子女的抚养义务不因婚姻关系的变化而改变。父母与子女包括基于生物学意义上的自然血亲和基于法律规定上的拟制血亲。其中，拟制血亲的父母与子女之间的权利义务关系在满足法定条件下，适用父母子女关系的规定。因此，笔者仅就父母与子女之间的关系加以说明。《民法典》第一千零八十四条前两款规定："父母与子女间的关系，不因父母离婚而消除。离婚后，子女无论由父或者母直接抚养，仍是父母双方的子女。离婚后，父母对于子女仍有抚养、教育、保护的权利和义务。”这就说明，父母和子女之间的关系从血亲关系产生之时即成立，这种关系在法定条件下不因父母婚姻关系的变化而消除。换言之，父母即便解除了婚姻关系，仍应承担对子女的抚养义务。本案中，闻某某和沈某某均同意离婚，然这一情形并不能免除双方对沈某的抚养义务，双方均拒绝在离婚后直接抚养沈某的行为已经违法，必须在该违法情形得到纠正后方可准予双方离婚。

最后，是否准予离婚应充分考虑公序良俗和对未成年子女权利的保障。尊老爱幼是中华民族的传统美德，未成年人是国家的未来和民族的希望，抚养未成年子女不仅是家庭责任，更是社会责任。法院审理离婚案件时，应充分考虑未成年子女的实际情况，最大限度地保护他们的合法权利。本案中，虽然闻某某和沈某某均同意离婚，但因为本案涉及身有疾患的未成年子女的抚养，因此法院在审理时应把对沈某的保护作为本案离婚裁判的必要因素，在沈某今后健康成长未得到充分保障的情况下，不宜简单地以夫妻感情已破裂为由准予双方离婚。同时，沈某患有自闭症，较健康的未成年人而言，需要父母更多的陪伴与呵护。闻某某和沈某某多次强调客观困难，推卸无论是人伦情感上，还是法定义务上均应由双方承担的责任。该行为与中华民族的传统美德相悖，应该受到司法裁判的否定性评价。

编写人：江苏省无锡市锡山区人民法院　刘家强　沈静

（四）离婚后财产纠纷

6

分割离婚财产时应按照房屋登记约定的按份共有份额分割

——陈某诉王某离婚案

【案件基本信息】

1. 裁判书字号

北京市第二中级人民法院（2021）京02民再181号民事判决书

2. 案由：离婚纠纷

3. 当事人

原告（上诉人、再审申诉人）：陈某

被告（被上诉人、再审被申诉人）：王某

【基本案情】

陈某（女）、王某（男）于2005年相识，2011年2月10日登记结婚，双方均系初婚且无子女。婚后经常产生矛盾，自2020年3月分居。后，陈某诉至法院请求离婚并分割夫妻共同财产。经查，双方婚后购买1204号房屋一套，2012年4月5日签订《购房合同》，购房人为陈某、王某。购买时房屋总价1270472元，首付款是390812元，贷款879660元，房贷于2014年3月14日还完，4月24日入住，2019年办理房产证。陈某委托王某办理产权证事宜。在办理房屋产权登记时，双方出具书面的《声明》载明："双方按份共有：陈某占有份额99%，王某占有份额1%。"王某在登记机关的询问记录上认可登记事项系其真实意思表示。不动产权证书登记显示房屋共有情况为按份共有，王某1%，陈某99%。关于夫妻双方约定房产份额的原因，陈某主张自己收入较高，对家庭贡献较大，而王某在2008年前收入很低，之后没有工作，故双方约定了上述份额。王某则主张办理房产证时并不清楚1%和99%的意义。关于出资情况，王某主张自己大概出资三四万元，认可房屋从购买到提前还贷确实都是陈某出资多。陈某主张部分婚前财产用于购买1204号房屋，首付和贷款也基本上是自己支付。在本案审理过程中，对1204号房屋进行了评估，评估价值为367.8万元。

审理中，陈某提供微信聊天截屏及照片、王某工行信用卡对账单截屏、转账记录等证据欲证明陈某工作收入较高，对家庭和房屋的贡献大，王某收入较低或无工作，酗酒、打赏主播，其对家庭和房屋贡献较小，并且王某的诸多行为伤害了陈某的感情。对此，王某除语言抗辩外，没有其他证据证明。

另外，登记在王某名下的大众牌汽车一辆，庭审中王某同意归其所有，王某给付陈某折价款3万元，陈某对此予以认可。

【案件焦点】

1. 婚后夫妻双方购买房屋并将产权登记为双方按份共有的，能否认定为夫妻双方存在财产约定；2. 在分割夫妻共有房产时，能否直接按夫妻共同财产平均分配；3. 如果不能，究竟是以出资为准，还是以不动产登记份额为准。

【法院裁判要旨】

北京市房山区人民法院经审理认为：婚姻关系的存续应以夫妻感情为基础。陈某与王某在共同生活中发生矛盾，现双方同意离婚，应予准许。关于房产问题，1204号房屋登记在双方名下，虽然该房屋不动产权证书显示为按份共有，王某1%，陈某99%，但该房屋为双方婚后购买，婚姻存续期间共同还贷，双方就该房屋亦无其他约定情形，现原告请求应以房产证的登记为准，无法律依据。考虑到实际情况认定房屋归陈某所有为宜，由原告向被告支付相应房屋补偿款，从照顾女方的原则出发，房屋补偿款本院酌定为150万元。关于轿车分割问题，庭审中王某同意归其所有，由其给付陈某折价款 3 万元，陈某对此亦认可，本院对此不持异议。

北京市房山区人民法院依照《中华人民共和国婚姻法》第十七条、第三十二条、第三十九条之规定，判决如下：

一、准予陈某与王某离婚；

二、1204 号房屋归陈某所有，陈某给付王某房屋补偿款 150 万元；

三、大众牌小型轿车一辆归王某所有，王某给付陈某折价款 3 万元；

四、驳回原告陈某的其他诉讼请求。

陈某提起上诉，二审法院同意一审法院裁判意见。

陈某遂向检察院申请抗诉，检察院提起抗诉后，北京市高级人民法院指令北京市第二中级人民法院再审。

北京市第二中级人民法院经再审认为：本案争议的焦点是涉案的 1204 号房屋如何分割。根据查明的事实，王某和陈某将房屋产权登记为按份共有，并且在办理登记的声明中明确约定为按份共有，份额比例为王某 1%，陈某 99%。王某签署声明（并代理陈某签署）并向登记机关表明是其真实意思表示，这意味着当事人双方对房产作出了按份共有的约定，并且已按照约定进行了物权登记。该约定和登记对陈某和王某双方具有约束力。因此，对于涉案房屋，应当按照按份共有的约定进行分割。根据按份共有的份额比例，法院认定该房屋归陈某所有为宜，由陈某向王某支付相应房屋折价款。原审对于房屋分割处理有误，再审予以改正。故判决如下：

一、撤销一、二审判决的财产部分；

二、1204 号房屋归陈某所有，陈某给付王某房屋补偿款 36780 元；

三、大众牌小型轿车一辆归王某所有，王某给付陈某车辆折价款 30000 元。

【法官后语】

房产作为婚姻家庭生活的重要财产，一旦涉及离婚财产分割，就成为双方争夺的重要标的。一般来说，婚后夫妻两人共同出资购买的房产无论登记为一方单独所有还是双方共同共有，均属于夫妻共同财产，在离婚时一般均分。但实践中，夫妻购买房产产权登记为按份共有的，在离婚时如何分割呢？目前，现行法律对此未有明确规范，亦未有具体的裁判规则指引，实践中针对此问题还存在很大的分歧。故明确离婚时按份共有房产分割相关法律问题的处理，统一裁判标准，对于妥善解决此类纠纷，提升司法指引作用具有积极意义。

梳理下来，目前司法界针对该问题存在以下几种处理办法：一是按照夫妻共同财产平均分配，本案原一、二审的处理就采取了该思路；二是考虑双方对房产的贡献价值，比照房产证上的比例上下浮动后进行分割；三是按照产权登记约定的份额进行分割；四是按照产权登记的份额进行分割，但在折价款上给予适当均衡。这几种处理办法所体现出来的背后价值取向和逻辑显然不同。

一、关于夫妻房产登记为按份共有的财产如何分割的观点分歧

就本案而言，一、二审和再审的判决结果截然不同，也代表了在该问题上，理论界和司法界的多年分歧，对于夫妻共有房产进行分割时，是否应直接以不动产登记份额为准进行分割呢？

观点一认为不应按房屋产权登记的份额比例进行分割。主要考虑以下几点：1. 房屋虽然登记为按份共有，但并不属于法律规定的夫妻约定财产制。根据法律规定，夫妻约定必须采用书面形式。不动产登记时提供的书面材料，系为办理产权证书所出具，不属于夫妻书面约定财产的形式。在双方未单独以书面形式作出明确约定的情况下，难以认定双方就房屋权属问题存在夫妻财产约定。2. 按照我国夫妻财产制度，婚后购买的房屋，即使只登记在一方名下，对方也享有一半份额，故产权登记情况不应作为分割依据。3. 婚姻法领域的财产变动规则具有身份法属性，而物权法具有典型财产法特征，与婚姻法存在很大区别。因此，婚姻法领域的财产变动这种人身关系的特殊性，不适用物权法（民法典物权编）的规则。

观点二认为应按房屋产权登记的份额比例进行分割，其理由有以下几点：1. 夫妻将房屋登记为按份共有的，既有特别约定的意思表示，又有约定行为的完成，即双方共同完成了产权登记。如果夫妻之间对财产有书面约定，尚未履行的，都按照夫妻财产约定处理，那么对于已经完成不动产登记，产权状态已

客观存在的，更应认定为夫妻对共同财产有约定了。如果还要求夫妻之间另外单独书面约定，显然过于严苛。2. 双方作为完全民事行为能力人，在协商房屋产权登记时，应当能够清楚地预见到自己的决定所产生的法律后果。如果出资与份额不匹配，只能视为婚内赠与或夫妻特别约定。若视为赠与，已经进行了产权登记，该赠与已经完成，不能单方撤销。若视为夫妻特别约定，已履行完毕，也不能撤销。3. 根据物权法和民法典物权编的相关规定，按份共有人应当按照份额享有所有权。不动产登记作为一种公示制度，能够明确不动产的归属，有效维护交易安全，对内（共有人之间）对外（第三人）均有约束力。4. 所谓清官难断家务事，婚姻生活中没有绝对的公平，公平也并非法律衡量婚姻财产协议的标准。

二、夫妻财产约定的认定依据及法理基础

从上述观点分歧看，处理本案的核心焦点系确定夫妻将房屋登记为按份共有的性质，即属不属于夫妻财产制约定？夫妻财产制约定是指夫妻或即将成为夫妻之人订立契约将双方的财产关系用夫妻财产制的形式予以确立。[①] 体现在《中华人民共和国民法典》第一千零六十五条第一款、第二款中："男女双方可以约定婚姻关系存续期间所得的财产以及婚前财产归各自所有、共同所有或者部分各自所有、部分共同所有。约定应当采用书面形式……夫妻对婚姻关系存续期间所得的财产以及婚前财产的约定，对双方具有法律约束力。"因此，夫妻约定财产制中的约定具有要式性，即需要有书面的约定。一般来说，夫妻对房产约定的具体表现有三种：1. 将夫妻共有房产约定为一方所有；2. 将夫妻共有房产约定为按份共有；3. 将夫妻按份共有的房产约定为共同共有。需要说明的是，夫妻财产制约定与夫妻之间赠与极易混淆，实践中也经常对此混合适用，不加区分。笔者认为，夫妻财产约定制与夫妻间赠与并不相同，夫妻财产约定制是针对夫妻共有的房产来说的，而夫妻之间房产赠与则是将夫妻一方所有的房产约定为另一方所有或双方共有的情况来说的。

司法实践应对婚姻中的意思自治给予充分尊重，即遵循当事人意思自治为

① 余廷满：《亲属法原论》，法律出版社2007年版，第286~287页。

核心的处理原则。意思自治下的法律行为可作为请求权依据。民法中的法律行为制度就是意思自治的工具或手段。[①] 意思自治应当包括行为自由与效果自主，即一方面人们可以自由选择法律行为之实施，而另一方面法律行为本身也构成规范，可以作为请求权规范基础，彼此应当受其约束，为自身行为负责。[②] 考虑到传统语境下的婚姻财产关系中，意思自治尚未为多数人所了解并付诸实践，所以婚姻内存在财产约定的案件相对较少，如果当事人之间存在约定，应对其效力予以认可，使符合真意的财产约定在当事人之间形成拘束力。因此，在夫妻双方对共有财产有书面约定的情况下，适用约定财产制。

本案中，涉案房屋系王某、陈某婚姻关系存续期间购买，属于夫妻双方共同财产，由王某、陈某共同所有。但王某、陈某基于各自对于购房的出资、还贷情况、对婚姻家庭的贡献等因素，双方通过权属登记的方式明确约定了涉案房屋为按份共有，在办理登记的声明中明确约定份额比例为王某1%，陈某99%。并且王某全程办理产权登记事宜，在办理过程中提交的材料，也是王某签署（并代理陈某签署），王某亦向登记机关表明系其真实意思表示，这意味着当事人双方明确对房产作出了按份共有的约定，并且已按照约定进行了物权登记。故该权属登记应视为王某、陈某对于夫妻共同财产的特别约定，该约定对夫妻双方具有约束力。

三、夫妻约定财产制的例外

需要说明的是，实践中出现的极特殊情况下，如出资和产权登记比例悬殊，像本案约定的按份共有份额为99∶1。再如出资购买多套房却不享有或者享有房产份额极低的。在房产大幅增值的情况下，对于出资多、产权份额畸少的一方，确实可能会导致极大的不公。这种情况是否需要通过判决进行调整，仍是需要继续探讨的问题。考虑到婚姻法和物权法的价值理念不同，涉及婚姻家庭内部的财产关系调整时，当两者的规定出现冲突时，该适用婚姻法的价值理念还是遵循物权法的价值理念？

---

① 王泽鉴：《民法总则》，中国政法大学出版社2001年版，第335页。

② 朱庆育：《民法总论》，北京大学出版社2013年版，第109~111页。

笔者认为，物权法在调整涉婚姻财产关系时可以适当保持谦抑性，婚姻中更注重身份关系的维系，婚姻家庭领域内的财产关系依附于身份关系，身份关系的伦理性决定了其内部财产关系并不是为了寻求经济价值，物权法主要强调维护市场交易秩序，其权利变动规则在婚姻家庭内部财产关系上可以适当让步，为婚姻法的适用留出应有空间。如果完全按照物权法的规则处理会导致巨大不公平的，并不禁止采用婚姻法的价值理念予以适当调整。但是，这种调整需要受到严格的约束，只有在造成明显不公平时才能酌情调整。

另外，在家事审判中，亦应注重衡量社会价值导向，在相关法律及司法解释未对上述问题进行明确规定的情况下，通过利益衡量的方法融入社会主义核心价值观，对维护婚姻家庭的和谐稳定以及促进社会健康发展也具有重要意义。

本案中，虽然王某、陈某对房产份额约定的比例为1%和99%，份额差距悬殊，但并未造成实质上的不公平。从对房屋的贡献来看，王某自认购房时仅支付了三四万元首付款，其余首付款和房贷几乎均是陈某支付。从对家庭婚姻的贡献来看，王某收入较低或无工作，酗酒、打赏主播，其对家庭贡献较小，明显是陈某作出了巨大的贡献。因此，本案并不属于需用公平原则兼顾的情况。相反，从利益衡量的角度来看，如果按照原一、二审房产平分的处理办法，显然对陈某造成明显不公，也不利于弘扬社会主义核心价值观。

综上，在夫妻双方对共有财产有书面约定的情况下，适用约定财产制。婚后夫妻双方购买房屋并将产权登记为按份共有的，说明夫妻双方对房屋这一婚姻内共同所有的财产已经有了事先约定，并且事实上双方也履行了该财产约定，这种按份共有的产权状态有法律效力，此时，不应再考虑出资来源、房屋贡献等相关因素，可径行按照双方约定处理房产，即约定按份共有的房屋应按约定比例进行分割。只有出资与约定份额存在明显不公平的，才可以根据公平原则适当调整。综合双方对房屋、婚姻家庭的贡献大小等因素，可以酌情调整份额的折价款。

编写人：北京市第二中级人民法院　吴宏　王文庆

7

夫妻分居期间银行大额取款的分割规则

——谢某诉吕某离婚案

【案件基本信息】

1. 裁判书字号

北京市第三中级人民法院（2020）京 03 民终 3880 号民事裁定书

2. 案由：离婚纠纷

3. 当事人

原告（被上诉人）：谢某

被告（上诉人）：吕某

【基本案情】

2007 年 2 月，谢某与吕某经人介绍相识，二人于同年 10 月 16 日登记结婚，于 2013 年 12 月 10 日生有一女吕某某。2017 年 5 月，谢某与吕某因家庭琐事发生矛盾，开始分居。2017 年 9 月，谢某起诉至本院要求与吕某离婚，后撤诉。现谢某以夫妻感情破裂为由再次诉至法院要求离婚，在本案审理过程中，双方对于离婚问题已达成一致意见，但对于子女抚养问题及夫妻共同财产分割问题产生分歧，调解无效。

庭审中，谢某要求分割吕某名下的兴业银行股份有限公司（以下简称兴业银行）中的理财产品 19300 元、中国银行股份有限公司（以下简称中国银行）被吕某支取的夫妻共同财产 145000 元和中国工商银行股份有限公司（以下简称工商银行）的银行账户中被吕某支取的夫妻共同财产 731195 元，共计 895495 元。吕某主张，兴业银行中的 19300 元用于其女儿吕某某在海南的旅游消费，其他从上述银行账户中支取的大额取款皆用于支付律师费和女儿的教育生活支出等，并提交了相应票据。

谢某主张，吕某提交的现金支出票据中，有767164元支出存疑；且吕某月收入近20000元，除此之外从分居至庭审时，吕某另从上述银行卡中支取和消费了大量资金，因此不认可吕某的上述消费属于正常家庭支出。谢某主张取得上述钱款一半的金额。

吕某要求分割谢某名下的北京银行股份有限公司的银行账户余额4971元，兴业银行的银行账户5年期存款11000元，中国农业银行股份有限公司的银行账户中的19000元，中国银行的银行账户的16000元及5年期存款10000元，中信银行股份有限公司的银行账户余额7980元，工商银行的银行账户中谢某支取的239643元及余额943元、67.7美元，工商银行的银行账户中谢某支取的238200元，且因谢某恶意转移夫妻共同财产，主张取得上述钱款70%的金额。谢某同意分割上述银行卡中的余额和5年期存款约计70368元，不同意分割其取款部分。谢某主张其工商银行的账户中支取的14000元用于支付律师费，并提供了相应票据；每次取款1000元至6000元的金额部分用于还贷，部分用于生活支出；其月工资仅有6000余元，房屋每月还贷需4000余元，其银行卡于分居期间曾因另案由法院冻结，因此其向他人借款用于生活，法院解封后的大额取款用于偿还借款。

判决另涉子女抚养及其他夫妻共同财产分割问题。

【案件焦点】

分居期间夫妻双方的银行账户大额取款是否应当分割，以及应以何标准分割。

【法院裁判要旨】

北京市通州区人民法院经审理认为：谢某、吕某虽系经人介绍、自主结婚，但在共同生活期间未能妥善维系好婚姻关系，最终影响了夫妻感情，二人感情确已破裂。现谢某要求离婚，吕某表示同意，本院不持异议。

谢某与吕某分居后，吕某自其银行卡中取出了大额现金。本院认为，吕某的月收入较高，结合吕某的月收入情况和银行卡的大额取款情况，吕某提供的上述票据存有一定瑕疵，不能充分证明分居后吕某实际将银行卡中的夫妻共同财产及月收入全部消费。吕某应当在适当范围内补偿谢某部分夫妻共同财产。

就谢某的银行卡大额取款而言，结合谢某的月收入和取款情况，谢某主张的支出数额也存有一定瑕疵，不能充分证明分居后谢某实际将银行卡中的夫妻共同财产及月收入全部消费。谢某应当在适当范围内补偿吕某部分夫妻共同财产。

吕某主张谢某恶意转移夫妻共同财产，但其提供的证据不能充分证实其主张，就该主张，本院不予采信。

判决另涉子女抚养、其他夫妻共同财产分割问题。

综上所述，北京市通州区人民法院依照《中华人民共和国婚姻法》第三十二条第二款、第三十六条、第三十九条第一款，《中华人民共和国民事诉讼法》第六十四条第一款之规定，判决如下：

一、准许原告谢某与被告吕某离婚；

二、原告谢某与被告吕某之女吕某某由被告吕某自行抚养；

三、位于北京市通州区×房产归被告吕某所有，被告吕某支付原告谢某房屋折价款873309元；位于北京市通州区××的房产归原告谢某所有，原告谢某支付被告吕某房屋折价款640981元，同时该房屋的剩余贷款自2019年11月起由原告谢某自行偿还；均于本判决生效之日起三十日内执行清；

四、轿车归被告吕某所有，被告吕某支付原告谢某车辆折价款21450元，于本判决生效之日起三十日内执行清；

五、被告吕某支付原告谢某夫妻共同财产450000元；原告谢某支付被告吕某其名下的存款35184元及财产折价款20000元；均于本判决生效之日起三十日内执行清；

六、原告谢某、被告吕某各自名下房产中的家具归各自所有；原告谢某、被告吕某各自持有的首饰归各自所有；个人衣物归个人所有；（均已执行清）

七、驳回原告谢某的其他诉讼请求。

宣判后，被告吕某提起上诉，后撤诉，本判决现已生效。

【法官后语】

本案发生于《中华人民共和国民法典》（以下简称《民法典》）出台之前，适用的是当时的法律规定，包括原《中华人民共和国婚姻法》（以下简称《婚姻法》）及相关司法解释。就本案中的分居期间夫妻双方的银行取款是否以及在何种条件下能够作为夫妻共同财产进行分割的问题而言，不论是原《婚姻法》及相关司法解释，还是《民法典》均未作规定，需要法官在个案裁判中，综合相关情形进行认定。

首先，夫妻双方离婚时分割的夫妻共同财产一般仅指原《婚姻法》第十七条①规定的夫妻于婚姻存续期间取得且于离婚时现存的财产。夫妻双方对夫妻共同财产有平等的处理权，这一规定导致了除了构成无权处分的情形之外，婚姻存续期间，夫妻一方进行日常消费所花费的夫妻共同财产既已消费，皆不属于离婚时可分割的夫妻共同财产的范畴。分居期间的夫妻共同财产制度亦从此规定。

其次，就夫妻共同财产而言，不动产、婚姻存续期间双方购入的动产如首饰、烟酒、家具等以及银行账户上的存款属于离婚时夫妻双方可以取得明确证据证明其存在及金额的财产，而现金部分则难以举证证明，夫妻双方就现金的数额也难以达成一致，尤其在夫妻离婚前处于分居状态的案件中更是如此。本案中，离婚时双方银行账户中的存款数额有限，分居期间，双方却从各自银行账户中取出了大量现金。虽没有直接证据证实这部分款项为现存夫妻共同财产，但也不能直接得出离婚时这部分现金已经花费完毕的结论。

---

① 对应《民法典》第一千零六十二条："夫妻在婚姻关系存续期间所得的下列财产，为夫妻的共同财产，归夫妻共同所有：（一）工资、奖金、劳务报酬；（二）生产、经营、投资的收益；（三）知识产权的收益；（四）继承或者受赠的财产，但是本法第一千零六十三条第三项规定的除外；（五）其他应当归共同所有的财产。夫妻对共同财产，有平等的处理权。"该条规定仅是增加列举了夫妻共同财产的类型，其他内容并无变化。

再次，在此情形下，法官须进行进一步分析和推论。在没有直接证据证实其存在及具体数额的待证事实时，需要法官根据现有证据作出经验推定。本案就离婚时夫妻共同财产中的现金资产进行计算，涉及的是事实认定层面的问题，属于建构小前提中的经验推定。经验推定指的是根据常理和经验法则推出未知事实，是法官根据自由心证从此已知事实的存在推出彼未知事实的存在。进行事实推定必须具备的条件包括：（1）无法直接证明待证事实的存在与否，只能借助间接事实来推断；（2）前提事实必须已经得到法律上的确认；（3）前提事实与推进的经验事实之间应有高盖然常态联系。

在本案中，法官依赖的经验法则是，分居期间，当事人持有银行大额取款、黄金卖出所得款项、月工资收入等资产，扣去消费票据中可以采信的数额及以往消费支出水平，如有剩余款项，则为当事人离婚时持有的现金资产总额。此经验法则所依赖的是当事人提交的银行账户交易明细、黄金变现相应凭证等证据，这些证据可以证实当事人分居时持有的现金财产数额，而就月收入水平而言，则需要综合双方银行账户中的工资收入和双方当事人陈述予以确定。就支出总额而言，法官可以通过责令取款当事人说明钱款去向，另一方当事人发表意见的方式，确认大额取款的去向，还可以通过审查当事人提交的消费票据中显示的日期、票号、金额、内容等，确认其载明的消费支出的合理性、真实性，并结合双方当事人关于各自分居前日常生活水平以及分居后还房贷、缴纳各项生活必要费用等情况的证据及陈述，确定双方分居期间的日常生活支出，从而得出离婚时双方剩余现金资产的数额。

最后，上述推论亦符合《民法典》新规的规范意旨。《民法典》第一千零九十二条规定，夫妻一方隐藏、转移、变卖、毁损、挥霍夫妻共同财产，或者伪造夫妻共同债务企图侵占另一方财产的，在离婚分割夫妻共同财产时，对该方可以少分或者不分。离婚后，另一方发现有上述行为的，可以向人民法院提起诉讼，请求再次分割夫妻共同财产。本条规定与原《婚姻法》第四十七条的规定存在差别之处在于，将离婚时，夫妻一方出现隐藏、转移、变卖、毁损等行为的，可以少分或不分，变更为夫妻一方出现隐藏、转移、变卖、毁损、挥霍夫妻共同财产等行为的，在离婚分割夫妻共同财产时，可以少分或不分。此处存在两个变动。第一，在条文表述上，将可以认定为隐藏、转移、变卖、毁损夫妻共同财产的行为范围扩大至整个婚姻存续期间，不再局限于离婚时出现的行为，这符合此条的规范意旨，即对整个婚姻存续期间存在的隐藏、转移、变卖、毁损夫妻共同财产故而侵占离婚时对方可分得的夫妻共同财产的行为作否定性评价。因分居不必然伴随离婚，夫妻分居期间在严格意义上而言不属于离婚期间，但此期间内一方或双方出现的隐藏、转移、变卖、毁损夫妻共同财产故而侵占离婚时对方可分得的夫妻共同财产的行为落入了本条规范的适用范围，有利于维护夫妻一方或双方对夫妻共同财产享有的合理诉求。第二，增加了挥霍夫妻共同财产的行为作为一方可以少分或不分的依据。本案中，如果认定原、被告从银行账户中大额取款及消费的行为属实且属故意，则也可以认定该行为属于挥霍夫妻共同财产的行为，本案因此也落入了《民法典》后时代对夫妻一方或双方对于夫妻共同财产所享有的权益的保护。

综上，在无相应法律规范的情形下运用法官自由心证和经验法则作出的裁判以及总结的裁判规则，符合新时代婚姻家庭法律规范加强对夫妻共同财产权益保护的内涵，且在今后的审判实践中，如遇类似无法律规范的情形，仍有借鉴意义。

编写人：北京市通州区人民法院　陈靖

8

夫妻共同申请的社会保障性租赁房的续租权在离婚时可作为财产权益进行处理

——张某某诉罗某某离婚案

【案件基本信息】

1. 裁判书字号

福建省厦门市中级人民法院（2021）闽02民终566号民事判决书

2. 案由：离婚纠纷

3. 当事人

原告（上诉人）：张某某

被告（被上诉人）：罗某某

【基本案情】

张某某与罗某某于2010年6月4日登记结婚，于2011年2月13日育有婚生子张小某，双方婚后共同居住在厦门市思明区。其间，罗某某曾将婚生子张小某带到漳州市平和县和罗某某父母共同生活3年多，并于2017年9月返回厦门居住。2019年7月29日，张某某（承租人/乙方）与厦门市住房保障中心（出租人/甲方）签订《厦门市保障性租赁房租赁合同》，约定由乙方承租甲方管理的坐落于厦门市高林一里×号×室房屋（以下简称讼争房屋）作为住宅使用，租赁期限为3年，即自2019年8月1日起至2022年7月31日止，租金标准为663.6元/月。该合同将罗某某、张小某列为共同申请人。张某某与罗某某名下均无其他房产。张某某起诉称双方婚前缺乏了解，感情基础薄弱，婚后三观不合，在对待工作和生活上分歧越来越大。这几年双方争吵不断，夫妻关系名存实亡，双方大部分时间都是分居状态。婚生子张小某一直与原告及原告父母亲生活在一起，被告这几年经常在家打骂孩子，无法与孩子冷静沟通，要求：（1）判决张某某与罗某某离婚；（2）判决婚生子张小某由张某某抚养，罗某某一次性支付2020年8月1日起计至2029年2月13日的抚养费122880元。罗某某辩称：（1）同意离婚。张某某多次对罗某某实施家庭暴力，多次威胁、恐吓罗某某及儿子，双方感情确已破裂。（2）婚生子张小某自出生至今一直跟随罗某某共同生活，已形成无法分离的依赖性，感情也最为深厚。张小某还随外祖父母共同生活多年，已经融入罗某某及其父母家庭生活。且罗某某工作相当稳定，收入可观，故张小某应当由罗某某抚养，张某某每月支付抚养费2000元直至孩子18周岁止，后续产生的医疗费、教育费由双方共同承担。（3）要求张某某赔偿家暴罗某某多次的医疗费和精神损伤费1.5万元，并赔偿罗某某十年的青春和精神损失费10万元。（4）双方婚后承租的廉租房由罗某某和婚生子使用。庭审中，罗某某要求在本案中一并解决婚生子探望问题。

【案件焦点】

1. 张某某与罗某某婚生子张小某的抚养问题；2. 婚后共同申请的社会保障性租赁房应如何处理。

【法院裁判要旨】

福建省厦门市思明区人民法院经审理认为：一、关于夫妻感情。张某某与罗某某夫妻矛盾较深，经常争吵且矛盾积累已久。本案张某某诉求离婚，罗某某亦表示同意离婚，说明双方感情确已彻底破裂，无和好可能，故对张某某本次诉请离婚，本院依法予以支持。二、关于子女抚养与探望。本案中，婚生子张小某自出生，大部分时间处于罗某某照料的环境中。本院比较了张某某与罗某某的具体情况，结合考虑张小某的年龄、现在的生活状况及其意愿，认为张小某由罗某某直接抚养更适宜。张某某作为张小某的父亲，离婚后对婚生子张小某仍有抚养义务。本院综合本案情况，酌情认定张某某每月支付1800元的抚养费。本院根据双方对行使探望权利的方式、时间的意愿表达，考虑不影响张小某的正常生活、学习，确认张某某的探望方式。三、关于医疗费 1.5 万元及精神损害抚慰金 10 万元。罗某某所述其多次遭受张某某家暴的主张亦缺乏充分有效证据，诉求赔偿医疗费 1.5 万元缺乏事实基础。而夫妻在婚姻中互相付诸青春乃婚姻常事，没有青春损失赔偿的法律依据。罗某某的该项诉讼请求缺乏充分依据，本院不予支持。四、关于保障性租赁房的承租权。2019 年 7 月 29 日，张某某作为承租人与出租人厦门市住房保障中心签订《厦门市保障性租赁房租赁合同》，合同列明罗某某、张小某为其他申请家庭成员（共同承租人）。合同约定张某某承租讼争房屋，租期自 2019 年 8 月 1 日至 2022 年 7 月 31 日，每月租金 663.6 元。本案中，罗某某与张某某均主张由自己继续承租使用该讼争房屋。本院认为，第一，该房系保障性租赁房，张某某、罗某某均不享有该房的所有权，在符合相关承租条件的情况下可以享有使用权。故本案中双方讼争的权利在性质上属于优先承租权，且受到申请条件、管理部门审核等方面的限制，但因继续承租的一方确能以低价继续使用房屋，而搬出的一方则需另行解决住房问题，故该权益存在财产性价值，依法可予进行分割。第二，本院已经确认婚生子张小某跟随罗某某共同生活，而张小某目前就读于厦门外国语学校附属小学，距离讼争房屋所在地址较远，如让其居住在讼争房屋内，每天长距离往返奔波将给张小某生活造成不便；且罗某某在庭审中亦陈述之前平时都是住家里（指湖滨南路男方父母家），周末才会带孩子去讼争租赁房居住，可见张小某此前也没有长期居住在讼争房屋内从而形成在该片区长期稳定生活的状态。综上，罗某某主张应由其承租讼争房屋并携子居住的说法，实际上并不利于张小某就学、生活，故由张某某继续承租该房屋更合宜。第三，双方在庭审中均陈述了该房屋附近同类房屋的市场租金价格，双方陈述的金额差距较大，本院综合讼争房屋的面积、户型、双方目前居住情况、张某某讼争房屋租金金额、双方自述同类房屋市场价格等各因素，衡平张某某的获益与罗某某的受损情况，酌情认定张某某应每月支付罗某某 1000 元作为补偿，但鉴于罗某某亦可根据自身情况再申请承租政府的保障性租赁房以降低自己的住房成本，故张某某支付补偿金的时间应在合理范围内以促使罗某某积极申请价格更低的保障性住房，张某某提出支付罗某某的补偿金的期限最多三年，根据厦门市此类房屋申请、审批、入住等合理流程时间，本院认为三年期限具有合理性，予以确认。在三年内，如果出现罗某某提前申领到相关保障房或其他导致张某某可提前终止支付补偿金的情况，张某某有权申请提前终止支付补偿金；三年后，如罗某某仍存在合法合理事由需延长张某某支付补偿金的金额或期限的，罗某某亦有权申请延期。

福建省厦门市思明区人民法院依照《中华人民共和国婚姻法》第十七条、第三十二条第二款、第三十六条第一款和第二款、第三十七条第一款、第三十八条第一款和第二款，《中华人民共和国民事诉讼法》第六十四条第一款的规定，判决如下：

一、准许张某某与罗某某离婚；

二、张某某与罗某某的婚生子张小某由罗某某直接抚养，张某某应于本判决生效之日起的当月开始按 1800 元/月支付抚养费至张小某年满十八周岁止；

三、张某某依法享有探望张小某的权利，具体行使方式为：自本判决生效之日起，（一）张某某每周末可探视婚生子张小某一次，每次 24 小时；（二）每年暑假期间，张某某可接走张小某与其共同生活 20 天，每年寒假期间张某某可接走张小某与其共同生活 7 天。寒暑假期间，张某某接走张小某后应于期满之日 19：00 时前将张小某送回罗某某处；（三）张小某轮流与父母交替共度中秋节与春节，即 2021 年春节与张某某共度，2021 年中秋节与罗某某共度；2022 年春节与罗某某共度，2022 年中秋节与张某某共度，以此顺推；

四、在符合承租条件的前提下，讼争房屋由张某某优先继续承租使用，张某某应于本判决生效之日起每月支付罗某某补偿金 1000 元（支付期限三年）。

张某某不服原审判决，提出上诉，福建省厦门市中级人民法院经审理同意一审裁判意见，依照《中华人民共和国民事诉讼法》第六十四条、第一百七十条第一款第一项之规定，判决如下：

驳回上诉，维持原判。

【法官后语】

社会保障性租赁房，也称廉租房，是政府或相关管理机构拥有产权，以政府核定的低租金租赁给低收入个人、家庭或其他符合申请条件的主体的保障性住房。廉租房的承租人可以远低于同类房屋市场价格的租金占用、使用房屋。在婚姻关系存续期间，夫妻双方以家庭名义共同申请并承租保障性租赁房。夫妻离婚后，原本租赁的廉租房不能再以夫妻名义共同租赁，需一方申请退出租赁后由另一方继续与房屋管理部门签署新的租赁合同。但现实生活中，因矛盾较大，离婚双方无法就廉租房由谁继续租赁使用达成一致意见，经常出现不能配合办理相关续租手续的情形。因此，在婚姻家庭民事案件诉讼中（离婚纠纷、离婚后财产纠纷），时常有当事人提出诉讼请求，要求处理廉租房由谁继续承租使用的问题。

针对该诉讼请求，司法实践中有不同的意见：

第一种意见认为，保障性廉租房属于政府管理的带有福利性质的房屋，与市场上的商业租房不同，保障性廉租房的申请资格、申请流程、租金金额、租赁期限、使用限制等均有相应的行政审核，夫妻离婚后是否能继续承租房屋、由谁承租房屋，是廉租房管理部门行政审核的问题，不应由民事法官在民事案件中进行裁判，而且“继续承租廉租房”的这项权益难以量化，无法进行实际分割，故夫妻离婚后由谁继续承租廉租房的问题，法院在婚姻家庭民事案件中应不予处理。

第二种意见则认为，保障性廉租房由离婚夫妻中的哪一方继续承租居住的问题，如离婚双方不能协商解决，法院又不处理该项诉讼请求，会导致夫妻离婚后廉租房的续租问题无法得到妥善解决，给离婚双方及子女的居住、子女就学造成实际困难，不利于社会的和谐稳定。而且由谁继续承租居住廉租房的问题，不仅涉及行政审核内容，也涉及民事审判涵盖的内容，法院可以依法就民事审理范围内的诉求作出相应裁决。故主张应该在婚姻家庭案件中处理廉租房的承租问题。

笔者同意第二种意见。首先，根据各地的政策，申请社会廉租房往往需要满足“无房、低收入”的要求，夫妻在婚姻存续期间共同申请承租了廉租房，共同享有了以远低于市场价格的租金占有、使用房屋的权利，离婚后搬出廉租房的一方需要另行解决租房问题，在其没有实际租赁另外一处廉租房前（重新租赁廉租房需要申请、审批、摇号、等待分房），需要以市场价格去租赁同等条件的房屋，租金的差价就是一种财产利益，具备财产利益性质的权利可以作为夫妻共同财产进行处理。其次，廉租房的申请资格、流程、租金、租赁期限、使用限制等方面确实属于廉租房管理部门审核的内容，不属于民事案件审理的范围，但是在上述各方面均已满足审核要求、离婚双方均有租赁资格的前提下，由哪一方优先继续承租原有廉租房的问题，则涉及子女抚养、就学、双方经济能力甚至婚姻过错等各方面的综合考虑，这显然属于家事诉讼审理范围，而非行政审批的范围。在实践中，面对共同申请廉租房的夫妻在离婚后，应与哪一方续签原有租赁合同，廉租房管理部门往往因难以作出判断而建议离婚双方起诉解决。因此，在婚姻家庭民事案件中，在法律规定的范围内处理保障性廉租房的承租问题，具有现实必要性也并不超过民事案件的审理范围。

在婚姻家庭民事案件中处理保障性廉租房的承租问题，需注意以下几点：1. 廉租房优先承租权具有单一性，不具有排他性。离婚夫妻双方均符合租赁条件的情况下，赋予其中一方继续承租原有廉租房的优先资格，判决中需要明确该项权利仅优先于离婚双方中的另一方，对其他任何主体均不享有优先的权利，也无法对抗廉租房管理部门的行政审核。2. 判归标准，法官应当在综合全案情况的基础上，重点考察夫妻双方各自的居住现状、生活习惯、工作地点、经济能力、子女居住和就学等因素，本着照顾弱势群体，照顾女方及子女权益的原则判决。3. 补偿标准，保障性租赁房的优先承租权既然具有一定经济价值，获得该项权益的主体就应给予另一方相应合理的经济补偿。应综合房屋的面积、户型、双方目前居住情况、租金金额、同类房屋市场价格、经济能力等各因素，衡平获益方与受损方的情况，酌情认定补偿的金额。4. 补偿期限，确认廉租房优先承租权的前提是离婚双方均具有租赁廉租房的资格，若其中一方失去廉租房租赁资格（如已购买房屋或经济收入提高等），则自然不能再享有“廉租”的经济效益。离婚夫妻一方退出原共同廉租房的承租，以自己的名义另行申请承租了其他廉租房后，亦无权再要求另一方继续给予其经济补偿，因此该项经济补偿应该具有一定期限。法官在确定补偿期限时，要考虑当地保障性廉租房从申请到入住的合理期限，保证退出原廉租房的一方的合法利益，又防止补偿期限过长使得该方怠于重新申请廉租房。

本案原、被告双方原共同租赁的廉租房每月租金仅为663.6元，在比较同类房屋市场价格及厦门市保障性租赁房从申请至入住的流程时间的基础上，法官酌情认定由获得继续承租原廉租房优先资格的原告张某某每月补偿被告罗某某1000元，补偿期限为3年，较好地解决了廉租房争议问题，具有参考价值。

编写人：福建省厦门市思明区人民法院　曾争志

9

夫妻一方行使股票期权所得的收益属于夫妻共同财产

——赵某某诉刘某某离婚后财产案

【案件基本信息】

1. 裁判书字号

北京市第三中级人民法院（2021）京03民再5号民事判决书

2. 案由：离婚后财产纠纷

3. 当事人

原告（被上诉人）：赵某某

被告（上诉人）：刘某某

【基本案情】

赵某某与刘某某于2003年在A国登记结婚。2008年9月，刘某某诉至北京市朝阳区人民法院要求与赵某某离婚，赵某某主张分割刘某某在婚姻存续期间实际行使其个人拥有的对C公司价值人民币71699931.45元期权。刘某某认可被C公司授予期权，但否认实际行权。经审理，法院判决解除了双方的婚姻关系，并作出如下认定："赵某某要求分割刘某某名下期权，鉴于期权具有不确定性，仅凭持有期权不能确定此系双方的实有财产，故对于赵某某的主张本院不予支持，赵某某可于有证据证实实际行权后另行起诉。"

2009年10月，赵某某以离婚后财产纠纷为由将刘某某诉至北京市朝阳区人民法院，要求刘某某给付行使期权所得收益71699931.45元的80%，即人民币57359945.16元。本案原一审庭审中，为证明刘某某在2008年7月至8月实际行使持有C公司期权并获得收益的事实，赵某某提交了：经北京市长安公证处公证的自甲网站查询的C公司年报信息，以及来自A国证券交易委员会的关于D公司出售C公司股票的通知。因证据不足，北京市朝阳区人民法院判决驳回了赵某某的诉讼请求。赵某某对判决不服，上诉至北京市第二中级人民法院。在二审审理中，赵某某提交民事判决书一份，该案中刘某某认可2009年9月生育的党甲系其与党某某子女，赵某某欲证明刘某某对婚姻存在过错；提交C公司在A国上市部分公告，公布的2007年年报中，刘某某名下普通股股份为726739股，同时特别注明刘某某代表期权，用以购买准予D公司在英属维尔京群岛注册的公司，其唯一股东和董事是刘某某女士的726739股普通股股份；C公司公布2008年度财务报告中刘某某所拥有的期权数量减少，未显示具体售股的普通股股份，期权行使价1.9美元，批准日期2007年4月6日。C公司向北京市第二中级人民法院提供书面情况说明一份，称C公司大股东、董事局主席兼CEO李先生曾与刘某某口头约定授予其726739股期权。但因刘某某任职时间不足2年，未达到期权行权的基本条件，因此在其任职期间并未有任何期权行权。最终，二审法院未支持赵某某的上诉请求。

2012年10月，赵某某以C公司、刘某某、D公司作弊欺诈、不实陈述向A国某州法院提起诉讼，在该案中，D公司行使C公司期权与出售所获股票的券商代理公司的法务代表证明，刘某某于2008年6月3日在出售人、发行人陈述书上签名，同意出售非适格股票期权，行权人为D公司。实际行权455423股，售出价值为10130642.17美元。D公司在A国诉讼中拒绝回应所有关于出卖股票后的资金去向。

2013年，赵某某向北京市高级人民法院申请再审，北京市高级人民法院指令北京市第二中级人民法院再审本案。再审期间，刘某某提交证据：2006年8月25日，C公司与党某某签订的《顾问协议》，内容为2011年8月31日前党某某协助C公司成功上市的，可获得股票期权（无具体数量、金额）；2007年3月20日，党某某与刘某某签订的《股份代持协议》，内容为党某某为获取C公司未来可能实现的相关权益，委托刘某某为其购买并持有一家合法注册于英属维尔京群岛的私人公司，党某某委托刘某某持有目标公司100%的股份，作为该股份的名义持有人；党某某与C公司签订期权协议一份，但该协议没有双方当事人的签字或盖章。刘某某主张存在两份期权，刘某某的期权已作废，党某某的期权由刘某某代持。北京市第二中级人民法院再审后裁定，撤销原两审判决，将本案发回原审法院重审。

D公司在英属维尔京群岛设立，C公司系注册在英属开曼群岛的外国企业法人。本案审理中，刘某某认可与党某某现为夫妻关系，未提交与党某某结婚的证明，主张二人是2009年下半年登记结婚。刘某某未提交党某某基本信息，法院通过刘某某通知党某某出庭作证，刘某某表示党某某不同意出庭。

【案件焦点】

1. 案涉股票期权的实际被授予人是谁；2. 行权股票期权的收益是否属于夫妻共同财产。

【法院裁判要旨】

北京市朝阳区人民法院经审理认为：案涉股票期权的实际被授予人为刘某某，刘某某行使股票期权所得收益属于夫妻共同财产。刘某某在诉讼中未如实陈述及提供证据，存在隐匿财产行为，致原审生效裁判文书被撤销，可以少分。另依婚姻法规定，一般情形下应照顾妇女与儿童权益，故综合考虑诉争期权取得、行使等客观因素及法律相关规定，分割上述财产时予以均分。北京市朝阳区人民法院依照《中华人民共和国婚姻法》第十七条、第三十九条第一款，《中华人民共和国涉外民事关系法律适用法》第二十四条之规定，判决如下：

一、刘某某于判决生效后七日内给付赵某某人民币 30976528 元；

二、驳回赵某某的其他诉讼请求。

刘某某不服，向北京市第三中级人民法院提出上诉。北京市第三中级人民法院经审理认为：

关于案涉股票期权的实际被授予人问题。第一，刘某某关于案涉股票期权系其替案外人党某某代持的辩解不能成立，理由如下：首先，根据《2006 股权激励计划》第 5.2 条规定，党某某不符合上述计划中规定的激励股票期权被授予对象；其次，刘某某提交的所谓党某某与 C 公司的期权协议，仅为文件模板，无法证明党某某被 C 公司授予股票期权的事实；再次，刘某某提交的党某某与 C 公司《顾问协议》的内容，不能证明党某某被 C 公司实际授予了股票期权，且在法院向 C 公司深圳行政总部调查时，C 公司及其高管均未提及案涉公司股票期权的实际被授予人是党某某；最后，刘某某自认和赵某某离婚后，其与党某某之间具有特殊关系，且刘某某在本案原审期间无正当理由一直未提交《股份代持协议》，亦未提出过替党某某代持的相关抗辩，党某某拒绝到庭陈述相关情况。因此，法院无法确认该协议的真实性。第二，案涉股票期权的实际被授予人系刘某某，其通过 D 公司持有 C 公司相关股份。根据《2006 股权激励计划》第 5.2 条，刘某某于 2007 年 4 月 5 日签署《雇佣协议》后拥有“雇员”身份，符合 C 公司授予股票期权的身份条件。C 公司公布的 2007 年年度报告已载明：刘某某代表期权，用以购买准予 D 公司的 726739 股普通股股份，刘某某是 D 公司唯一股东和董事。D 公司亦证实刘某某于 2008 年 6 月 3 日在《出售人陈述书》《不可撤销的股票期权非现金行权表格》等文件上签名，决定行使期权、同意出售股票。故，在无其他有力证据反驳的情况下，综合在案证据，认定案涉股票期权的实际被授予人为刘某某的依据更为充分。案涉股票期权代表着巨大的可期待利益，刘某某称 C 公司口头授予其期权，后其因怀孕而辞职，因任职不满 4 年股票期权被收回的辩解，缺乏证据佐证且不符合日常生活经验，本院不予采信。

关于案涉股票期权行权所得是否属于夫妻共同财产问题。第一，根据我国法律规定，夫妻在婚姻关系存续期间所得的工资、奖金、劳务报酬等财产，属于夫妻共同财产。本案中，刘某某在与赵某某婚姻关系存续期间，被C公司授予股票期权，并在双方婚姻关系存续期间行使期权取得的收入，属于与刘某某的任职、受雇有关的所得，应视为“工资、奖金、劳务报酬”的范畴。故，本院认定案涉股票期权行权所得为刘某某与赵某某的夫妻共同财产，在双方离婚时依法应予以分割。刘某某拒不说明资金去向，并不影响法院对案涉相关财产进行依法分割。一审法院对案涉股票期权行权的股份数额、对价、成本支出等认定，以及结合本案实际所确定的财产分割比例，并无不妥，本院亦予以确认。第二，刘某某关于案涉股票期权的行权所得属于D公司股东党某某所有的辩解不能成立，理由如下：首先，结合《不可撤销的股票期权非现金行权表格》文件的整体结构与上下文内容可知，该文件确认的是C公司的员工对该公司发出行使期权的指示，要求公司兑现承诺，以及该公司对员工行使期权的承认。D公司本身不具有被C公司授予期权的任何身份，仅是因该公司的唯一股东兼董事是刘某某，而当时刘某某是C公司的员工，上述表格中的“employee”（员工）指向的应是C公司的员工，而非D公司的员工。其次，刘某某所提交的BE IT KNOWN（《据知》）上仅有“以下文件已向我出示”的表述，并没有说明文件来源及出示人，亦没有核实所出示文件内容真实性的相关表述。在缺乏其他证据佐证的情形下，本院无法确定在案涉股票期权行权之前D公司的股东已变更为党某某，故对于刘某某提交的该证据，本院不予采信。最后，即使如刘某某所主张，D公司股东已变更为党某某，也不能仅以此为由而认为案涉股票期权行权所得属于党某某所有。案涉股票期权的实际被授予人是刘某某，仅是通过D公司持有C公司相关股份。刘某某将持有案涉股票期权的D公司100%股权转让给党某某，但无证据证明党某某曾支付刘某某与案涉股票期权行权所得相当的对价。同时，鉴于刘某某自认其和赵某某离婚后，与党某某之间具有特殊关系，本院难以认定党某某系基于善意成为D公司股东。从时间上来看，刘某某先将D公司100%股权转让给党某某，在案涉股票期权行权之后的短短数月即向法院起诉与赵某某离婚，在本案争议系离婚后财产纠纷的背景下，刘某某的行为有故意隐瞒、转移夫妻共同财产之嫌疑，该行为损害了赵某某的合法权益，亦不应得到保护。

综上所述，刘某某的上诉请求不能成立，本院不予支持。一审判决认定的部分事实虽有瑕疵，但判决结果正确，本院在查明相关事实后依法予以维持。本院依照《中华人民共和国民事诉讼法》第一百七十条第一款第一项之规定，判决如下：

驳回上诉，维持原判。

【法官后语】

随着我国经济社会的不断发展，个人所持有的财产类型不再仅限于房产、汽车、存款等传统形式，而呈现出多元化的趋势，股票期权在司法实践中也越发常见。无论是《中华人民共和国婚姻法》及其司法解释，还是正在实施的《中华人民共和国民法典》，均未对股票期权这一新的财产形式在离婚纠纷中如何分割进行明确规定。理论界和实务中对此也存在不同的观点，使得该问题成为一个司法实务难点。

一、股票期权的概念

在现代公司治理中，股权激励机制一般是指通过给予公司高级管理人员、员工相应经济收益的权利或者有条件地授予其公司股权的形式，让这些人员的收入和企业的长期成长之间挂钩，使股权激励对象能够以股东的身份参与公司决策、分享利润、承担风险，从而更勤勉尽责地为公司的长期发展服务。

按照中国证券监督管理委员会于2016年7月13日发布的《上市公司股权激励管理办法》第二十八条规定："本办法所称股票期权是指上市公司授予激励对象在未来一定期限内以预先确定的条件购买本公司一定数量股份的权利。激励对象获授的股票期权不得转让、用于担保或偿还债务。"在被授予股票期权后，激励对象通常需要经过一段等待期。在行权条件成就时，激励对象选择行权的，公司负有交付和转移股份的义务，而员工应履行支付购买股份价款的义务。因此，员工股票期权有两个特殊性：一是价值的不确定性，即未来股份价格不确定，行权与否不确定；二是股票期权是一项由公司针对特定个人授予的，股权激励计划中也往往约定该权利由员工个人专属，或约定不得转让、质押或以其他方式处置。

在离婚纠纷中，持有股票期权的一方会以股票期权未行权或无价值为由主张不能分割，或主张该财产性收益具有人身专属性，属于个人财产，不应作为夫妻共同财产分割。

二、股票期权所得的性质

依据《中华人民共和国民法典》第一千零六十二条的规定，夫妻在婚姻关系存续期间所得的工资、奖金、劳务报酬，为夫妻的共同财产，归夫妻共同所有。股票期权主要是夫妻一方通过公司的股权激励制度获得，公司将预期的股票差价赋予员工，往往是由于员工在过往的工作经历中对公司创造了价值，公司希望通过利益激励、奖励并长期留住员工，或驱动员工进一步为公司创造价值。因此，员工股票期权实际构成了公司对员工劳动付出的一项报酬，股票期权所得应属我国民法典所规定的夫妻共同财产范围。

同时，根据财政部、国家税务总局颁布的《关于个人股票期权所得征收个人所得税问题的通知》（财税［2005］35号）第二条第二项规定，“员工行权时，其从企业取得股票的实际购买价（施权价）低于购买日公平市场价（指该股票当日的收盘价，下同）的差额，是因员工在企业的表现和业绩情况而取得的与任职、受雇有关的所得，应按‘工资、薪金所得’适用的规定计算缴纳个人所得税。对因特殊情况，员工在行权日之前将股票期权转让的，以股票期权的转让净收入，作为工资薪金所得征收个人所得税”。由此可见，在国家税务制度层面，亦是将员工的股票期权所得定性为工资、薪金所得。

三、股票期权所得归属的认定

1. 婚前持有股票期权的情形

对于婚前行权，因该期权取得时间亦在婚前，故该行权收益应被认定为夫妻个人婚前财产。

对于婚姻期间行权，应综合考量期权取得时间、婚姻存续期间、行权时间以及夫妻财产制等因素加以认定：如夫妻婚后实行约定的分别财产制，则该行权收益仍为持有人个人财产；如夫妻婚后实行法定财产制，则婚姻存续期间对应的收益部分应被认定为共同财产。

对于离婚后行权，应与婚后行权收益认定规则相同，考量相关因素予以综合认定。离婚后行权之收益在所有权形态上为混合体，即由“期权取得后至结婚前”期间对应的收益部分、“婚姻期间”对应的收益部分以及“离婚后至行权前期间”对应的收益部分共同构成。其中，婚姻期间对应的收益部分，应为夫妻共同财产。

2. 婚后持有股票期权的情形

对于婚姻期间行权，因该期权为在婚后取得，收益亦在婚后取得，对于行权收益应认定为夫妻共同财产，但夫妻双方实行分别财产制情况下除外，此种情形下亦需考虑，如夫妻一方为协助股票期权持有人工作而过多地承担家务劳动，则持有股票期权的一方应给予对方适当补偿。

对于离婚后行权，应与婚前取得期权、婚后行权收益认定规则相同，考量相关因素予以综合认定，其中婚姻期间对应的收益部分应认定为夫妻共同财产。

编写人：北京市第三中级人民法院　孙栋

10

父母与己方子女单方约定购房出资款性质

——刘某诉盖某离婚案

【案件基本信息】

1. 裁判书字号

北京市海淀区人民法院（2020）京 0108 民初 26983 号民事判决书

2. 案由：离婚纠纷

3. 当事人

原告：刘某

被告：盖某

【基本案情】

刘某与盖某于2017年10月18日登记结婚。2019年10月14日，刘某第一次起诉要求离婚，盖某不同意，法院判决驳回刘某的离婚请求。现刘某诉称双方感情基础确已破裂，无和好的可能性，故诉讼至法院，要求判令离婚并分割夫妻共同财产。

双方婚后购买了位于×市×区×路×号×号楼×层×门×号房屋，登记在刘某、盖某名下。盖某父母为盖某、刘某夫妻购房共计打款418万元，盖某主张该418万元系夫妻共同债务，是盖某为购房向父母的借款，应由双方偿还，并提供盖某于2018年7月向父母书写的借条，借条的内容为“今从父亲、母亲处借到现金418万元，由本人及配偶夫妻二人共同偿还”，借条上有盖某父母与盖某的签字和捺印。刘某认为盖某父母为购房出资，但不认可借款的性质，认为是盖某父母对夫妻的赠与。

【案件焦点】

1. 父母为子女购房出资款的性质认定，系借款或赠与；2. 父母与己方子女单方约定出资款系借款是否对子女配偶有拘束力。

【法院裁判要旨】

北京市海淀区人民法院经审理认为：第一，房屋由盖某所有为宜。本院认为现该房屋由盖某居住使用，在购买该房屋时盖某出资较多，故房屋由盖某所有为宜，盖某向刘某支付房屋折价款。具体数额，本院在评估报告确定的房屋现值的基础上扣除房屋剩余贷款、盖某婚前财产支付的房款外，剩余部分在考虑双方对于首付款的出资比例的基础上酌情予以分割。

第二，盖某主张共同债务 418 万元，系向其父母盖某元、朱某爱的借款，法院无法认定为夫妻共同债务。盖某主张共同债务 418 万元均系其向父母盖某元、朱某爱的借款，并向本院提供盖某于 2018 年 7 月书写的借条，借条内容为“今从父亲、母亲处借到现金 418 万元，由本人及配偶夫妻二人共同偿还”，并捺印。盖某提供银行流水，证明其父母分别于 2018 年 1 月 12 日、2018 年 4 月 3 日、2018 年 7 月 3 日三次向盖某和刘某打款共计 418 万元。同时盖某提供其父母分别于 2017 年 10 月 12 日、2017 年 10 月 22 日、2018 年 3 月 15 日、2018 年 3 月 27 日向案外人借款的借条及银行流水，合计 404 万元。盖某主张其父母向盖某和刘某转账的 418 万元是夫妻共同债务，是盖某为购房向父母的借款，应由双方共同偿还。刘某认可盖某父母为购房出资，但不认可借款的性质，认为是盖某的父母对夫妻的赠与。在本案中，刘某对盖某所主张的共同债务并不认可，且盖某并无证据证明夫妻双方对各自所述借款形成合议。另外，盖某提供的借条没有原件，证人也未到庭作证，无法核实借条的真实性。而且，盖某提供的银行转账只显示 408 万元，与盖某主张的 418 万元夫妻共同债务金额不相符。盖某父母与其他人的借条无法证明盖某父母为刘某、盖某转账的性质。

北京市海淀区人民法院依照《中华人民共和国民法典》第一千零七十九条、第一千零八十七条、第一千零九十一条之规定，判决如下：

一、准许刘某与盖某离婚；

二、位于×市×区×路×号×号楼×层×门×号房屋归盖某所有，盖某于本判决生效后三十日内给付刘某房屋折价款 218 万元；

三、驳回刘某的其他请求；

四、驳回盖某的其他请求。

判决后，双方当事人均未上诉，本判决现已生效。

【法官后语】

司法实践中常出现出资方父母与已婚子女单独约定购房款为借款的情况，该协议能否约定配偶，双方合意可作为认定的标准。

首先，不能当然否定父母与己方子女单方约定的效力。《最高人民法院关于适用〈中华人民共和国婚姻法〉若干问题的解释（二）》（以下简称《婚姻法解释（二）》）第二十二条规定了婚后父母购房出资款的性质，前提是父母双方有赠与的意思表示，但是赠与对象不明确。《最高人民法院关于适用〈中华人民共和国民法典〉婚姻家庭编的解释（一）》第二十九条第二款对《婚姻法解释（二）》第二十二条第二款进行了修改，父母为双方购置房屋出资的，首先应依照约定处理，没有约定或者约定不明确的，按照《中华人民共和国民法典》第一千零六十二条第一款第四项规定的原则处理。该条解释中的“约定”不仅包括父母与双方子女的约定，也包括父母与己方子女的单方约定，此时应采用夫妻共同债务的相关原则进行综合判定。

其次，当父母与己方子女约定购房出资款为借贷关系时，应采用“共意”之标准。根据《中华人民共和国民法典》第一千零六十四条的规定，认定夫妻共同债务应坚持两个原则：一是夫妻之间形成“共意”，包括债务形成时的共同意思以及夫妻一方的事后追认。对于“共同意思”的认定，不应局限于明示意思表示，一方在债务形成时明知且未作反对或者知道债务存在并有履行行为的，亦可认定双方对负债具有“共同意思”；二是夫妻之间实际“共享”，包括基于日常家事代理形成的“共享”以及超出日常家事代理范围但该债务涉及的财产利益用于夫妻共同生活、共同生产经营等形成的“共享”。对家庭日常生活需要范围的衡量应侧重于夫妻家庭生活需求的“日常性”与“合理性”，父母出资购房不属于日常性发生的活动，而是夫妻生活中的重大事项，“共享”原则不适用。因此，在父母与己方子女约定购房出资款为借款时，认定是否构成夫妻共同债务应采用“共意”之标准，即子女的配偶也有向出资方父母借款的意思。

最后，主张父母与子女存在借贷关系的一方应承担举证责任。根据《最高人民法院关于适用〈中华人民共和国民事诉讼法〉的解释》第一百零五条的规定，在证据的认定和采信上，运用逻辑推理和日常生活经验法则，对证据有无证明力和证明力大小进行判断。从现实国情来看，子女刚参加工作缺乏经济能力，无法独自负担买房费用，父母基于对子女的亲情，往往自愿出资为子女购置房屋。大多数父母出资是为了解决或改善子女的居住条件，而不是日后要回这笔出资，因此，在一方子女主张为借款的情况下，应当由该方承担举证责任，这也与一般人的日常生活经验感知一致。

值得说明的是，从公序良俗的角度来说，不宜将父母出资当然认定为应当的赠与。出资一方子女作为具有完全民事行为并已成家立业的成年人，其父母一方已经尽到抚养义务，并无义务为子女出资购买房屋。多数情况下，子女在购买房屋时自身并无经济实力满足购买房屋需求，一方父母出资暂时资助购房，与社会民众一般生活经验并不相悖，不能据此当然推演出父母在此时为购房所出款项是赠与子女夫妻双方。另外，出资一方子女是有独立意思的完全民事行为能力人，不能仅仅因为身份关系和夫妻间感情破裂就否定出资方子女本人作出的独立意思表示。

编写人：北京市海淀区人民法院　王利丹　杨雨洁

11

婚姻关系存续期间取得的承租权在离婚后的收益不应再作为夫妻共同财产分割

——彭某某诉潘某某离婚后财产案

【案件基本信息】

1. 裁判书字号

广东省佛山市中级人民法院（2021）粤06民终12392号民事判决书

2. 案由：离婚后财产纠纷

3. 当事人

原告（上诉人）：彭某某

被告（上诉人）：潘某某

第三人：佛山某某公司

【基本案情】

潘某某与彭某某婚姻关系存续期间，潘某某缴纳保证金后，以自己的名义从当地集体经济组织承租八间厂房，定期向集体经济组织缴纳租金，进行改造后分别对外出租，赚取租金差价。彭某某于2017年提起离婚诉讼，要求与潘某某离婚，并主张上述八间厂房的租金收益属于夫妻共同财产，应予分割。广东省佛山市中级人民法院作出（2019）粤06民终9025号民事调解书，确认双方离婚，以潘某某名义出租的八间厂房在婚姻关系存续期间的租金收益属于夫妻共同财产，由潘某某向彭某某支付相应的财产分割款。

离婚后，彭某某提起离婚后财产纠纷诉讼，主张厂房在婚姻关系存续期间取得承租权并转租，故离婚后的租金收益仍属于夫妻共同财产，其有权取得离婚后租金收益的50%。潘某某则认为彭某某在本案中主张的租金收益并非产生于夫妻关系存续期间，离婚后，彭某某从未对厂房投入过经营、管理等劳动力，亦未投入厂房租金等，离婚后的租金收益并不属于夫妻共同财产。

【案件焦点】

婚姻关系存续期间取得承租权，通过转租赚取租金收益，离婚后的租金收益是否仍应作为夫妻共同财产予以分割。

【法院裁判要旨】

广东省佛山市南海区人民法院经审理认为：潘某某在婚姻关系存续期间出租的厂房租期未届满，尚有收益持续产生，属于婚姻关系存续期间投资经营产生的延续性收益，应作为夫妻共同财产分配，潘某某应向彭某某支付离婚后的租金收益的一半。

广东省佛山市南海区人民法院依照《中华人民共和国婚姻法》第十七条、《最高人民法院关于适用〈中华人民共和国婚姻法〉若干问题的解释（二）》第十六条的规定，判决如下：

一、确认涉案八间厂房自2019年10月1日起至2020年4月30日的租金收益474716.5元属于彭某某与潘某某的夫妻共同财产；

二、潘某某应于判决发生法律效力之日起十日内向彭某某支付上述租金收益款237358.25元；

三、潘某某对佛山某某公司享有的40万元的投资份额属于潘某某与彭某某夫妻共同财产，由潘某某与彭某某各享有50%；

四、驳回彭某某的其他诉讼请求。

潘某某、彭某某均不服一审判决，提起上诉。广东省佛山市中级人民法院经审理认为：虽然承租、转租行为发生在婚姻关系存续期间，但承租时除保证金及向集体经济组织支付的租金外，潘某某并不需要以夫妻共同财产取得厂房承租权。而此类承租权实际上是经营管理权，并不必然存在孳息或增值，其价值主要体现在通过经营管理行为获取利润。而利润的获取与租赁物的管理密切相关，需要管理者投入时间、精力、劳动力，同时负有缴纳税费、维修、维护等义务，且需承担因转租产生的风险。而离婚后，需向集体经济组织支付的租金彭某某并未承担，且双方已不存在共同经营、管理或由一方经营管理，另一方协同配合之情形，彭某某对转租行为亦不需要承担任何义务、风险，故彭某某主张离婚后的租金收益仍属于夫妻共同财产，法院不予支持。至于潘某某取得厂房承租权时投入的保证金、改造费用等，彭某某可另行主张权利。

广东省佛山市中级人民法院依照《中华人民共和国婚姻法》第三十九条第一款、《中华人民共和国民事诉讼法》第一百七十条第一款第二项的规定，判决如下：

一、撤销一审判决；

二、潘某某应于本判决发生法律效力之日起十日内向彭某某支付银行账户转出款项的分割补偿款20万元；

三、驳回彭某某的其他诉讼请求。

【法官后语】

随着社会的不断发展，财产类型越来越复杂，投资形式越来越多元化，离婚纠纷中夫妻共同财产的分割出现了越来越多的新问题，而法律规定难以囊括复杂多样的现实生活中的所有情形。如本案中，夫妻双方在婚姻关系存续期间以夫妻共同财产投入保证金等而取得厂房承租权，通过转租赚取利益，离婚时将已经取得的转租收益作为夫妻共同财产分割固然不存在争议，但离婚后至租赁合同期限届满的租金收益是否仍应在双方之间进行分配，则存在争议。本文从以下两个方面进行分析：

一、确定夫妻间财产归属的基本原理及考量因素

本案中，针对此类型财产归属的性质可从夫妻共同财产、个人财产的区分认定的规则中分析其原理及考量因素。《中华人民共和国民法典》第一千零六十二条第一款规定："夫妻在婚姻关系存续期间所得的下列财产，为夫妻的共同财产，归夫妻共同所有：（一）工资、奖金、劳务报酬；（二）生产、经营、投资的收益；（三）知识产权的收益；（四）继承或者受赠的财产，但是本法第一千零六十三条第三项规定的除外；（五）其他应当归共同所有的财产……"《最高人民法院关于适用〈中华人民共和国民法典〉婚姻家庭编的解释（一）》第二十五条规定："婚姻关系存续期间，下列财产属于民法典第一千零六十二条规定的'其他应当归共同所有的财产'：（一）一方以个人财产投资取得的收益；……"第二十六条规定："夫妻一方个人财产在婚后产生的收益，除孳息和自然增值外，应认定为夫妻共同财产。"① 上述规定反映收益归属的相关考量因素中，注重对夫妻之间相互依附、协同合作的考量。婚姻关系存续期间取得的工资、生产、经营收益等，体现了夫妻之间的协力关系，固然属于夫妻共同财产。即使是一方的个人财产，只要是在婚后产生的收益，除孳息及自

① 本案纠纷是《中华人民共和国民法典》施行前的法律事实引起的，应适用《中华人民共和国婚姻法》及相关司法解释，但《中华人民共和国民法典》实施后，《中华人民共和国婚姻法》及相关司法解释均已失效，且实际上，《中华人民共和国民法典》第一千零六十二条第一款、《最高人民法院关于适用〈中华人民共和国民法典〉婚姻家庭编的解释（一）》第二十五条、第二十六条的内容，保留了《中华人民共和国婚姻法》及其司法解释的相关规定，仅就部分内容进行了微调，故对本案进行分析时直接引用了《中华人民共和国民法典》及其配套司法解释的相关规定。

然增值外，亦应认定为夫妻共同财产，因为无论资金来源于个人财产还是夫妻共同财产，无论另一方是否参与到具体的投资或经营活动中，基于夫妻之间的互相支持与扶助贯穿于整个婚姻生活，孳息及自然增值以外的收益必然反映夫妻之间的协力关系，故应认定为夫妻共同财产。

二、确定本案财产归属的裁判思路

第一，判断离婚后租金收益的性质。通说认为，财产产生的收益包括投资收益、孳息和增值三种类型。上述司法解释中规定的孳息和增值是指天然孳息和自然增值，均系基于原物或权利所产生的额外收益或本身价值上升的收益，属于自然产生、非投资性、非经营性的收益。本案中，潘某某向集体经济组织取得厂房承租权时投入的保证金虽然利用了夫妻共同财产，但承租厂房后并不必然存在天然孳息或自然增值，其价值主要体现在通过转租获取利润，而此种利润的获取与持续投入的成本以及租赁物本身的经营、管理密切相关。离婚后，继续经营、管理租赁物的一方，需要以个人财产定期向集体经济组织缴纳租金并承担税费等；需要投入时间、精力、劳动力，实现转租并保证租赁物满足次承租人的使用要求；需要承担维修、维护义务及因转租产生的风险（包括市场风险、因转租而产生的安全保障义务等）。因此，离婚后厂房转租所产生的收益，显然不属于婚姻关系存续期间取得的承租权的天然孳息和自然增值，而属于负责经营管理的一方加入了积极推动作用的财富增加。

第二，审查离婚后另一方对财富增加是否起到了积极推动作用。本案中，彭某某主张分割的租金收益系离婚后产生，收益产生的前提条件之一是按时向集体经济组织缴纳租金，而离婚后向集体经济组织缴纳的租金属于潘某某的个人财产，并未体现彭某某的资金投入，且离婚后厂房转租事宜由潘某某独立完成，双方已不存在对租赁物的共同经营、管理活动，亦不存在由一方经营管理，另一方协同配合之情形，彭某某更不需要对转租行为承担任何的义务、风险。因此，无论是从财富来源、协同合作还是承担责任及风险的角度来看，彭某某在离婚后与租金收益之间已无关联，对收益的产生未起到任何积极推动作用。

根据上述考量，法院最终认定离婚后的租金收入彭某某无权分割，同时亦指出，对潘某某在婚姻关系存续期间取得厂房承租权时投入的成本，包括缴纳的保证金、投入的改造费用等，彭某某可另行主张权利。

编写人：广东省佛山市中级人民法院　何美健　孟波

12

离婚经济补偿的适用条件及补偿数额的确定规则

——栗某诉伍某离婚案

【案件基本信息】

1. 裁判书字号

北京市第二中级人民法院（2021）京 02 民终 4401 号民事判决书

2. 案由：离婚纠纷

3. 当事人

原告（被上诉人）：栗某

被告（上诉人）：伍某

【基本案情】

栗某与伍某系自由恋爱，于 2015 年 4 月 7 日登记结婚，结婚证号为 J110111-2015-00××××号。婚后于 2015 年 6 月 10 日生有一子栗小某。自 2018 年 11 月后栗小某随伍某居住生活。双方婚后初期感情尚可，后于 2018 年开始产生矛盾，并于 2018 年 7 月开始分居至今。栗某曾于 2019 年向本院起诉离婚，后撤回起诉。2020 年栗某再次起诉离婚，本院于 2020 年 2 月 28 日作出（2020）京 0111 民初 2141 号民事判决书，判决驳回栗某的诉讼请求。

本案审理中，栗某自认有存款 20000 元，伍某自认有存款 6000 元。栗某名下住房公积金账户内余额为 121608. 38 元。栗某自述税后月收入约为 6000 元到

7000 元，年终奖为 10000 元到 20000 元。栗某称双方在共同生活期间，伍某对于照顾孩子及处理家庭事宜等方面付出较多。

【案件焦点】

离婚经济补偿制度的适用条件及补偿标准的确定。

【法院裁判要旨】

北京市房山区人民法院经审理认为：人民法院审理离婚案件，应当进行调解；如感情确已破裂，调解无效，应准予离婚。有下列情形之一，调解无效的，应准予离婚：（一）重婚或有配偶者与他人同居的；（二）实施家庭暴力或虐待、遗弃家庭成员的；（三）有赌博、吸毒等恶习屡教不改的；（四）因感情不和分居满二年的；（五）其他导致夫妻感情破裂的情形。父母与子女间的关系，不因父母离婚而消除。离婚后，子女无论由父或母直接抚养，仍是父母双方的子女。离婚后，父母对于子女仍有抚养和教育的权利和义务。离婚后，哺乳期内的子女，以随哺乳的母亲抚养为原则。哺乳期后的子女，如双方因抚养问题发生争执不能达成协议时，由人民法院根据子女的权益和双方的具体情况判决。离婚后，一方抚养子女，另一方应负担必要的生活费和教育费的一部分或全部，负担费用的多少和期限的长短，由双方协议；协议不成时，由人民法院判决。离婚后，不直接抚养子女的父或母，有探望子女的权利，另一方有协助的义务。行使探望权利的方式、时间由当事人协议；协议不成时，由人民法院判决。离婚时，夫妻的共同财产由双方协议处理；协议不成时，由人民法院根据财产的具体情况，照顾子女和女方权益的原则判决。

婚姻以夫妻感情为基础。离婚系双方自由、自愿的选择。本案中，栗某多次起诉离婚，且双方现分居已满二年，虽伍某不同意离婚，但足以证明双方感情确已破裂，故对于栗某要求离婚的诉讼请求，予以支持。

就婚生子栗小某的抚养权、抚养费的给付及探视问题。首先，就栗小某的抚养权问题。因栗小某现随伍某共同生活，且栗小某现年龄尚小，为有利于未成年人成长，维护未成年人的合法权益，栗小某由伍某抚养，由栗某给付抚养费为宜。其次，就抚养费的数额。本院根据栗某自述的收入情况，综合考虑孩子的实际需要、当地的实际生活水平等，酌情确定由栗某每月给付抚养费2000元。最后，就孩子的探视问题。因双方无法协商一致，故由本院根据孩子的实际情况、双方陈述的意见，综合考虑本案的情况予以确定。

就栗某的存款20000元及伍某的存款6000元，均属于夫妻共同财产，应由双方平均分割。就栗某名下的住房公积金，根据栗某所述，其系双方结婚后开始工作，故其名下的住房公积金应属于夫妻共同财产，应由双方平均分割。就伍某要求的2018年11月至2020年1月的抚养费，因该期间系双方夫妻关系存续期间，且栗某亦自述曾给付孩子钱款，故对该诉讼请求不予支持。对于伍某要求栗某赔偿损失的诉讼请求，其未提供充分证据证明栗某存在过错，且理由欠缺，故对该诉讼请求不予支持。

夫妻一方因抚育子女、照料老年人、协助另一方工作等负担较多义务的，离婚时有权向另一方请求补偿，另一方应当给予补偿。具体办法由双方协议；协议不成的，由人民法院判决。民法典施行前的法律事实引起的民事纠纷案件，当时的法律、司法解释有规定，适用当时的法律、司法解释的规定，但是适用民法典的规定更有利于保护民事主体合法权益，更有利于维护社会和经济秩序，更有利于弘扬社会主义核心价值观的除外。对于伍某要求的补偿款180000元，因伍某在抚育子女等方面负担了较多义务，适用民法典更有利于保护伍某的合法权益，故现伍某要求栗某给予补偿，理由正当；对于补偿的数额，本院综合考虑双方结婚的时间、双方所述的生活情况等予以酌定，对于伍某过高的诉讼请求不予支持。据此，一审法院判决如下：

一、栗某与伍某离婚；

二、婚生子栗小某由伍某抚养，栗某自判决生效之月起每月给付栗小某抚养费2000元，至栗小某18周岁止；

三、栗某于判决生效之日起每月的第一、三周的周六上午9时将栗小某从伍某处接走行使探望权，并于次日的上午9时前将栗小某送回伍某处，伍某应提供必要的协助；

四、在栗某处的存款 20000 元归栗某所有；在伍某处的存款 6000 元归伍某所有；栗某于判决生效之日起七日内给付伍某存款折价款 7000 元；

五、栗某名下的住房公积金归栗某所有；栗某于判决生效之日起七日内给付伍某折价款 60804.19 元；

六、栗某于判决生效之日起七日内给付伍某补偿款 50000 元；

七、驳回栗某的其他诉讼请求；

八、驳回伍某的其他诉讼请求。

伍某不服原审判决，提起上诉。北京市第二中级人民法院判决如下：

驳回上诉，维持原判。

【法官后语】

本案系民法典实施后适用离婚经济补偿制度的典型案例，现分析如下：

一、离婚经济补偿制度的价值

1. 离婚经济补偿制度真正体现了男女平等的原则，实现了实质的公平。男女平等原则是婚姻家庭法规定的基本原则之一。长期以来，我国始终坚持推动保护妇女合法权益、坚持男女平等。但实际在承担家务劳动方面并没有真正实现男女平等。大多数家庭中仍然是由女性负担主要的家务劳动。而由于女性在家庭生活上耗费了过多的时间和精力，不可避免地会影响自身的发展，而另一方却可以投入较多的时间和精力，在提升自身能力、发展自身事业上。在婚姻关系存续期间，夫妻双方基于信任，对于不均等的家务劳动的付出不会予以计较，但是一旦离婚，双方的优势、劣势就会凸显出来，利益无法平衡。所以只有重视家务劳动的价值，才能实现实质意义上的男女平等，体现实质公平。

2. 离婚经济补偿制度有利于倡导家庭内部合理分工，构建和谐家庭和良好家风。家务劳动虽然容易被忽略，但却极易在分担问题上引发家庭矛盾，进而加深扩大矛盾，并最终导致离婚。而离婚经济补偿制度的设立，可以促使夫妻双方重视家务劳动，分担家务劳动，进而促进家庭和睦。

3. 离婚经济补偿制度有利于保证离婚自由。婚姻自由是婚姻家庭立法的指导思想，是法律赋予公民的一项人身权利，离婚自由系婚姻自由的组成部分。

在夫妻双方经济地位不平等的情况下，一方迫于经济压力而继续维持感情已经破裂的婚姻，违背了婚姻自由的原则。离婚经济补偿制度的设立有助于改善上述情况，切实保障离婚自由。

二、离婚经济补偿的适用条件

在原《中华人民共和国婚姻法》和《中华人民共和国妇女权益保障法》中均规定，离婚经济补偿的前提为“夫妻书面约定婚姻关系存续期间所得的财产归各自所有”，该适用条件的限制使得离婚经济补偿制度在司法实践中的适用率明显偏低，适用该条的案例还是法院采取了目的性扩张解释的方法才得以适用。《中华人民共和国民法典》第一千零八十八条的规定，不再区分夫妻关系存续期间夫妻财产制的类型，无论是法定共同财产制还是约定分别财产制，如果一方较另一方负担了更多的义务，均有权利在离婚时提出经济补偿的请求。

根据《中华人民共和国民法典》第一千零八十八条的规定，家务劳动的内容包括抚育子女、照料老年人、协助另一方工作，但适用离婚经济补偿的家务劳动并不局限于上述三种情形，家庭事务非常繁杂，一切为了维持家庭基本生活，包括物质生活和精神生活的劳动都应当属于该条所规定的家务劳动的范畴。

因家务劳动的特殊性和家庭关系的特殊性，对于主张应当获得离婚经济补偿的一方，在举证上可能面临着举证难的问题。一方面，家务劳动大都发生在家庭内部，家务劳动的负担比例常常只有家庭成员，甚至只有夫妻双方清楚。在婚姻关系破裂时，作为对立的夫妻双方不会轻易认可对方所主张的承担了较多家务劳动的事实。另一方面，因家务劳动发生在日常生活当中，具有持续性，而当事人在夫妻感情破裂、作出离婚准备时才会想起主张离婚经济补偿并收集相关证据，势必会遇到取证难的问题。同时，因为社会大众对离婚经济补偿制度缺乏了解，缺乏收集证据的意识而失去收集证据的时机，也会给举证带来一定的困难。所以，证明责任不能完全由主张离婚经济补偿的一方来承担，应当根据案件查明的事实及双方当事人陈述的家庭生活情况，适当分配举证责任。如一方自认在家庭生活中承担家务劳动较少，对方承担家务劳动较多，可以根据自认规则予以认定；如一方全职在家、一方长期在外地工作等情形，推定全职在家一方或另一方付出较多家务劳动，但对方有相反证据证明的除外。另外，还可以通过调查的方式认定家务劳动负担的事实，包括对夫妻双方的近亲属，如对孩子、父母以及对夫妻双方的同事和邻居进行询问。

另外，离婚经济补偿需在离婚时由一方主动提出，法院不得主动适用，但法院可释明当事人其经济补偿请求权。一方要求离婚经济补偿的，仅限在协议离婚或离婚案件诉讼过程中提出，协议离婚或判决离婚后再提出经济补偿请求的，法院不予受理。在司法实践中，以下这个问题在实践中需要明确，即在原告提出离婚，被告不同意离婚，法院判决离婚后，被告是否还可以另行提出离婚经济补偿的请求。关于这个问题，笔者建议是否可以参照离婚损害赔偿的相关规定来确定。《最高人民法院关于适用〈中华人民共和国婚姻法〉若干问题的解释（一）》第三十条规定："人民法院受理离婚案件时，应当将婚姻法第四十六条等规定中当事人的有关权利义务，书面告知当事人。在适用婚姻法第四十六条时，应当区分以下不同情况：（一）符合婚姻法第四十六条规定的无过错方作为原告基于该条规定向人民法院提起损害赔偿请求的，必须在离婚诉讼的同时提出。（二）符合婚姻法第四十六条规定的无过错方作为被告的离婚诉讼案件，如果被告不同意离婚也不基于该条规定提起损害赔偿请求的，可以在离婚后一年内就此单独提起诉讼。（三）无过错方作为被告的离婚诉讼案件，一审时被告未基于婚姻法第四十六条规定提出损害赔偿请求，二审期间提出的，人民法院应当进行调解，调解不成的，告知当事人在离婚后一年内另行起诉。"那么，根据上述规定，个人建议，原告提出离婚，如被告不同意离婚，那么在法院判决离婚后，被告可以在离婚后一年之内另行提出离婚经济补偿的请求。

三、离婚经济补偿的方式、时间和数额

根据《中华人民共和国民法典》第一千零八十八条的规定，关于离婚经济补偿的具体方法，双方经协商一致达成协议的，应当尊重当事人的意思自治。在双方无法通过协商确定经济补偿的时候，法院应当依法判决。

（一）货币补偿系法院判决中应当优先适用的补偿方式。在此基础上可以探索采用动产、不动产、有价证券的方式支付离婚经济补偿。

（二）根据案件情况，可以采用一次性补偿和分期补偿的方式。一次性补偿为优先适用的补偿方式，分期补偿为例外。

（三）关于确定离婚经济补偿数额的相关标准问题。由于家务劳动具有隐蔽性、无形性，不易评价，因此客观评价家务贡献的价值，是有效推进家务劳动补偿制度实施的基础和前提。同时，可以参考以下因素：

1. 家务劳动时间（婚姻关系存续时间）。婚姻关系存续时间的长短与离婚经济补偿数额的多少应当成正比，结婚时间越长，投入家务劳动的时间越长，应当获得的离婚经济补偿数额也应当越多。

2. 投入家务劳动的精力。家务劳动的内容繁杂，照顾子女、照顾老人等需要大量精神投入的家务劳动与做饭、洗衣、打扫卫生、购物等一般性的家务劳动相比，应当获得更多的补偿。

3. 家务劳动的效益。比如说抚养子女、照料老人，可以减少家庭支出，防止家庭财产的流出，协助另一方工作能够积极增加家庭的财产。

4. 负担较多义务一方的信赖利益。因对婚姻前景的信赖，从事较多的家务劳动，会导致自我发展空间的压缩，另一方因此而获得有形财产利益、无形财产利益和可期待的财产利益，如一方在婚姻期间获得的学历学位、执业资格、专业职称等①。

对于审判实践中补偿数额的确定，笔者认为根据家事案件的特点，在司法实践中很难找出统一适用的计算公式。所以应当给出参考因素，划定大的框架，由法官行使自由裁量权。因此，实践中建议可以参考的具体因素，包括夫妻关系存续时间、夫妻双方经济情况和综合能力，其中包括健康状况、具体年龄、文化水平、工作能力、收入情况及发展预期等，考虑居住地生活水平，权衡双方经济情况和综合能力，科学地估算应当支付的补偿数额。数额过高或过低都会背离设立离婚经济补偿制度的初衷。

《中华人民共和国民法典》确定的离婚经济补偿制度，既承认了家务劳动

---

① 最高人民法院民法典贯彻实施工作领导小组主编：《中华人民共和国民法典婚姻家庭编继承编理解与适用》，人民法院出版社2020年版，第316页。

的价值，也从实质上实现了男女平等和公平原则，保证了处于弱势一方通常是女性的合法权益，促使婚姻中的男女双方共同享有权利，共同负担义务，促进家庭和睦。但实践中关于离婚经济补偿制度的适用还面临着难点，需要关注和迫切需要解决的应当是证明责任和补偿数额的确定问题，需要在司法实践中不断总结，予以完善，既赋予法官一定的自由裁量权，也对该自由裁量权给予一定的规制，真正发挥离婚经济补偿制度的价值，保障各方当事人的合法权益。

编写人：北京市房山区人民法院　冯森

13

离婚协议中财产分割部分的效力认定问题

——赵某某诉颜某某离婚后财产案

【案件基本信息】

1. 裁判书字号

北京市第一中级人民法院（2021）京01民终5789号民事判决书

2. 案由：离婚后财产纠纷

3. 当事人

原告（被上诉人）：赵某某

被告（上诉人）：颜某某

【基本案情】

赵某某与颜某某原系夫妻，二人于2008年8月8日登记结婚，于2020年1月13日自行前往民政局协议离婚。赵某某及颜某某于2020年1月13日签订《离婚协议书》，约定：“一、男方赵某某与女方颜某某自愿离婚……三、夫妻共同财产的约定：1. 房产：夫妻双方婚后购有坐落在北京市朝阳区北苑家园×

楼房一套，登记在双方名下，属夫妻共有财产。离婚后，该套房屋归女方所有（注：包括房内装修内附属设施及相关配套设施）；2. 机动车辆：2014年8月30日购有大众高尔夫牌汽车一辆，现登记在女方名下，离婚后归女方所有；3. 双方其他财产已分割完毕；4. 双方无其他债权债务。以上协议是双方真实意思表达，协议一式三份，自双方在民政局办理离婚登记后生效。”

赵某某主张上述离婚协议系基于颜某某欺诈行为签署，要求撤销该离婚协议。经询问，赵某某主张颜某某欺诈行为系双方离婚前在微信聊天记录中颜某某向其表示在民政局签离婚协议就是走形式、没有法律效力，其坚信双方会在民政局签署离婚协议后重新协商财产分割问题，故其认为颜某某存在欺诈行为。赵某某就此提交双方微信聊天记录加以证明。对微信聊天记录摘录如下（以下简称微信聊天记录中的赵某某的账号为赵、颜某某的账号为颜）：

2020-1-10

21：26

颜：我把民政局需要的协议给你发过去，你看一下，机动车日期那你填一下，然后名字后面留好空格签字，你放到文档里面格式编辑一下，礼拜一打印三份……

21：29

颜：离婚协议书男方赵某某1980年1月22日出生……

颜：这个是给民政局的特别简单，回头详细的再写一下去公证一份，很多具体事宜都写一下。

2020-1-12

09：56

颜：民政局要协议就是走形式，办完了具体协议的重新写，我找个律师见证一下，或者公正。

赵：那都慢慢弄吧，我也不争不抢。

颜：眼下能遇见的细节都写上，找个律师，比如你的住处啊之类的都可以事无巨细，无法预见的就是日后遇到了随时协商解决……

赵：协议书不用身份证号吗？我在网上搜的离婚协议范本都很详细，你这个会不会民政局嫌太简单不给办。

颜：那你改一改，一般差不多就行，民政局的没有法律效应，就是一个形式。

赵：就看民政局的人找不找事……

颜某某对上述聊天记录的真实性予以认可，但表示自己没有欺诈行为，其主张聊天记录应当结合前后语境理解，双方签订离婚协议系自愿，颜某某表示愿意在离婚协议之外再和赵某某沟通补偿的事情，但赵某某一直不配合。赵某某据此主张要求重新分割双方离婚协议中写明的夫妻共同财产。

【案件焦点】

1. 双方在签订《离婚协议书》时的意思表示情况；2. 双方签订的《离婚协议书》是否成立并生效；3. 若认定双方签订的《离婚协议书》中关于财产分割的约定不成立，进而对涉案房屋及车辆重新分割是否适当的问题。

【法院裁判要旨】

北京市海淀区人民法院经审理认为：当事人未就意思表示达成一致的合同不成立。本案中，根据赵某某提交微信聊天记录及颜某某的陈述，双方均认可前往民政局所签离婚协议仅是走形式，是为办理离婚手续需要，颜某某亦表示同意和赵某某就财产分割补偿问题另行协商，故本院认定双方就财产分割并未达成一致意见，双方所签《离婚协议书》中关于财产分割部分的内容不成立。合同成立系撤销的前提，对赵某某主张因欺诈撤销上述财产分割协议的诉求，本院不予支持。鉴于双方未就财产分割达成一致意见，对于赵某某主张重新分割夫妻共同财产的诉求，本院予以支持。就夫妻共同财产范围，赵某某、颜某某于庭审中确认需分割的夫妻共同财产为涉案房屋及涉案车辆。

北京市海淀区人民法院依照《中华人民共和国民法典》第一千零八十七条、《中华人民共和国民事诉讼法》第六十四条第一款、《最高人民法院关于适用〈中华人民共和国民法典〉时间效力的若干规定》第一条之规定，作出如下判决：

一、登记在赵某某、颜某某名下位于北京市朝阳区北苑家园×房屋归颜某某所有，颜某某于本判决生效后三十日内向赵某某支付折价款225万元；

二、北京市朝阳区北苑家园×房屋自2021年1月28日起的剩余房贷由赵某某与颜某某共同偿还；

三、登记在颜某某名下车牌号京××大众牌小型轿车归颜某某所有，颜某某于本判决书生效后十五日内向赵某某支付折价款3万元；

四、赵某某及颜某某所欠颜某60万元债务由赵某某负责偿还30万元，颜某某负责偿还30万元；

五、驳回赵某某的其他诉讼请求。

颜某某不服一审判决，提出上诉。北京市第一中级人民法院经审理认为：双方均认可前往民政局签订离婚协议仅是走形式，是为了顺利办理离婚登记而临时签署的协议，待办理完离婚登记后就具体财产问题另行协商并重新签署协议，故可以认定双方在签订《离婚协议书》时尚未达成一致的意思表示，双方离婚协议中就财产分割达成约定的内容不成立。在双方离婚时未就财产分割问题达成一致意见，现双方亦不能就此进行协商的情况下，一审法院按照法律规定，对于双方共有房屋、车辆及相关债务进行处理，并无不当。颜某某上诉主张一审法院对于《离婚协议书》未予认定并分割夫妻共同财产有误，其提供的证据不足以证明其事实主张，对其所述不予采信，对其主张不予支持。颜某某的上诉请求不能成立，应予驳回；一审判决认定事实清楚，适用法律正确，应予维持。

北京市第一中级人民法院依照《中华人民共和国民事诉讼法》第一百七十条第一款第一项之规定，判决如下：

驳回上诉，维持原判。

【法官后语】

根据《中华人民共和国民法典》第一千零七十六条的规定，夫妻双方自愿离婚的，应当签订书面离婚协议，并亲自到婚姻登记机关申请离婚登记。离婚协议应当载明双方自愿离婚的意思表示和对子女抚养、财产以及债务处理等事项协商一致的意见。本案中，双方争议焦点为离婚登记时签署的《离婚协议书》中涉及财产分割事项是否成立、生效或可撤销，故本案应对于双方签署的《离婚协议书》之效力作出判断。

一、离婚协议中的形成行为及附随行为

离婚协议是夫妻双方就自愿离婚及相关事项所达成的一致意思表示，该协议为一种复合型协议，既包括解除双方婚姻关系的形成行为，亦包括对于财产分割等问题的附随行为。离婚协议中解除婚姻关系的约定系对于双方人身关系的一种处分，具有外部性，应当适用《中华人民共和国民法典》婚姻家庭编的规定，经过国家民政机关的登记方可发生效力，具备要式性；而关于财产分割、债务处分等约定，则系夫妻双方的意思表示，系内部约定，其生效的条件应符合一般民事法律行为的规定。因财产分割等问题系附随行为，故其除满足一般民事法律行为的生效条件外，还应以形成行为的生效为前提。解除婚姻关系的形成行为未经民政局登记，不发生效力；如未解除婚姻关系，则离婚协议中对于财产分割等问题并不生效。故夫妻双方在办理完毕离婚登记之前，对已达成的财产分割协议可以反悔，如一方主张通过诉讼途径离婚，则只能适用诉讼离婚的相关规定，事先已达成的离婚协议因并未生效，无法作为当事人主张按该协议履行的依据，但法院可将该离婚协议作为审查双方感情情况及财产状况的一种佐证。

本案中，赵某某与颜某某双方签署了《离婚协议书》，并至民政局办理了离婚登记，故已经完成了解除婚姻关系的形成行为，作为附随行为的财产分割协议具备了生效的前提条件。

二、离婚协议中财产分割部分的效力认定——基于意思表示

离婚协议中的财产分割部分作为附随部分，其系夫妻双方在离婚时就财产分割等问题达成的一致意思表示，故应符合民事法律行为效力的一般规定，即行为人具有相应的民事行为能力；意思表示真实；不违反法律、行政法规的强制性规定，不违背公序良俗。本案中，赵某某与颜某某均具有完全民事行为能

力，自愿离婚，且双方关于财产协议的约定并未违反法律、行政法规的强制性规定及违背公序良俗，双方争议在于对《离婚协议书》中关于财产分割协议的意思表示问题。颜某某主张《离婚协议书》系双方自愿签订，合法有效，赵某某则称《离婚协议书》中关于财产分割部分系受到颜某某欺诈所签。在司法实践中，本案中涉及的情形较为常见，即双方自愿离婚，但对于离婚协议中的财产分割部分产生争议，就财产分割的意思表示不同，认定亦有不同。

1. 意思表示真实且一致

《最高人民法院关于适用〈中华人民共和国民法典〉婚姻家庭编的解释（一）》第六十九条第二款规定："当事人依照民法典第一千零七十六条签订的离婚协议中关于财产以及债务处理的条款，对男女双方具有法律约束力。登记离婚后当事人因履行上述协议发生纠纷提起诉讼的，人民法院应当受理。"

2. 意思表示不真实

《最高人民法院关于适用〈中华人民共和国民法典〉婚姻家庭编的解释（一）》第七十条规定，夫妻双方协议离婚后就财产分割问题反悔，请求撤销财产分割协议的，人民法院应当受理。人民法院审理后，未发现订立财产分割协议时存在欺诈、胁迫等情形的，应当依法驳回当事人的诉讼请求。该条款规定了在离婚协议中达成的财产分割协议应当符合意思表示真实的要件。在司法实践中，对于已在民政局登记备案的财产分割协议，应认定为真实，如当事人就该协议的效力产生异议，要求撤销后重新分割夫妻共同财产，应当举证证明在签署财产分割协议时受到欺诈、胁迫等情形，若其证据无法证明其意思表示不真实的，法院应驳回诉讼请求。本案中，赵某某主张其在签订《离婚协议书》时受到颜某某的欺诈，双方财产分割约定并非其真实意思。但在本案中，颜某某主张该协议系赵某某自愿签署，且赵某某并未提交确实充分证据证明颜某某存在欺诈行为，且该主张与本案查明事实亦不相符，故本案并未对此予以认定。

在司法实践中，关于离婚协议中财产分割的部分，不仅存在一方意思表示不真实，亦存在双方意思表示不真实的情况。夫妻双方在离婚协议中写明"双方婚内无夫妻共同财产”，但双方均明知存在夫妻共同财产，离婚后双方对于财产分割发生争议的，对于该种双方以虚假意思表示实施的法律行为，法院在审查时不应绝对理解为双方各自名下财产归各自所有且不存在争议，而是应当结合双方在婚内存在夫妻共同财产的事实及离婚协议缔结的背景情况，就夫妻共同财产分割予以进一步审查。

3. 意思表示不一致

《中华人民共和国民法典》第一百三十四条第一款规定，民事法律行为可以基于双方或者多方的意思表示一致成立，也可以基于单方的意思表示成立。《中华人民共和国民法典》第一百三十六条第一款规定，民事法律行为自成立时生效，但是法律另有规定或者当事人另有约定的除外。因离婚协议中关于财产分割部分系双方法律行为，故在双方意思表示一致的情况下方能成立。本案中，根据赵某某与颜某某的微信聊天记录可以看出，双方均认可前往民政局签订《离婚协议书》只是走形式，是为了办理离婚需要，而颜某某亦认可将与赵某某就财产分割问题另行协商解决，双方虽签署《离婚协议书》并办理离婚登记，但对于其中财产分割问题并未达成一致意见，故双方关于财产分割部分内容不成立。根据《中华人民共和国民法典》第一千零八十七条第一款规定，离婚时，夫妻的共同财产由双方协议处理；协议不成的，由人民法院根据财产的具体情况，按照照顾子女、女方和无过错方权益的原则判决。

编写人：北京市海淀区人民法院　吴昆

14

离婚协议中的财产处理部分属于撤销权的行使范畴

——计某某诉陈某某、郭某某债权人撤销权案

【案件基本信息】

1. 裁判书字号

北京市第二中级人民法院（2021）京 02 民终 10017 号民事判决书

2. 案由：债权人撤销权纠纷

3. 当事人

原告（被上诉人）：计某某

被告（被上诉人）：陈某某

被告（上诉人）：郭某某

【基本案情】

陈某某与郭某某于 2013 年 10 月 26 日办理结婚登记。2018 年 4 月 2 日，陈某某、张某某、王某向计某某借款 100 万元。款项到期后，该笔款项经法院主持调解达成协议，由陈某某与王某共同偿还计某某借款本金 30 万元及利息 3 万元。后陈某某未按调解书履行义务，计某某向法院申请强制执行。执行中法院将郭某某名下位于北京某区 11 号楼 703 房（以下简称 703 房）的房屋予以查封，郭某某与陈某某在 2018 年 7 月 19 日协议离婚，郭某某以该房屋归其所有为由向法院申请执行异议。2020 年 1 月 10 日法院作出执行裁定，对郭某某的异议不予支持。2020 年 2 月 28 日，法院作出民事判决，判令陈某某偿还计某某借款本金 55 万元及借款利息。该判决已经生效。计某某认为陈某某与郭某某以离婚协议书形式把夫妻共同财产全部转移给郭某某，导致陈某某无财产可供

执行，严重损害计某某合法权益，故诉至法院。庭审中查明，2018 年 7 月 19 日，陈某某与郭某某签订离婚协议书，内容如下："1. 子女抚养：儿子（2014 年 6 月 8 日出生）、女儿（2017 年 9 月 16 日出生）归郭某某抚养，陈某某不付抚养费。2. 财产分割：存款、家用电器、家具、金银珠宝首饰归女方所有，宝马 525 轿车归女方所有。3. 房产处理：北京市 703 房、三亚市 3 号楼 1301 房（以下简称 1301 房）均归女方所有。4. 债务处理：703 房的贷款、1301 房的房贷均由女方归还。5. 其他：千林公司一直由男方经营，女方从未参与该公司的任何经营行为，双方一致同意男方所持有的该公司股权及收益、债务全部归男方所有。"同日，陈某某、郭某某在民政局办理离婚登记并取得离婚证。宝马 525 轿车系在陈某某与郭某某办理结婚登记前以郭某某名义贷款购买。703 房系 2015 年以郭某某名义签订合同购买，用途为办公，首付款 3393308 万元由郭某某的账户支付，贷款人为郭某某，贷款金额 339 万元，放款日期 2015 年 10 月 20 日，贷款期数 120 个月，在办理离婚登记时贷款余额 2631973. 85 元。1301 房系 2017 年以郭某某名义签订合同购买，首付款 840000 元，贷款人为郭某某，贷款金额 125 万元。在与陈某某于 2018 年 7 月 19 日离婚后，郭某某于 2019 年 7 月 24 日已经再婚。郭某某提交收据、转账记录证明其抚养两个孩子的支出每年近 30 万元，单独抚养付出极大精力和财力。另查明，2018 年 3 月 26 日，计某某与千林公司签订股东出资协议书约定，计某某向千林公司认缴出资额 20 万元，实缴 50 万元，付至陈某某个人账户。

【案件焦点】

1. 涉案债务是否为夫妻共同债务；2. 债权人是否可以对离婚协议中的财产分割部分行使撤销权以及撤销权的行使范围。

【法院裁判要旨】

北京市大兴区人民法院经审理认为：本案中《离婚协议书》的签订时间及计某某行使撤销权的时间均于民法典施行之前，故本案应当适用当时的法律、司法解释的规定。

《中华人民共和国合同法》第七十四条规定："因债务人放弃其到期债权或者无偿转让财产，对债权人造成损害的，债权人可以请求人民法院撤销债务人的行为。债务人以明显不合理的低价转让财产，对债权人造成损害，并且受让人知道该情形的，债权人也可以请求人民法院撤销债务人的行为。撤销权的行使范围以债权人的债权为限。债权人行使撤销权的必要费用，由债务人负担。"本案争议焦点是陈某某与郭某某签订的《离婚协议书》是否存在陈某某放弃财产的行为并损害了债权人计某某的债权。对此，本院认为，首先，计某某仍未能提交证据证明陈某某以个人名义所负超出家庭日常生活所需的涉案借款用于夫妻共同生活、共同生产经营或者基于夫妻双方共同意思表示，故对于计某某关于涉案借款应为夫妻共同债务的主张，本院不予支持。

其次，《离婚协议书》分割的房产系陈某某与郭某某婚内购买，为夫妻关系存续期间的共同财产。离婚协议书约定将房产均归郭某某所有，陈某某放弃所有权，构成了陈某某将夫妻共同财产中属于自己的财产部分无偿转让给郭某某的行为。陈某某虽在离婚时分得千林公司的股权，但在（2020）京0115执4397号案件执行过程中，由于陈某某无财产可供执行，法院于2020年6月12日裁定终结本次执行。据此，本院认为，陈某某本人并未从离婚协议中获得合理的份额，《离婚协议书》客观上使得陈某某可供偿还债务的财产数额降低，并导致其无力清偿其所欠计某某之债务。综上，本院认为，陈某某与郭某某签订的《离婚协议书》对共同财产的分割行为损害了计某某的债权，故计某某依法可以请求法院撤销陈某某、郭某某之间相应的财产分割行为。撤销权的行使范围应以债权人的债权为限。本案中，计某某要求撤销《离婚协议书》中关于财产分割的所有约定，其主张已经超出了其债权金额。经本院释明后，计某某主张优先选择撤销对703房的分割。对此，本院认为，703房的价值虽然超过了计某某主张的债权金额，但综合考虑房屋的不可分割性，对于计某某的该项主张，本院予以支持。债权人行使撤销权的必要费用，由债务人负担。计某某要求陈某某赔偿行使撤销权支出的律师费35000元符合法律规定，本院予以支持。

北京市大兴区人民法院依照《最高人民法院关于适用〈中华人民共和国民法典〉时间效力的若干规定》第一条第二款、《中华人民共和国合同法》第七十四条、《中华人民共和国民事诉讼法》第一百四十四条之规定，缺席判决如下：

一、撤销陈某某与郭某某于 2018 年 7 月 19 日签订的《离婚协议书》中关于 703 房的分割约定；

二、陈某某于本判决生效后十日内向计某某赔偿行使撤销权支出的律师费 35000 元；

三、驳回计某某的其他诉讼请求。

郭某某不服一审判决，提出上诉。北京市第二中级人民法院经审理认为：《中华人民共和国合同法》第七十四条规定："因债务人放弃其到期债权或者无偿转让财产，对债权人造成损害的，债权人可以请求人民法院撤销债务人的行为。债务人以明显不合理的低价转让财产，对债权人造成损害，并且受让人知道该情形的，债权人也可以请求人民法院撤销债务人的行为。撤销权的行使范围以债权人的债权为限。债权人行使撤销权的必要费用，由债务人负担。"首先，离婚协议中有关财产的约定属于平等主体意思自治的范畴，是否应当受《中华人民共和国合同法》上述规定的调整。债权人撤销权，是指债权人对于债务人所实施的危害债权的行为，可请求法院予以撤销的权利。债权人是否有权对债务人离婚协议中财产约定部分提起撤销之诉，从离婚协议的性质来看，离婚协议是双方当事人自愿离婚的意思表示以及对子女抚养、财产及债务处理等事项协商一致而达成的意见；从协议主体来看，离婚的男女双方是身份平等的民事主体；从协议内容来看，离婚协议涉及自愿离婚、子女抚养、财产及债务处理三项内容；从协议的作出方式来看，离婚协议是男女双方在自愿协商的情况下作出的。离婚协议中当事人自愿离婚的意思表示及子女抚养的约定属于夫妻和子女身份关系，不能适用合同法，但财产及债务处理部分是夫妻双方在协商基础上对夫妻财产及债务的处理约定，对夫妻双方均具有约束力，其本质上属于平等主体意思自治的范畴，亦应当受《中华人民共和国合同法》上述规范的规制。其次，离婚协议中财产的约定损害了债权人的利益，债权人是否可以申请撤销。在离婚协议中财产的约定明显不合理的情况下，势必会造成作为债务人的夫妻一方的财产非正常减少，导致其偿付债务的能力下降，进而损害债权人的合法权益。根据上述规定，此种情况下，债权人可以申请撤销离婚协议中财产约定部分。最后，债权人对债务人离婚协议中财产约定部分提起债权人撤销之诉需在客观要件方面满足：离婚协议的签订是在债权成立之后；离婚协议中财产约定部分明显不合理，使债务人的责任财产非正常减少；债务人因此导致偿债能力下降，不能偿付债权。从主观要件方面来讲，夫妻双方对财产分割明显不合理，致使夫妻一方财产减少，另一方受益，而这种受益多数情况下是无偿的，所以无须考虑债务人配偶的主观态度。

关于离婚协议中的财产分割是否明显不合理，需要具体情况具体分析。比如，夫妻双方离婚过程中，因债务人一方存在明显过错或孩子由债务人配偶抚养等原因，导致债务人财产少分的，只要比例在合理范围内，不应当认定为“无偿转让财产”情形，需要根据财产金额、分配比例、离婚背景等具体情况作出判断。本案中，一方面，经生效裁判文书确认，计某某对陈某某享有的两笔债权发生在陈某某与郭某某签订离婚协议之前；另一方面，根据陈某某与郭某某签订的离婚协议书，郭某某分得存款、家用电器、家具、金银珠宝首饰以及两套房屋，同时承担两套房子的剩余贷款，陈某某分得千林公司股权，无须支付孩子的抚养费。首先，703房购买价格约678万元，签订离婚协议时贷款余额约260万元，基于北京房地产市场价格未曾明显下降，陈某某就该套房屋应分得约200万元。其次，1301房于2017年购买，价格为209万元，贷款125万元，签订离婚协议时，陈某某就该套房屋应分得约40万元。再次，千林公司注册资本100万元，陈某某认缴45%，并未实缴，且在签订离婚协议前，将其中20%股权转让给了计某某，参照陈某某与计某某签订股权转让协议书价格，千林公司股权价值（除去认缴额）约为40万元，陈某某多分股权价值约20万元。最后，两个未成年的子女的抚养费，在离婚协议签订时，未有证据显示陈某某有稳定高额的收入，抚养费应当酌情予以确定，显然不能以郭某某主张的标准计算。基于上述情形，且不考量郭某某分得的存款、家用电器、家具等财产价值，郭某某与陈某某签署《离婚协议书》将夫妻共同财产中主要且大额财产约定归郭某某所有，实际系将夫妻共同财产中属于陈某某所有的部分无偿转让给郭某某所有，使郭某某取得的夫妻共同财产在价值上远远多于陈某某取得的夫妻共同财产，客观上减少了陈某某应取得的可供偿债的财产价值，并致使计某某对陈某某的债权无法实现，该行为应认定为陈某某“无偿转让财产”，侵害了计某某债权的实现，计某某有权申请撤销。

计某某申请本院调取郭某某名下四张银行卡交易明细及离婚协议签订时的余额，该证据并不影响本案的处理结果，故本院不予准许。

北京市第二中级人民法院依照《中华人民共和国民事诉讼法》第一百七十条第一款第一项之规定，作出如下判决：

驳回上诉，维持原判。

【法官后语】

本案是债权人针对债务人离婚协议中的财产分割提出撤销权之诉的典型案例。债权人撤销权在离婚协议中财产分割部分的适用，区别于一般的财产处置，以下结合本案和司法实务中债权人撤销权的法律适用进行分析。

一、离婚协议财产分割应属于债权人撤销权的适用范畴

离婚协议涉及解除婚姻关系、子女抚养、财产分割等多项内容，应区分不同权利的性质。其中，婚姻关系和子女抚养属于人身关系。而关于财产的约定是平等主体意思自治的范畴，具有民事合同性质，应受到民法典合同编的调整。债权人撤销权是为规制债务人不当处置财产从而损害债权人债权，以保护债权人权利实现的保障机制。司法实务主流观点认为离婚协议中财产分割约定若因夫妻一方放弃个人份额，使得债务人缺乏债务履行能力，降低债务清偿可能性，损害债权人的债权实现，可适用债权人撤销权制度。

二、债权人对离婚协议行使撤销权的要件

其一，时间要件。债权要产生于离婚协议之前，使得夫妻一方可以通过离婚协议中的财产分割，降低债务承担的能力，损害在先的债权实现。不同于债权人代位权，该债权无须到期。另外，根据《中华人民共和国民法典》第五百

四十一条的规定："撤销权自债权人知道或应当知道撤销事由之日起一年内行使……"债权人撤销权的除斥期间为一年，若仅知晓离婚事项而不清楚离婚协议中关于财产分割的条款不能认定为知道撤销事由，该期间应自债权人知晓离婚协议内容之日起算。

其二，不合理性。即离婚协议的财产分割应为明显不合理，而不是简单地理解为狭义的"无偿"。应将《中华人民共和国民法典》第五百三十八条规定的无偿处分财产中的"无偿"进行目的解释，为"不具备对价"。离婚协议因其调整人身关系的特殊性，在适用债权人撤销权时，应将债务人损害债权的要件事实与离婚关系中的涉及子女抚养等特殊事由等综合考虑，分析一方财产放弃行为是否具备合理性，是否构成对价，以考量是否构成无偿处分的行为。

关于不具备对价，主要审查以下因素：一是债务人对离婚是否存在过错。民法典婚姻编中规定了导致婚姻解除的过错方应向无过错方承担赔偿责任。若债务人一方对离婚存在过错，如重婚、与他人同居、实施家庭暴力等行为，会对过错方减少财产的获得，则对价应综合考虑婚内过错方的过错程度和无过错方的家庭付出。本案中，被告陈某某对离婚并无过错，故对其财产分割中对价的标准更为严格。二是子女抚养情况。根据孩子抚养权的归属、抚养人经济来源、抚养费的承担情况，审查本案债务人因不抚养孩子，而放弃财产份额是否在合理范围内。三是夫妻整体财产状况。在司法实务中，债权人一般申请撤销大额财产，如房产的分割。债务人放弃到期债权等行为要达到债务人没有清偿能力的标准，才能被认为有损债权。故要审查离婚协议中全部财产分割的合理性，分析债务人所得份额不能覆盖债权的实现。本案中，陈某某放弃家庭存款及两套房产这类家庭主要大额财产，而获得价值较小的公司股权，且并无高额收入来源，无法清偿计某某的债权。综合上诉因素，其放弃财产的行为不具备对价的合理性，可以认定陈某某的无偿转让行为损害了计某某的债权实现。

三、撤销权的行使范围以债权为限

《中华人民共和国民法典》第五百四十条规定，撤销权的行使范围以债权人的债权为限。债权人行使撤销权的必要费用，由债务人负担。本案中经法院释明，计某某撤销权主张的范围为离婚协议中的一套房产，足以覆盖债权的金额。在司法裁判中，应考虑债权的价值对应的财产价值，对债权范围内离婚协议部分财产的分割予以撤销。

编写人：北京市大兴区人民法院 赵宇潇

15

民法典实施后离婚经济帮助制度的法律适用及认定标准

——刘某某诉鲁某离婚后财产案

【案件基本信息】

1. 裁判书字号

山东省枣庄市中级人民法院（2021）鲁04民终1822号民事判决书

2. 案由：离婚后财产纠纷

3. 当事人

原告（被上诉人）：刘某某

被告（上诉人）：鲁某

【基本案情】

鲁某（男方）与刘某某（女方）原系夫妻关系，二人于2009年2月11日在民政部门办理离婚登记手续并签订《离婚协议书》。协议书约定：双方无共同财产，无共同债权、债务；将来男方的退休金自愿给女方一半，直到女方生命终止。鲁某于2009年7月27日再婚，于2021年1月起领取养老保险金。2021年5月刘某某诉至法院，要求鲁某履行离婚协议，每月支付其2300元，并随国家政策每年递增。鲁某称，分割其养老保险金承诺无效，养老金属其与现任妻子的共同财产。另查，刘某某于1987年离职，无养老保险金。鲁某每月养老保险金为4623.46元。双方育有一子一女，离婚时，儿子22岁读大学二年级，女儿18岁读高中。双方《离婚协议书》中约定：儿子生活费、教育费、医疗费由男方负担，女儿高中期间生活费、教育费、医疗费由女方负担，上大学后双方各负担50%。

【案件焦点】

鲁某应否按照其在离婚协议中的承诺，退休后向刘某某支付一半养老保险金。

【法院裁判要旨】

山东省枣庄市市中区人民法院经审理认为：《离婚协议书》是夫妻双方对于婚姻关系的解除、子女的抚养、共同财产的分割等问题在综合考虑的基础上达成的具有人身和财产双重性质的合意，双方关于被告的退休金自愿给女方一半的条款并非独立条款，而是以解除夫妻关系为前提，与离婚协议的其他条款作为一个整体，该条款与一般合同条款不同，具有道德义务性质，该条款具有给原告离婚补偿及离婚后生活补助费的性质。本案《离婚协议书》是双方的真实意思表示，内容并无违反法律及行政法规的强制性规定，双方均应按约履行。关于鲁某应支付金额，因其已于2009年7月27日再婚，领取的退休金部分缴费系使用再婚后夫妻共同财产交纳，为再婚后夫妻共同财产。鲁某提出其生活困难、无履行能力的意见，并无证据证明其资产、财务状况，不予采纳。故酌定鲁某每月给付刘某某生活补助费1000元。山东省枣庄市市中区人民法院判决如下：

一、鲁某于2021年1月起每月支付刘某某生活补助费1000元；

二、驳回刘某某的其他诉讼请求。

鲁某不服一审判决，提出上诉。山东省枣庄市中级人民法院经审理认为：本案《离婚协议书》系双方的真实意思表示，内容不违反法律及行政法规的强制性规定，一审法院认定协议真实有效无误。根据《中华人民共和国婚姻法》第四十二条的规定，离婚经济帮助制度一直作为我国婚姻法中传统的离婚救济方式而存在，是社会主义道德的体现。在法律上，经济帮助不是夫妻之间互相扶养义务的继续和延伸，而是基于离婚的效力，属于婚姻法上对离婚时生活困难的一方予以经济保障的救助措施。本案《离婚协议书》是夫妻双方对于婚姻关系的解除、子女的抚养、共同财产的分割及离婚后生活等问题达成的具有人身和财产双重性质的合意，是以离婚为前提，具有男方给女方离婚经济帮助的性质，一审法院予以支持，符合法律规定。一审法院综合考虑双方当事人的实际情况，根据公平原则酌定鲁某每月给付刘某某生活补助费1000元，并无不当。山东省枣庄市中级人民法院依法判决如下：

驳回上诉，维持原判。

【法官后语】

离婚经济帮助制度与离婚家务劳动补偿制度、离婚损害赔偿制度共称为我国的三大离婚救济制度。根据《中华人民共和国民法典》第一千零九十条的规定："离婚时，如果一方生活困难，有负担能力的另一方应当给予适当帮助。具体办法由双方协议；协议不成的，由人民法院判决。"本案涉及离婚经济帮助制度的具体适用问题。特别在民法典实施以后，如何在案件裁判中正确把握离婚经济帮助制度的适用标准，是本案值得探讨的意义所在。

一、离婚经济帮助制度的立法沿革与制度意蕴

1950年首部《中华人民共和国婚姻法》规定一方对离婚时存在困难的另一方应提供相应帮助。1980年《中华人民共和国婚姻法》将此类帮助限制为"经济帮助"。2001年修正后的《中华人民共和国婚姻法》第四十二条规定："离婚时，如一方生活困难，另一方应从其住房等个人财产中给予适当帮助。具体办法由双方协议；协议不成时，由人民法院判决。"《中华人民共和国民法典》第一千零九十条在延续2001年《中华人民共和国婚姻法》上述规定的同时，扩张了"离婚经济帮助"的范围，不再强调帮助的具体形式。

婚姻关系解除时，配偶双方各自开始新的生活，原有的扶养义务自然归于消灭。《中华人民共和国民法典》关于离婚经济帮助制度的设计，源于将婚姻关系视为特殊的社会关系，男女双方建立互相信赖、互相扶持的婚姻共同体，

并为维持婚姻共同体作出努力和牺牲。离婚之时，一方生活困难有可能是为了家庭利益而放弃个人发展机会所致，因此将道德义务上升为特殊情形下的法律义务，其正是为了减少和预防夫妻双方在婚内付出与收益不衡平的不公平现象发生，促进家庭和谐。

二、离婚经济帮助制度的适用标准

《中华人民共和国民法典》第一千零九十条规定了“一方生活困难”的条件，但并未明确“生活困难”的具体标准。《最高人民法院关于适用〈中华人民共和国婚姻法〉若干问题的解释（一）》第二十七条将离婚经济帮助中的“生活困难”分为“依靠个人财产和离婚时分得的财产无法维持当地基本生活水平”与“离婚后没有住处”两种“绝对困难标准”。但是，2021年1月1日正式实施的《最高人民法院关于适用〈中华人民共和国民法典〉婚姻家庭编的解释（一）》并未吸收原有“绝对困难标准”之规定。可见，随着我国经济社会的发展，基本社会保障制度逐渐建立，尤其是在我国脱贫攻坚战取得全面胜利的背景下，原有的认定标准已经不能符合客观实际。因此，在离婚经济帮助制度的价值取向上，对于“生活困难”的判断，既要考虑对弱势一方利益的保护，也要强化离婚配偶的自身责任，维护夫妻双方的离婚自由，还应当贯彻未成年子女保护的原则。在本制度使用时应从以下几点考量。

首先，是否存在离婚双方约定。《中华人民共和国民法典》第一千零九十条将双方协议的情形优先适用，一方面体现了对离婚双方当事人意思自治的尊重，另一方面也体现法律对婚姻家庭中弱势一方利益的保护，以及鼓励夫妻双方在婚姻存续时共同为维持婚姻共同体作出的努力和牺牲。在不违反合同有效性的基础之上，法院应当首先尊重当事人双方的合意。

其次，在当事人存在分歧的情况下，法院应当考量“生活困难”的标准。综合分析，审判要点应包含以下要件：（1）离婚时一方生活水平较婚姻关系存续期间明显降低；（2）另一方配偶具有支付能力；（3）一方能否从事职业活动；（4）权衡双方利益状况，拒绝对一方给予离婚经济帮助显失公平。[①] 可见，

---

① 冉克平：《〈民法典〉离婚救济制度的体系化阐释》，载《政法论丛》2021年第5期。

在"生活困难"标准的适用方面应当综合考量被帮助一方的自主职业活动能力、婚姻存续时期对于家庭生活的贡献程度以及离婚后生活水平受影响程度等因素。

最后，要考虑到长期帮助约定中的变量因素。经济帮助制度的初衷在于原夫妻双方之间利益的衡平，并不是对婚姻存续期间夫妻扶助义务的延伸。制度涉及的预期结果还是能让离婚双方尽早实现自主独立。但是在一些需要长期性帮助的特殊情形下，还应当考虑帮助与受助双方的实际生活条件变化与支付能力。

三、本案中法律适用具体问题分析

1. 本案中离婚财产协议约定的养老金给付条款的性质认定

《最高人民法院关于适用〈中华人民共和国民法典〉婚姻家庭编的解释（一）》第八十条明确了离婚时夫妻一方尚未退休的基本养老金处理问题。但是法院认定本案中的养老金给付条款并非属于对夫妻共同财产的分割，而应属于离婚时一方基于离婚经济帮助范畴的承诺。具体原因如下：

第一，从离婚协议中双方合意来看，养老金未被归为夫妻共同财产。离婚协议书财产处理一项中，明确约定："1. 无共同财产。2. 将来男方的退休金自愿给女方一半，一直到女方生命终止为止。3. 无共同债权、债务。"可见，关于养老金给付条款，双方当事人并未归于对夫妻共同财产的分割。审理法院认为，鲁某为了追求与刘某某离婚的结果，在离婚协议书中主动承诺，将退休之后个人养老金的一半分给刘某某直至女方生命终结，在此协议之下双方达成了离婚协议，终结婚姻。该承诺系离婚时双方真实意思表示，内容不违反法律及行政法规的强制性规定，应当认定真实有效。该项内容属双方婚姻关系解除条件下，鲁某自愿对其预期可得财产作出的处分。

第二，从案件查明事实分析，鲁某的养老金给付承诺具有补偿帮助性质。审理法院认为，本案双方当事人婚后育有一子一女，刘某某因早年照顾家庭辞去工作，个人精力、体力在家庭成员照顾方面投入较多。在与鲁某离婚时，刘某某并无对其未来可预期的基本收入，亦无在退休年老时经济上的基本保障。

鲁某分割其未来可领得养老金的承诺，是在刘某某选择自愿离婚的前提条件下，对其年老后个人生活保障的期待利益。

综合以上两点，审理法院将本案养老金给付条款定性为离婚经济帮助行为。

2. 本案中酌情认定1000元生活补助费的考量标准

审理法院判决鲁某每月向刘某某支付1000元生活补助费主要基于以下几点考量：

第一，从案件实际执行层面考量。鲁某养老金给付承诺包括了其对个人离婚后能够领取部分的处分。本案特殊之处在于处置标的物为男方尚未具备领取条件的养老保险金，支付数额与周期为每月领取养老金的一半。针对此部分未实际取得的养老保险金的分割，审理法院认为，虽然双方对将来取得的养老保险金的具体数额无法进行预先测算，离婚时鲁某也无法实际取得这部分养老保险金，但养老保险金是鲁某可以期待的能够领取到的利益。鲁某虽已再婚，其中一部分属于其再婚后夫妻共同财产，但养老保险金以货币形式发放，鲁某仍然可以货币形式向刘某某支付。

第二，从长期帮助约定中双方经济条件的变动性考量。如上文所述，经济帮助制度的初衷在于衡平原夫妻双方之间的利益，并不是对婚姻存续期间夫妻扶助义务的延伸。对于“生活困难”的认定，除应考虑婚姻关系存续时期对于家庭生活的贡献程度外，还应当综合考量离婚后一方生活水平的变化程度。审理法院认为，鲁某与刘某某现已分别再婚，综合考量双方的经济能力、家庭负担等因素，将鲁某的支付数额酌量减为每月1000元，是坚持离婚经济帮助制度设计初衷的体现。

编写人：山东省枣庄市中级人民法院　李浩源

16

侵权之债属于夫妻共同债务的认定规则

——梁某诉张某离婚案

【案件基本信息】

1. 裁判书字号

浙江省天台县人民法院（2021）浙1023民初4520号民事判决书

2. 案由：离婚纠纷

3. 当事人

原告：梁某

被告：张某

【基本案情】

梁某、张某于2011年11月18日登记结婚，2004年10月1日生育女儿梁甲，2005年10月18日生育儿子梁乙。2013年2月27日，梁某向梁丙借款20000元，至今未归还。2016年4月21日，梁某向浙江临海农村商业银行股份有限公司河头支行（以下简称临海农商银行）贷款20000元，贷款期限为3年，张某在申请人配偶处签字。2019年4月24日，梁某向临海农商银行贷款20000元，贷款期限为1年。2020年4月23日，梁某向临海农商银行贷款20000元，贷款期限为3年，梁丁为该笔贷款提供担保。2017年5月17日梁某驾驶的三轮载货摩托车与叶某驾驶的燃油助力车发生碰撞，叶某经抢救无效死亡。天台县道路交通事故社会救助基金管理中心于2021年12月2日出具欠款证明一份，证明截至2021年4月30日，梁某尚欠天台县道路交通事故社会救助基金管理中心35700元。现梁某因与张某感情破裂向本院起诉要求离婚，并要求张某对上述债务承担共同清偿责任。

【案件焦点】

梁某的侵权之债是否属于夫妻共同债务。

【法院裁判要旨】

浙江省天台县人民法院经审理认为：夫妻双方共同签名或者夫妻一方事后追认等共同意思表示所负的债务，以及夫妻一方在婚姻关系存续期间以个人名义为家庭日常生活需要所负的债务，属于夫妻共同债务。夫妻一方在婚姻关系存续期间以个人名义超出家庭日常生活需要所负的债务，不属于夫妻共同债务。基于此，关于本案梁某所主张的三笔债务是否为夫妻共同债务，本院认定如下：1. 梁某述称其于 2013 年 2 月 27 日向梁丙借款 20000 元用于购买树木和机器，但欠条未经张某签字，且梁某未提供证据证明该笔借款用于家庭日常生活，故该笔债务不应认定为夫妻共同债务。2. 2016 年 4 月 21 日，梁某向临海农商银行贷款 20000 元，贷款期限为 3 年，张某在申请人配偶处签字，该笔贷款于 2019 年 4 月 20 日到期并偿还本息。2019 年 4 月 24 日梁某向临海农商银行贷款 20000 元，贷款期限为 1 年，该笔贷款于 2020 年 4 月 23 日到期并偿还本息。同日，梁某向临海农商银行贷款 20000 元，贷款期限为 3 年。2016 年 4 月 21 日的贷款发生在原、被告婚姻关系存续期间，经梁某、张某共同签字，有共同举债的合意，上述三笔贷款时间衔接紧密，贷款金额相同，梁某述称 2020 年 4 月 23 日的贷款系 2016 年 4 月 21 日贷款的续贷，本院予以采信，故该笔贷款应由梁某、张某共同偿还。3. 交通事故赔偿欠款系因梁某个人侵权行为所应承担的赔偿责任，应认定为梁某的个人债务，梁某提出是为家庭经营驾驶车辆导致交通事故，要求张某承担共同清偿责任，于法无据，本院不予支持。

浙江省天台县人民法院依照《中华人民共和国民法典》第一千零六十四条、第一千零七十九条、第一千零八十四条、第一千零八十五条，《中华人民共和国民事诉讼法》第六十七条之规定，判决如下：

一、准予原告梁某与被告张某离婚；

二、婚生女儿梁甲由原告梁某抚养至有独立生活能力时止，抚养费由梁某承担；婚生儿子梁乙由被告张某抚养至有独立生活能力时止，2022 年 10 月 1 日之前的抚养费由被告张某承担，自 2022 年 10 月 2 日起由原告梁某按每月 700 元的标准向张某支付抚养费至梁乙有独立生活能力时止，款项于每月 30 日前支付；

三、个人循环保证借款合同［临农商（2020）循保借字］项下债务，由原告梁某与被告张某各半承担；

四、驳回原告梁某的其他诉讼请求。

判决后，双方当事人均未上诉，本判决现已生效。

【法官后语】

夫妻侵权之债，是指夫妻一方或双方因侵权行为引起的赔偿之债（或赔偿责任之债）。夫妻侵权之债实际上是由赔偿责任所产生的债务。夫妻共同侵权产生的债务为夫妻共同债务多无争议，但当夫妻一方侵权时，另一方是否应当承担责任及承担责任的条件和范围应当如何确定，目前尚未有明确的规定。有观点认为：夫妻一方实施违法犯罪行为、侵权行为所负的债务均为夫妻个人债务，其法律依据在于《中华人民共和国刑法》第五十九条第二款“在判处没收财产的时候，不得没收属于犯罪分子家属所有或者应有的财产”。该条被认为是肯定了一方的犯罪行为导致的经济负担属于犯罪者个人债务，并认为如果犯罪行为导致的经济负担应由犯罪分子家庭成员共同承担的话，违背了刑法罪责自负的原则，是一种变相的株连，有违现代法治精神。[①] 但《中华人民共和国刑法》第五十九条的规定是对罪犯刑事经济责任的处理，并非对罪犯向受害人承担民事赔偿责任的规定，两者没有内在关联性。另有观点认为：夫妻共同债务推定的法理基础是家事代理和表见代理，[②] 但是代理本身就是一种合法的行

---

① 王利明主编：《判解研究》（2010 年第 2 辑），人民法院出版社 2010 年版，第 221 页。

② 最高人民法院民事审判第一庭编著：《中华人民共和国婚姻法司法解释（二）的理解与适用》，人民法院出版社 2004 年版，第 205~201 页。

为，而夫妻一方实施的侵权行为因为其不法性决定了即使是为了夫妻共同利益，也很难被认为是在履行家事代理，更不可能构成非家事领域的表见代理，故夫妻一方的侵权债务应为侵权一方的个人债务。笔者认为，若将侵权之债一概认定为个人债务，存在如下问题：受害者利益可能难以得到充分保障；侵权人或因为家庭利益不慎侵权却要独自承担风险，显失公平；判决进入执行程序后既要区分夫妻分别财产又要防止一方恶意转移财产的情形增加执行工作难度。因此，传统的夫妻债务认定规则无法完全满足在侵权债务中的认定，而对配偶在侵权赔偿中的责任全盘否定也不利于实现“案结、事了、人和”的裁判宗旨。本文拟从以下四个方面论述侵权之债为夫妻共同债务的认定规则。

一、夫妻侵权之债的构成要件

夫妻侵权之债成立的前提首先是要符合一般侵权的构成要件，即侵权行为、损害结果、过错、因果关系。当然，若夫妻侵权行为符合特殊侵权的构成要件，也应当依法承担相应责任。一方侵权之债属于夫妻共同债务的要件是一方造成的侵权损害赔偿属于家事侵权性质。所谓家事侵权，是指为了满足家事需要或履行家事职责，在从事家事活动中造成他人损害的行为。家事活动主要包括：从事家庭生产经营，如驾驶网约车等；为家庭日常生活所需，如接送子女等；其他为家庭必要所需，如招待亲朋等。在实践中，不乏将侵权之债认定为侵权一方个人之债的判例，如广东省高级人民法院（2015）粤高法民四终字第186号判决认为：“因侵权责任引起的侵权行为之债应当由侵权行为人承担相应的民事责任。未实施侵权行为的配偶一方不属于适格的侵权主体，自然不应承担侵权责任。”该裁判文书认为配偶一方不是侵权行为人故不应承担侵权责任。笔者认为，夫妻共同侵权产生的损害赔偿当然为夫妻共同债务。但夫妻侵权共同责任的承担不应以夫妻共同侵权为前提，即夫妻一方侵权并非当然属于共同责任，夫妻共同责任亦不以共同侵权为前提。在处理夫妻侵权之债时，应当将一般侵权责任与家事侵权责任加以区分，夫妻一方家事侵权行为不能简单地认定为个人行为，夫妻一方系为了家庭利益或使家庭实际受益而造成的侵权属于家事代理行为，应当由夫妻或者家庭成员共同承担法律后果。如果侵权行为并非为夫妻共同生产经营或生活所致，则应当由行为人个人承担侵权责任。

二、夫妻侵权之债的责任承担

（一）配偶一方对外承担连带清偿责任

夫妻一方的侵权之债一旦被确定为夫妻共同债务之后，债权人即可主张夫妻双方共同承担赔偿责任。若夫妻共同财产足以清偿相关债务，则不存在以夫妻一方个人财产清偿的问题。若夫妻共同财产尚不足以清偿，夫妻关系仍在存续期间，则以未来的夫妻共同财产继续承担清偿责任。但如果夫妻双方解除婚姻关系的，配偶一方在离婚后取得的财产不再属于夫妻共同财产，此时是否仍应当承担清偿责任？笔者认为，《中华人民共和国民法典》第一千零八十九条规定，离婚时共同财产不足清偿或者财产归各自所有的，由双方协议清偿；协议不成的，由人民法院判决。《最高人民法院关于适用〈中华人民共和国婚姻法〉若干问题的解释（二）》（以下简称《婚姻法司法解释（二）》）第二十五条第一款规定，当事人的离婚协议或者人民法院的判决书、裁定书、调解书已经对夫妻财产分割问题作出处理的，债权人仍有权就夫妻共同债务向男女双方主张权利。根据上述规定，男女双方或者法院判决对夫妻共同债务清偿比例的确定，不能产生消灭双方对债权人负有的连带清偿责任的结果，即该清偿比例仅具有对内效力。对债权人来说，男女双方对共同债务仍然承担连带偿还责任，债权人既可以要求双方按各自的比例偿还，也可以仅对其中一方提出偿还要求，还可以另行提出偿还比例要求双方履行。

（二）夫妻内部债务的承担

对外清偿债务后，若夫妻关系仍在存续期间，尚不存在内部债务承担的问题。但离婚后配偶一方是否有权就其以个人财产清偿部分向另一方追偿呢？根据《婚姻法司法解释（二）》第二十五条第二款规定，一方就共同债务承担连带清偿责任后，基于离婚协议或者人民法院的法律文书向另一方主张追偿的，人民法院应当支持。但与一般合同或侵权领域的连带责任不同，夫妻共同债务的形成，以夫妻婚姻关系存续期间的某些特定的共同行为为基础，双方之间的责任大小通常难以区分。笔者认为，在保障债权人利益的同时应当兼顾配偶一方的利益，具体可以过错程度作为衡量因素。在故意侵权中，应赋予配偶一方追偿权，对故意这种主观恶性较大的侵权行为人科以较重的法律责任不仅可以平衡夫妻双方的利益，也可以减少其故意侵权行为的发生；在过失侵权中，认定配偶承担最终责任较为合适，在过失这种主观形态下保护侵权一方的利益有利于提高夫妻双方为家庭共同利益而付出的积极性。

三、交通事故侵权产生的债务是否为夫妻共同债务的认定

机动车交通事故侵权属于特殊侵权，与一般侵权行为之债归责个人债务不同。实践中确定机动车交通事故责任主体标准包括运行支配、运行利益的归属。这种做法在一般的交通事故中具有相当的合理性，但在认定夫妻侵权共同责任时存在一定的问题。夫妻之间对车辆的运行支配权在实践中往往难以界定。作为夫妻共同财产的车辆，双方均享有支配权。但如果在夫妻一方独自开车出去散心引发交通事故侵害他人权利的情形下，如果按照支配说，则配偶一方将因为享有支配权要承担责任，这显然有失公允。故笔者认为，认定交通事故产生的侵权之债为夫妻共同债务不应单纯地考虑支配权的“有、无”，而应衡量支配权行使过程的正当性，关键即看支配权的行使是否因家庭需要。若因家庭需要产生的损害赔偿之债，属于家事侵权，应当认定为夫妻共同债务。在该种情形下，车辆以及车辆运营所获收益，均属于夫妻共同财产，也即配偶一方对该车辆的运营活动享有利益，依据民事法律权利义务相一致的基本原则，其依法也应对该车辆在运营过程中发生的风险承担责任，而这也符合侵权责任纠纷中倾斜保护受害人利益的基本价值取向。反之，非因家庭需要产生的损害赔偿之债则为侵权一方的个人债务。就本案而言，梁某一人实施侵权行为造成叶某人身损害，产生的债务系梁某个人的过错行为所导致，梁某并非为家庭生产经营或家庭共同生活驾驶车辆，不属于家事侵权，故梁某的侵权债务应当属于其个人债务。张某提出其对事故的发生不存在过错。笔者认为，在夫妻一方交通事故中，配偶一方对事故的发生在通常情况下是没有过错的。但夫妻一方交通事故共同责任的基础是夫妻一方因家事需要发生交通事故，而非配偶一方的过错。只有夫妻一方醉驾或利用交通工具实施违法犯罪行为产生侵权责任，配偶一方

才可以无过错主张免责。而像本案这样的交通肇事行为配偶一方则不能以无过错主张免责。

四、夫妻侵权之债在特殊情况下的考虑

另外，在夫妻一方因侵权行为致自身死亡、他人人身损害的情形下，即使该侵权行为属于夫妻一方个人债务，但由于其已经死亡，根据《中华人民共和国民法典》第一千一百六十一条第一款的规定，继承人以所得遗产实际价值为限清偿被继承人依法应当缴纳的税款和债务。超过遗产实际价值部分，继承人自愿偿还的不在此限。故其配偶应当在继承的遗产范围内承担赔偿责任。

《中华人民共和国民法典》第一千零六十三条规定："下列财产为夫妻一方的个人财产……（二）一方因受到人身损害获得的赔偿或者补偿……"由此可见夫妻一方因人身损害而获得的赔偿或者补偿并不是夫妻共同财产，而是受损害方的个人财产。相对而言，夫妻一方产生的侵权之债，也不是夫妻共同债务。夫妻共同财产是法定的、特殊的财产共有形式，而当夫妻一方发生侵权之债时，若仅依据侵权责任构成要件来认定责任承担问题时，则无法完全与夫妻共同财产这一特定的财产共有形式相对应，故在司法实践中，将夫妻一方的侵权之债的责任认定扩大至夫妻双方，也应符合民事法律活动中双方权利义务相对等的基本原则。

编写人：浙江省天台县人民法院　郑瑶

17

域内外法律的平等适用

——倪某诉林某离婚后财产案

【案件基本信息】

1. 裁判书字号

广东省珠海市中级人民法院（2021）粤04民终67号民事判决书

2. 案由：离婚后财产纠纷

3. 当事人

原告（被上诉人）：倪某

被告（上诉人）：林某

【基本案情】

广东省珠海横琴新区人民法院经审理查明：倪某与林某于 2014 年 6 月 10 日在我国澳门特别行政区民事登记分站结婚，婚前协定财产制度为一般共同财产制。2018 年 5 月 9 日，澳门特别行政区初级法院裁判宣告解除双方的婚姻关系，该判决于 2018 年 6 月 8 日转为确定。珠海市香洲区人民法院曾就双方离婚后财产纠纷作出（2018）粤 0402 民初 7462 号民事判决，认定双方已经明确选择我国澳门特区实体法律处理双方的财产关系，且双方居住、工作在澳门地区，故对于双方离婚后财产争议应适用我国澳门特区实体法。《澳门民法典》第一千六百零九条规定，夫妻采用之财产制为一般共同财产制时，共同财产由夫妻现在及将来拥有之一切财产组成，但被法律排除之财产除外。第一千六百一十条规定，一、下列者不属于共同拥有之财产：a）附有规定不可由夫妻共同拥有之条款而被赠与或死因处分之财产，即使该等财产系计入特留份范围亦然；b）附归还条款或信托替换条款而被赠与或死因处分之财产，但该条款已失效者除外；c）因用益权人死亡或消灭而应终止之用益权，又或使用权或居住权，以及其他纯属人身性质之权利；d）第一千五百八十四条第一款 d 项及 e 项、以及第二款所指之财产。二、财产具有不可由夫妻共同拥有之性质时，并不表示该财产之孳息及有益改善物亦具有该性质。倪某提交的澳门大律师《法律意见书》显示，根据《澳门民法典》第一千六百四十四条第一款的规定，因倪某在 2016 年 3 月 14 日提起离婚程序，故双方财产共同状况会追溯到该日终结，此后取得之财产不再属于夫妻共同财产。

截至 2016 年 3 月 14 日，林某名下财产情况包括不动产、机动车、股票账户及资金、银行账户资金等。

倪某向法院提出诉讼请求：判令林某对其名下财产按照 50% 折价补偿

倪某。

林某辩称，股票及基金是其父亲的钱，不属于应当分割的夫妻共同财产，不同意分割。

【案件焦点】

1. 倪某与林某之间的夫妻共同财产范围应当如何确定；2. 倪某与林某之间的夫妻共同财产价值应如何确定，具体如何分割。

【法院裁判要旨】

广东省珠海横琴新区人民法院经审理认为：该案为涉澳离婚后财产纠纷，首先应当解决涉外民事关系法律适用问题。倪某、林某均是我国澳门特别行政区居民，根据《最高人民法院关于适用〈中华人民共和国涉外民事关系法律适用法〉若干问题的解释（一）》第一条、第十九条的规定，应参照涉外民事诉讼的相关规定进行审理。该案是离婚后财产纠纷，珠海市香洲区人民法院曾作出生效民事判决认定双方已经明确选择澳门地区实体法律处理双方的财产关系，故依照《中华人民共和国涉外民事关系法律适用法》（以下简称《法律适用法》）第二十四条的规定，该案适用我国澳门特区实体法律。

一、关于倪某、林某夫妻共同财产范围的认定。林某名下截至离婚程序开始之日有房产、机动车、股票、银行存款等多项财产，上述财产均不具备《澳门民法典》第一千六百一十条规定的除外情形，均属于倪某、林某的夫妻共同财产，应予以平均分割。因金钱属于种类物，亦不属于《澳门民法典》第一千六百一十条规定的除外情形，林某主张股票不予分割没有法律依据，法院不予采纳。

二、关于夫妻共同财产价值及分割问题。双方协商一致确定不动产的现值为 88 万元，应据此进行分割。至于股票市值，林某对倪某主张的计价方式未提出实质异议，法院径行采纳倪某主张的计价方式。至于机动车的价值，因机动车属于特定物，早于 2017 年 8 月由林某处分，不具备评估条件，法院采信林某的主张按照 5 万元确定该车辆在离婚程序开始之日的市场价值。根据前述原则，林某应向倪某补偿 50%的财产价值合计 727466.56 元。

广东省珠海横琴新区人民法院作出民事判决，依照《澳门民法典》第一千六百零九条的规定，判决如下：

林某于判决发生法律效力之日起十日内补偿倪某夫妻共同财产折价款 727466.56 元。

宣判后，林某提起上诉。广东省珠海市中级人民法院作出判决：

驳回上诉，维持原判。

【法官后语】

涉外法律适用是国际私法的核心内容。在现阶段，间接调整方法仍然是国际私法的主要调整方法，因而依照冲突规范的指引，在内外国法律之间进行选择就成为国际私法调整涉外民事法律关系的主要内容。

在我国法律适用法颁布之前，法院审理涉外夫妻财产关系时依《中华人民共和国民法通则》第一百四十七条及《最高人民法院关于贯彻执行〈中华人民共和国民法通则〉若干问题的指导意见（试行）》第一百八十八条的指引选择法院地法予以适用。2011 年出台的《中华人民共和国法律适用法》（以下简称《法律适用法》）与先前规定显著不同，其将“夫妻财产关系”与“夫妻人身关系”“协议离婚”“诉讼离婚”等分开予以规定。在司法实践中，产生的困境在于第二十四条与第二十七条的适用混同。应当认为，对于婚姻关系存续期间的夫妻财产关系认定、夫妻财产关系的选择、离婚后夫妻财产纠纷适用《法律适用法》第二十四条更为合理。其理由在于：其一，从法律规定的文义理解看，“诉讼离婚”指的是向法院提起离婚诉讼，而离婚诉讼是一种符合诉讼，应当就子女抚养、财产分割等一并处理，在此情形下应适用法院地法，对于诉讼离婚应作限缩解释，而不能任意扩大到夫妻财产关系或离婚后的财产纠纷；其二，“离婚后财产纠纷”“夫妻财产约定纠纷”的本质为财产契约问题，应当尊重当事人自主意识，允许当事人选法；其三，在允许当事人选法的涉外民事范畴内，尊重当事人选法自由，符合国际通行做法，有利于判决国际性流动。本案依当事人选择使两份判决适用同一实体法从而保障当事人权益不因区际法律冲突受损。法律选择的公平公正、域内外法律的平等适用，增强了澳门地区当事人和内地居民民商事交流的信心，减少了相互交流的障碍，以公正司法提高内地司法公信力、优化澳人在内地生活的法治环境，最终促进横琴粤澳深度合作区与我国澳门特区的融合发展，对建设粤港澳大湾区具有重大意义。

在司法实践中还应当注意把握如下几点：

第一，关于域外法律查明方式及查明标准。应将人民法院主动查明与当事人提供域外法律相结合，当事人提供域外法律和专业法律意见的，应参照举证质证模式，经双方质证无异议后方可作为裁判依据。

第二，关于域外法律适用与公序良俗原则，即域外法律适用的界限问题。经法律冲突规范指引适用的域外法律不得与域内公序良俗相违背，否则应适用法院地法予以审理。若澳门地区法律的适用并不会产生与内地公序良俗相悖的情形，法院应尊重当事人选法自由。

第三，关于涉及域外财产的查明及处理原则。法院在查明域外财产的过程中，无论以域内法律抑或域外法律为依据确定涉案财产范围，均应秉承公平公正原则，根据双方当事人举证质证情况及法律条文的理解判断是否属于涉案财产范围，并依照法律规定予以分割处理。法院对于可查明的域外财产的处理应以确定当事人之间权利义务为原则，而不应以财产权益能否得以实现作为限制条件。至于司法判决能否得到实际执行，则应由当事人根据相关司法协助条约、协定的约定另行处理。

编写人：横琴粤澳深度合作区人民法院　郑恒　许珊珊

18

农村房屋上可为离婚妇女设立居住权

——毕某诉沈某某离婚案

【案件基本信息】

1. 裁判书字号

江苏省启东市人民法院（2021）苏 0681 民初 902 号民事判决书

2. 案由：离婚纠纷

3. 当事人

原告：毕某

被告：沈某某

【基本案情】

毕某和沈某某在外出打工时相识，后毕某从贵州远嫁至启东，双方婚初感情尚可并育有一子，婚后一家三口及沈某某的父母共同居住在沈某某婚前自建的农村房屋中。

近年来，沈某某在和朋友交往中染上赌博恶习，将家中原有的积蓄尽数输光；自 2018 年起，沈某某为躲避债务离家出走，至今下落不明。毕某曾于 2019 年向法院起诉要求离婚，后经法院判决不准离婚；2021 年，毕某再次向法院起诉要求离婚，并同时以抚育、陪伴孩子上学为由请求法院判令其与婚生子对沈某某的婚前自建农村房屋享有居住权。

【案件焦点】

法院能否为离婚妇女在农村房屋上设立居住权。

【法院裁判要旨】

江苏省启东市人民法院经审理认为：毕某在启东市没有其他固定住房，沈某某离家出走，多年不履行照顾妻儿的义务，且其妻儿继续维持居住现状不会加重沈某某的经济负担。《中华人民共和国民法典》第一千零九十条规定，“离婚时，如果一方生活困难，有负担能力的另一方应当给予适当帮助”，现毕某以抚育子女上学为由，请求法院判令其与婚生子对沈某某农村自建的房屋享有居住权，法院予以支持。法院判决毕某与婚生子对沈某某农村自建房屋享有居住权，并明确居住范围及居住期限。

判决后，双方当事人均未上诉，本判决现已生效。

【法官后语】

居住权制度的核心价值在于保障弱势群体的基本生活需求，在农村房屋上涉及居住权，首要功能就是为了解决弱势群体居住权益的保障问题。一般来说，农村房屋的所有权认定需要结合宅基地使用权权属确定，外嫁女无法享有夫家的宅基地使用权，且宅基地上房屋多为男方婚前建造，并以男方或男方父母的名义申请，属男方婚前个人财产，女方对夫家的房屋不享有法律上的权益。一旦夫妻双方离婚，女方即便申请分割宅基地及房屋相关权益，亦难以获得判决支持。离婚后取得居住权的依据是离婚经济帮助制度，而从法律上为农村妇女在房屋上设立居住权，既能够解决居住问题，又可以为其提供对抗第三人的物权保护。

《中华人民共和国民法典》第三百六十八规定，“居住权自登记时设立”，但考虑到农村房屋和宅基地使用权登记缺失的现状，在农村房屋上设立居住权，若径行适用登记设立模式，恐难以在农村房屋上发挥居住权制度应有的功能。农村地区没有建立完善的不动产登记系统，且在短时间内无法完成所有房屋和宅基地的不动产登记，鉴于农村房屋登记不完备的现状，在未登记农村房屋上设立居住权的，应对《中华人民共和国民法典》第二百三十二条规定进行目的性限缩，不以登记为要件，占有足以公示。

关于居住权的客体。首先，在农村房屋上设立居住权，应对“他人的住宅”作扩张解释，认定相应的沼气池等农村生活所需的附属设施自然应当属于权利客体，以满足居住权人实际生活需要；其次，在农村房屋上设立居住权应允许居住权可在房屋一部分上设立，因为房屋同住人通常不会搬离，而是一同居住。

本案中，毕某以抚育孩子上学为由请求法院判令其与婚生子对沈某某的农村房屋享有居住权的诉讼请求，法院综合考量毕某的收入状况、现实需要以及房屋居住现状后予以支持，为其在住宅部分房间上设立居住权。但由于以住宅的一部分设立居住权实际上是对整个住宅所施加的负担，因此，对于为实现居住权而必须使用的生活设施如卫生间、厨房等，居住权人有权使用之，唯在使用时须由居住权人与共同居住人进行协商。

编写人：江苏省启东市人民法院　魏爱慈

（五）离婚后损害责任纠纷

19

婚内多次出轨的行为应被认定为过错行为并适用离婚损害赔偿制度

——霍某诉张某某离婚案

【案件基本信息】

1. 裁判书字号

北京市海淀区人民法院（2020）京 0108 民初 8249 号民事判决书

2. 案由：离婚纠纷

3. 当事人

原告：霍某

被告：张某某

【基本案情】

霍某起诉称，2010年12月，其与张某某经人介绍相识。2012年5月18日，双方登记结婚。婚后双方感情尚佳，但随着共同生活，双方经常因琐事吵架，霍某身心疲惫，无奈之下向张某某提出离婚。张某某曾口头同意，但迟迟不配合霍某办理离婚手续。双方自2018年5月开始分居，互不履行夫妻义务至今。此前，霍某曾于2019年3月11日起诉离婚，但法院判决驳回了霍某的诉讼请求。该判决已于2019年5月20日生效。双方在此后仍未有任何和好的迹象。现因夫妻感情已彻底破裂，已无和好可能，霍某提起二次离婚诉讼，请求判令：1. 解除婚姻关系；2. 依法分割夫妻共同财产小轿车一辆；3. 由张某某承担本案诉讼费用。

张某某辩称，其同意离婚，也同意依法分割作为夫妻共同财产的小轿车，但要求霍某支付精神损害赔偿金10万元，理由是霍某存在婚姻关系存续期间与多人存在婚外情并同居的行为。张某某为此提交了视频及照片予以证明。霍某对此并不认可。

车牌号为京N58L××大众牌小轿车（以下简称涉案车辆）登记在张某某名下。庭审中，双方对于涉案车辆的分割达成一致意见，涉案车辆归张某某所有，张某某给付折价款25000元。

另查，北京市海淀区14号房已拆迁。

【案件焦点】

霍某婚内多次出轨的行为是否能够被认定为离婚损害赔偿制度中的过错行为。

【法院裁判要旨】

北京市海淀区人民法院经审理认为：本案中，关于婚姻关系一节，双方均同意离婚，法院对此不持异议，依法予以准许。对于财产分割一节：首先，双方对于涉案车辆的分割达成一致意见，法院对此不持异议，依法予以确认，即涉案车辆归张某某所有，由张某某给付霍某折价款25000元；其次，关于张某某所主张的拆迁利益，结合双方当事人陈述情况，该拆迁利益还涉及案外第三人，本案不宜处理，双方应另行解决。

关于精神损害赔偿金一节，根据法律规定，民法典施行前的法律事实引起的民事纠纷案件，当时的法律、司法解释有规定的，适用当时的法律、司法解释的规定，但是适用民法典的规定更有利于保护民事主体合法权益，更有利于维护社会和经济秩序，更有利于弘扬社会主义核心价值观的除外。本案中，根据《中华人民共和国民法典》第一千零九十一条的规定，有下列情形之一，导致离婚的，无过错方有权请求损害赔偿：（一）重婚；（二）与他人同居；（三）实施家庭暴力；（四）虐待、遗弃家庭成员；（五）有其他重大过错。相比民法典施行前的婚姻法规定，民法典扩大了当事人主张损害赔偿的事由，更有利于保护民事主体合法权益等，故本案应适用民法典的相关规定。本案中，根据张某某所提供的证据，虽不能证实霍某存在与他人同居的事实，但结合霍某的自述内容，足以证实霍某在婚姻关系存续期间存在与其他异性有不正当关系的事实，霍某对此存在重大过错，而张某某无过错。因此，对于张某某要求精神损害赔偿的诉讼请求，法院予以支持，但其主张的数额过高，具体赔偿数额由法院结合霍某的过错程度等因素酌情判定为6万元。

综上所述，北京市海淀区人民法院依照《中华人民共和国民法典》第一千零七十六条、第一千零八十七条、第一千零九十二条，《最高人民法院关于适用〈中华人民共和国民法典〉婚姻家庭编的解释（一）》第八十三条之规定，判决如下：

驳回霍某的全部诉讼请求。

判决后，双方当事人均未上诉，本判决现已生效。

【法官后语】

离婚损害赔偿制度由来已久，离婚诉讼中，当事人也多会提起离婚损害赔偿。但由于此前婚姻法中仅列举了四种较为严重的情形可以适用离婚损害赔偿，且赔偿标准不明确，因此离婚损害赔偿制度还有需要进一步完善的方面。民法典颁布实施以后，对离婚损害赔偿制度进行了完善，增设了“其他重大过错”的适用情形，本案即是对该条款的司法实践运用。

一、民法典增设适用情形的积极意义

民法典对于离婚损害赔偿制度的规定，采用了“列举+概括”的模式，在重婚，有配偶者与他人同居的，实施家庭暴力以及虐待、遗弃家庭成员四种情形之外，增设了“有其他重大过错”的规定，对制度的适用情形进行了延伸。此举极大提升了离婚损害赔偿制度的可操作性，同时也符合域外立法对该制度的一般惯例。但随之而来的问题就是“其他重大过错”的适用标准应当如何把握。

二、对于“其他重大过错”适用情形的把握

审判实践中，当事人诉请离婚的事由一般主要可分为以下两类：(1) 感情不和型，如经常争吵、性格不合，或者婆媳矛盾、家庭矛盾无法平衡；(2) 一方过错型，如出轨、卖淫、嫖娼、赌博、吸毒等。一般来说，单纯的夫妻争吵，并不能认定为“其他重大过错”的适用情形，毕竟牙齿还有和舌头相碰的时候。如果仅因为日常生活中夫妻间时常拌嘴，就认定应当适用离婚损害赔偿制度，既会因无法认定过错方增加审判难度，也不利于和谐夫妻关系的维护。因此，应当结合相关行为是否违反夫妻间互负的义务以及是否构成重大过错来进行缩限解释。

首先，无论是传统道德、公序良俗还是法律规定，均要求夫妻应当对彼此履行忠实义务、尊重义务以及互相关爱义务，因此，构成“其他重大过错”的行为必然是违反上述夫妻义务的行为；其次，该行为应当比照民法典关于离婚损害赔偿可明确适用的四种行为，即重婚，与他人同居，实施家庭暴力，虐待、遗弃家庭成员来衡量其严重程度。以出轨为例，司法实践中一般可通过出轨次数、出轨人数、维系时长、是否与他人生育子女、出轨时间发生在女性孕期或哺乳期等特殊时期等因素衡量该行为的过错程度，并考虑是否适用离婚损害赔偿制度。

三、离婚损害赔偿的举证责任分配

一般来说，一方主张另一方存在过错，应当对过错事实的存在承担初步的举证责任，证据类型可包括书面证据、电子证据。例如，本案中张某某提交了霍某的抖音视频、抖音截图、视频、照片予以证明霍某存在出轨行为。如过错方对此予以否认，应当提交相应的反证予以推翻或对上述证据提出合理的怀疑。

个别案例中，过错方会主张已在婚内获得对方的谅解，不应再承担离婚损害赔偿责任。此时，如果过错方有证据能够证明对方对其出轨行为表示谅解，那么该表示应视为对方对自身权利放弃的意思表示，此时该谅解可成为过错方免予离婚损害赔偿的事由。

四、离婚损害赔偿数额的确定标准

一般来说，离婚损害赔偿的精神损害赔偿数额会由法官结合各项因素进行酌情判定。例如，过错行为的行为方式、过错程度、社会影响，无过错方的受损情况，夫妻双方的财产状况、实际履行能力等，赔偿金额应达到惩教相结合的效果。

编写人：北京市海淀区人民法院　朱珺

（六）撤销婚姻纠纷

20

他人冒用身份信息骗取结婚登记后下落不明，被骗婚姻当事人若提起民事诉讼的应如何处理

——李某某诉黄某某离婚案

【案件基本信息】

1. 裁判书字号

广西壮族自治区百色市田东县人民法院（2021）桂 1022 民初第 2907 号民事裁定书

2. 案由：离婚纠纷

3. 当事人

原告：李某某

被告：黄某某

【基本案情】

2008 年 9 月 17 日，李某某经朋友介绍认识自称家住广西田东县祥周镇中平村的黄某某。当日，黄某某答应与李某某返回其户籍地广西藤县办理结婚登记手续。次日，李某某、黄某某到广西藤县民政局办理了结婚登记手续，领取了结婚证。后双方共同生活了 7 天左右，黄某某声称要去广东打工，于 2008 年 9 月 26 日独自外出打工至今未归。之后，李某某多方找寻黄某某无果。为了解

除与黄某某的夫妻关系，李某某向法院提起离婚诉讼。在案件审理过程中，黄某某坚称自己自幼与同村的黄某相识，后结为夫妻，生育一子一女，并于1992年3月6日补办了结婚登记手续。自己并不认识李某某，也从未离开过广西田东县，不可能与李某某登记结婚。为了进一步查明案件事实，法院分别于2021年8月20日、23日到广西田东县公安局祥周镇派出所、广西田东县祥周镇中平村了解黄某某所述情况是否全部属实。广西田东县公安局祥周镇派出所出具户籍登记证明，证实黄某某与黄某系夫妻，并生育一子一女。广西田东县祥周镇中平村村民委出具证明，证实黄某某与黄某是合法夫妻，并且结婚至今从未外出离开过广西田东县。法院又通过全国民政局婚姻登记系统查询到黄某某2004年至2009年先后与丈夫黄某、李某某等十五个人办理过结婚登记，其身份信息可能被借用或冒用。2021年10月15日，在对李某某、黄某某进行询问的过程中，双方确认彼此并不认识，也未办理过结婚登记。

【案件焦点】

冒用他人身份信息骗取结婚登记后下落不明的，被骗婚姻当事人若提起民事诉讼应如何处理。

【法院裁判要旨】

广西壮族自治区百色市田东县人民法院经审理认为：根据《中华人民共和国民事诉讼法》第一百二十四条规定："人民法院对下列起诉，分别情形，予以处理：（一）依照行政诉讼法的规定，属于行政诉讼受案范围的，告知原告提起行政诉讼……"《最高人民法院关于适用〈中华人民共和国民法典〉婚姻家庭编的解释（一）》第十七条规定："当事人以民法典第一千零五十一条规定的三种无效婚姻以外的情形请求确认婚姻无效的，人民法院应当判决驳回当事人的诉讼请求。当事人以结婚登记程序存在瑕疵为由提起民事诉讼，主张撤销结婚登记的，告知其可以依法申请行政复议或者提起行政诉讼。"本案中，黄某某户籍地和居住地均为广西田东县祥周镇中平村，广西田东县祥周镇中平村村民委出具证明，证实黄某某与本村黄某于1989年结婚后，从未外出离开过广西田东县。经查，黄某某与广西田东县祥周镇中平村村民黄某于 1992 年 3 月 6 日登记结婚。在全国民政局婚姻登记系统显示以黄某某名义与他人登记结婚的有十几次之多，且均处于婚姻关系存续期间。诉讼过程中，法院召集双方当事人进行质证，李某某、黄某某确认没有见过对方，也不认识对方，双方没有共同到民政部门办理过结婚登记手续。故本案存在他人借用或冒用黄某某的居民身份证与李某某进行婚姻登记的事实，李某某、黄某某的婚姻登记行政行为存在瑕疵，依法应当由当事人向婚姻登记部门申请撤销或直接提起行政诉讼。

综上，百色市田东县人民法院依照《中华人民共和国民事诉讼法》第一百一十九条、第一百二十四条，《最高人民法院关于适用〈中华人民共和国民法典〉婚姻家庭编的解释（一）》第十七条，《最高人民法院关于适用〈中华人民共和国民事诉讼法〉的解释》第二百零八条之规定，裁定如下：

驳回李某某的起诉。

【法官后语】

一直以来，因冒用他人身份信息骗取结婚登记后下落不明引发的纠纷案件不在少数。司法实践中，法院在处理此类案件时应重点考量以下三个问题：

1. 若被骗婚姻当事人选择向法院提起诉讼，法院应将此类案件作为民事案件还是行政案件予以受理。《婚姻登记条例》第四条第一款规定：“内地居民结婚，男女双方应当共同到一方当事人常住户口所在地的婚姻登记机关办理结婚登记。”此条规定体现了国家尊重和保障当事人缔结婚姻的自主权。对于被冒名者而言，婚姻的缔结不是出于其真实的意思表示，其也并未到民政部门办理结婚登记手续，因欠缺结婚的实质要件和形式要件，双方并不存在婚姻关系，法院不宜将此类案件作为婚姻家庭纠纷予以受理，若当事人提起民事诉讼应裁定驳回起诉。那么，当事人是否可以提起行政诉讼呢？婚姻关系和婚姻登记是两种不同的概念，婚姻关系是一种民事法律关系，属于民事实体法与程序法调整的范畴，婚姻登记是一种行政确认行为，属于行政实体法与程序法调整的范畴。民政部门在人证不符的情况下即办理结婚登记，不仅未尽到行政机关的审慎审查义务，而且侵犯了被冒名者的婚姻自由权，属于“重大且明显违法”情形，法院可确认该具体行政行为无效，同时责令民政部门采取删除婚姻登记错误信息等补救措施。

2. 法院能否适用民法典总则编关于民事法律行为无效的规定，从而突破无效婚姻法定情形的限制。《中华人民共和国民法典》第一千零五十一条规定："有下列情形之一的，婚姻无效：（一）重婚；（二）有禁止结婚的亲属关系；（三）未到法定婚龄。"因为该规定属于封闭式列举，以伪造、变造、冒用证件等方式骗取结婚登记的行为不在此列，所以法院不能直接适用这条规定认定婚姻无效。但民法典总则编有关于"违反法律、行政法规的强制性规定的民事法律行为无效""违背公序良俗的民事法律行为无效"的规定，此种情况下，法院能否适用上述规定，从而突破无效婚姻法定情形的限制呢？笔者认为，民法典婚姻家庭编对无效婚姻的范围进行明确界定，其目的在于防止司法自由裁量在婚姻家事领域的无序滥用，以免扩大无效婚姻的范围，造成司法过多干预婚姻家事领域的情况发生。现实生活中，冒名登记结婚的情形较为复杂，如果法院可以适用民法典总则编关于民事法律行为无效的规定，将不利于维护婚姻关系的安定性。

3. 从司法为民的角度出发，法院是否应当主动作为及时向民政部门发送撤销婚姻登记的司法建议书。虽然冒名婚姻登记错误系冒名者故意冒用他人身份信息以及当时全国联网查询信息化建设滞后、民政部门难以进行实质审查的客观条件所致，但对于已查明客观存在且对当事人造成重大影响的婚姻登记错误，应予以纠正。《最高人民法院、最高人民检察院、公安部、民政部关于印发〈关于妥善处理以冒名顶替或者弄虚作假的方式办理婚姻登记问题的指导意见〉的通知》第一条第三款规定："人民法院对相关事实进行调查认定后认为应当撤销婚姻登记的，应当及时向民政部门发送撤销婚姻登记的司法建议书。"故在面对此类案件时，法院可在裁定驳回起诉后依职权发出司法建议书，将冒名登记结婚的相关事实和情况及时告知民政部门，由民政部门主动纠错、予以撤销，从而打通司法和行政的堵点，为当事人节约诉讼成本。

编写人：广西壮族自治区百色市田东县人民法院　陆巧

21

对可撤销婚姻“重大疾病”的认定路径

——许某某诉杨某某撤销婚姻案

【案件基本信息】

1. 裁判书字号

山东省德州市中级人民法院（2021）鲁14民终3562号民事判决书

2. 案由：撤销婚姻纠纷

3. 当事人

原告（上诉人）：许某某

被告（被上诉人）：杨某某

【基本案情】

2018年5月1日，许某某与杨某某经媒人介绍相识并确定恋爱关系。6月1日，两人举行订婚仪式。10月22日，杨某某进入山东大学齐鲁医院治疗，并确诊患有系统性红斑狼疮、狼疮性肾炎。11月23日，杨某某再次到山东大学齐鲁医院住院治疗。12月13日，杨某某办理出院手续，出院诊断为系统性红斑狼疮、狼疮性肾炎好转。12月28日，双方在夏津县民政局办理结婚登记手续。2019年1月16日，双方举行结婚仪式后同居生活。后许某某起诉至法院，主张因杨某某婚前患有系统性红斑狼疮重大疾病，且隐瞒病情，请求法院判决撤销婚姻。

【案件焦点】

系统性红斑狼疮是否属于《中华人民共和国民法典》第一千零五十三条规

定的“重大疾病”，一方可否以另一方婚前患有该疾病为由请求法院撤销婚姻。

【法院裁判要旨】

山东省夏津县人民法院经审理认为：首先，许某某关于重大疾病的两个认定要素，具有极强的主观性，不同当事人对疾病的认知具有极大的差异性，且没有法律依据；其次，《中华人民共和国民法典》婚姻家庭编对重大疾病的规定，出发点应为是否危害对方当事人的健康以及子孙的健康，是否影响婚姻的本质，《中华人民共和国母婴保健法》对此已有明确规定，包括严重遗传性疾病、指定传染病、有关精神病；最后，系统性红斑狼疮是一种多发于青年女性的、累及多脏器的自身免疫性炎症性结缔组织病，病因至今尚未确定。因此认定系统性红斑狼疮不属于《中华人民共和国民法典》规定的重大疾病。一审法院判决如下：

驳回原告许某某的诉讼请求。

许某某不服一审判决，提出上诉。山东省德州市中级人民法院基本同意一审裁判意见，此外补充认为，结合医疗技术水平的进步与不断提高，不同历史时期对重大疾病的认识也会随之变化，重大疾病的范围逐步减少符合医学进步的客观事实。系统性红斑狼疮疾病已经由过去的急性、高致死性疾病转为慢性、可控性疾病，该疾病为非遗传性疾病，病情稳定的狼疮患者亦可正常孕育，因此不应认定为重大疾病。据此，二审判决如下：

驳回上诉，维持原判。

【法官后语】

本案系撤销婚姻纠纷案件，主要涉及如何认定可撤销婚姻中的“重大疾病”。

《中华人民共和国民法典》第一千零五十三条规定，婚姻登记前未告知存在重大疾病的婚姻可撤销。据此，撤销婚姻应当满足所患疾病为“重大疾病”的要件，但关于何为“重大疾病”，目前法律并无明确的规定，司法实践中对“重大疾病”的认定可以从以下三个方面进行判断。

一、从法律的立法原意进行综合分析

原《中华人民共和国婚姻法》出于对家庭成员身体健康和优生优育的考虑，确定“疾病婚”为无效婚姻，而《中华人民共和国民法典》对此进行了变更：

其一，以“重大疾病”取代“医学上认为不应当结婚的疾病”；其二，删除了禁婚疾病宣告无效的限制条件即“婚后尚未治愈的”；其三，增设了主观条件即“不如实告知”，违反重大疾病告知义务才能撤销婚姻；其四，法律效果上，以“撤销婚姻”取代了“婚姻无效”。这种变化反映出法律对婚姻自由的尊重程度不断提高，疾病已经不能成为阻碍婚姻缔结的因素，是否缔结婚姻取决于缔结双方个人的意思表示。但这种意思表示的真实性必须得到保障，即患病方需要将病情包括疾病发展程度如实相告，对方在充分了解的基础上再做出结婚与否的意思表示。因此，从立法原意分析，当事人所患疾病是否达到“重大”程度的评价标准主要取决于两方面：疾病是否足以影响另一方当事人决定结婚的自由意志；是否对双方婚后生活造成重大影响。

二、从现行法律法规、行业规范进行全面解读

关于“重大疾病”的认定和判断，在《中华人民共和国母婴保健法》（以下简称《母婴保健法》）、《中华人民共和国传染病防治法》（以下简称《传染病防治法》）、卫生部印发的《婚前保健工作规范（修订）》、《异常情况的分类指导标准（试行）》（以下简称《指导标准》）、中国保险行业协会与中国医师协会发布的《重大疾病保险的疾病定义使用规范》（2020年修订版）等法律法规和行业规范中亦有迹可循。具体解读为：

其一，《母婴保健法》第九条规定：“经婚前医学检查，对患指定传染病在传染期内或者有关精神病在发病期内的，医师应当提出医学意见；准备结婚的男女双方应当暂缓结婚。”笔者认为以上“暂缓结婚”范畴所指定的疾病应当属于“重大疾病”。其二，《婚前保健工作规范（修订）》中规定：“2. 婚前医学检查的主要疾病：（1）严重遗传性疾病：由于遗传因素先天形成，患者全部或部分丧失自主生活能力，子代再现风险高，医学上认为不宜生育的疾病。

(2) 指定传染病:《中华人民共和国传染病防治法》中规定的艾滋病、淋病、梅毒以及医学上认为影响结婚和生育的其他传染病。(3) 有关精神病:精神分裂症、躁狂抑郁型精神病以及其他重型精神病。(4) 其他与婚育有关的疾病,如重要脏器疾病和生殖系统疾病等。"《母婴保健法》第八条和第三十八条也将严重遗传性疾病、指定传染病和有关精神疾病列入医学检查范围。

因此,从现行法律法规、行业规范等条文进行解读,重大疾病包含严重的遗传性疾病、传染病、精神疾病、重症智力低下、脏器疾病和生殖系统疾病六大类。判断是否属于可撤销婚姻中的"重大疾病"可以参照上述疾病的标准予以认定。

三、从专业医疗知识角度进行立体评价

若案件涉及的疾病不属于以上《母婴保健法》《传染病防治法》《婚前保健工作规范(修订)》等法律法规中涉及的几类疾病,评价当事人所患疾病是否达到"重大"程度,需根据疾病是否对双方婚后生活造成重大影响的标准(包括但不限于婚姻持续时间的长短、生活质量的高低、治疗费用的支出、是否影响生育子女等方面)严格把握。这需要从医学专业角度了解疾病的概况、危险程度、病情发展和治疗手段等,审判实践中可以通过向当地权威医疗机构进行函询调查,来增加对疾病的了解,全方位衡量疾病对当事人未来生活造成的影响及不利后果。具体到本案中,当事人所患疾病为系统性红斑狼疮,其不属于《中华人民共和国母婴保健法》第九条规定的"不宜结婚"的疾病。为更全面、深入地了解该病的具体情况,辅助判断是否达到"重大"疾病的标准,二审法院通过向当地权威医院函询了解到,系统性红斑狼疮是自身免疫性疾病,已经由过去的急性、高致死性疾病转为慢性、可控性疾病,该疾病非遗传性疾病,病情稳定的狼疮患者亦可正常孕育,只要坚持长期治疗,患者能做到像正常人一样生活。因此,本案当事人的病情程度并未对婚姻生活产生重大不利影响。

综上,对可撤销婚姻重大疾病的认定需要在法律框架下系统分析,综合考量该疾病是否足以影响另一方当事人决定结婚的自由意志,是否对双方婚后生活造成重大影响。本案中,根据案件的具体情况,结合当事人的病情程度、病症特性、婚姻意志以及《传染病防治法》和《母婴保健法》相关规定等情况，权衡考量，综合判断，最终认定不应将系统性红斑狼疮认定为可撤销婚姻的“重大疾病”。同时笔者认为，重大疾病的认定应尽量采用可以量化的客观标准或者公认标准进行判断，减少主观判断，以促进疾病是否属于“重大疾病”的认定更加清晰、透明、可操作。

编写人：山东省德州市中级人民法院　马丽华　刘冬

22

可撤销婚姻中“重大疾病”的认定及撤销权行使

——高某诉高某某撤销婚姻案

【案件基本信息】

1. 裁判书字号

北京市石景山区人民法院（2021）京0107民初14782号民事判决书

2. 案由：撤销婚姻纠纷

3. 当事人

原告：高某

被告：高某某

【基本案情】

高某与高某某于2018年9月14日确定男女朋友关系，于2020年2月14日登记结婚。2020年10月24日北京中医药大学东直门医院核医学科报告单显示：姓名高某某，检验医嘱男性激素（五项），科室男科门诊，标本类型血清（红），临床诊断男性性腺功能低下。高某称结婚登记前，其要求高某某进行婚检，高某某坚决拒绝。双方登记结婚后，高某多次欲与高某某同房过夫妻性生活，高某某亦以各种理由拒绝。高某某明知其具有生理上的缺陷，不告知高某还与其结婚，给高某造成了巨大的身心伤害，故诉至法院要求判令撤销双方之间的婚姻关系。高某某辩称其不存在生理疾病、不存在医学上不应当结婚的疾病，双方有一定感情基础，希望驳回原告诉讼请求。

【案件焦点】

1. 高某某所患疾病是否属于可撤销婚姻中的重大疾病范畴；2. 高某行使疾病婚姻撤销权能否得到支持。

【法院裁判要旨】

北京市石景山区人民法院经审理认为：一方患有重大疾病的，应当在结婚登记前如实告知另一方，不如实告知的，另一方可以向人民法院请求撤销婚姻。请求撤销婚姻的，应当自知道或者应当知道撤销事由之日起一年内提出。当事人对自己提出的诉讼请求所依据的事实或者反驳对方诉讼请求所依据的事实，应当提供证据加以证明，当事人未能提供证据或者证据不足以证明其事实主张的，由负有举证证明责任的当事人承担不利的后果。

本案中，高某以高某某不告知生理缺陷，导致双方无法正常进行夫妻性生活为由要求撤销婚姻关系。对此，本院认为基于在案证据，高某的诉请无法得到支持，理由如下：一方面，高某提交的相应报告单所载被告相应问题既不是严重遗传性疾病，也不是指定传染病抑或有关精神病，相应问题应不属于可撤销婚姻的重大疾病范畴；另一方面，高某提交的相应证据亦无法证实高某某在婚前即存在相应问题，况且双方自确定恋爱关系至登记结婚亦近一年半时间。基于此，本院对高某要求撤销婚姻关系的诉讼请求不予支持。

北京市石景山区人民法院依照《中华人民共和国民法典》第一千零五十三条、《最高人民法院关于适用〈中华人民共和国民事诉讼法〉的解释》第九十条之规定，作出如下判决：

驳回高某的全部诉讼请求。

判决后，双方当事人均未上诉，本判决现已生效。

【法官后语】

民法典施行后，疾病婚姻由无效婚姻变更为可撤销婚姻，这一变动将婚姻的权利交还当事人，更尊重婚姻自主权，充分体现了兼顾个人利益和社会利益的立法原则。

对《中华人民共和国民法典》第一千零五十三条的理解和把握应注意以下几个问题：1. 重大疾病的认定；2. 告知义务的履行；3. 疾病婚撤销权的行使期限。

一、重大疾病的认定

随着医学的进步和新型疾病的出现，试图列举影响结婚的疾病是不周延的，考虑到法律的适用性和延续性，民法典并未明确重大疾病的范畴，此前的婚姻法对“医学上认为不应当结婚的疾病”亦未予列明。在司法审判中，对重大疾病的认定多参考《中华人民共和国母婴保健法》（以下简称《母婴保健法》）的相关规定，《母婴保健法》第八条将严重遗传性疾病、指定传染病、有关精神病列为婚前医学检查疾病。严重遗传性疾病，是指由于遗传因素先天形成，患者全部或者部分丧失自主生活能力，后代再现风险高，医学上认为不宜生育的遗传性疾病。指定传染病，是指《中华人民共和国传染病防治法》中规定的艾滋病、淋病、梅毒、麻风病以及医学上认为影响结婚和生育的其他传染病。有关精神病，是指精神分裂症、躁狂抑郁型精神病以及其他重型精神病。

司法实践中出现较多的为与性、生殖有关的疾病和精神疾病。与性、生殖有关的疾病多为性功能障碍、不孕不育等，关于此疾病能否纳入可撤销婚姻中的重大疾病范畴，笔者认为应该慎重把握。首先，《婚前保健工作规范（修订）》将与婚育有关的疾病纳入婚前医学检查疾病范畴，但并未被列入注明“建议不宜结婚”的范围；其次，重大疾病需要考虑对后代的影响，但是生育并非婚姻的目的，相关疾病对非患病方的影响难以量化；最后，随着医学发展，关于生育方面的疾病并非不可治愈，存在多种途径实现生育目的。关于精神疾病，需要注意的是需达到重型精神病程度，如果患病方仅是抑郁状态、妄想状态，病情相对稳定，没有对工作和生活造成严重影响，则不能定性为重大疾病。

综合而言，对可撤销婚姻中的重大疾病的认定可结合双方当事人证据综合考虑以下因素进行判断：(1) 该疾病应是婚前既已形成的；(2) 该疾病是否足以影响未患病方决定结婚的自由；(3) 该疾病对双方婚后正常生活的影响程度；(4) 该疾病在一定时间内能否通过手术和药物治疗治愈。

二、告知义务的履行

向他人履行告知义务及履行能力、履行程度的高低，取决于患病一方对于自身患病情况的认识。具体可区分为：

如患病一方并未认识到自身患病情况，如患有隐蔽性遗传疾病，患病一方未有症状出现，因不存在对自身患病情况的认识，当然无法谈及告知义务的履行，即无告知义务的履行能力。

仅当患病一方认识到自身患病情况，具有告知义务的履行能力时，才有分类讨论告知义务履行程度高低的价值。笔者认为，告知义务的履行程度高低，实则与患病一方对自身患病情况的认识程度可以一一对应。具体而言，患病一方对自身患病情况认识的具体内容可以分为三部分，即对所患疾病本身的认识（包括现在病情、病状、近期发展情况、是否具有遗传性或传染性等）、患病原因的认识（包括是否遗传性、接触性获病等）、对自身及家庭生活的影响的认识，这是一个认识程度逐渐加深的过程，对疾病本身的认识为认识内容的基础。

法律规定患病一方应当如实告知，所谓如实告知，最低标准的选取，应为患病一方对自身患病情况的认识，这符合从事物客观属性出发认知、了解事物的通常逻辑，是告知义务的法律价值所在。

司法实践中有患病方隐瞒自身患病情况，告知其他较轻疾病，或仅就患病原因和影响进行部分告知。举例而言，如患病方患有重型精神病，而告知所患的轻型心理疾病；如未告知患有艾滋病，仅告知患有疾病而不宜生育，均属于典型的未履行告知义务。

相反，患病方并未隐瞒自身患病情况，仅系未告知患病原因和影响，不应影响已履行告知义务的认定。举例而言，如告知患有艾滋病，但未告知患病原因（遗传、输血、与他人性行为等原因）；如告知患有严重遗传性疾病，但未告知将来生育后代再现风险高。

三、疾病婚撤销权的行使期限

撤销权作为一项民事权利，其性质属于形成权。非患病一方必须在知道或者应当知道撤销事由之日起一年内提出，该期限属于除斥期间，不适用诉讼时效的中止、中断或者延长的规定。所谓知道，是指有直接或者充分证据证明非患病一方知道患病事实；所谓应当知道，即虽然没有直接或充分证据，但根据生活经验、相关事实和证据，按照一般人的普遍认知能力可以推断非患病一方知道患病事实。

编写人：北京市石景山区人民法院　张云

23

有生理缺陷不能发生性行为属于民法典规定的重大疾病范围，一方婚前未如实告知的，另一方可以向人民法院请求撤销婚姻

——佘某某诉吴某撤销婚姻案

【案件基本信息】

1. 裁判书字号

北京市丰台区人民法院（2021）京0106民初33322号民事判决书

2. 案由：撤销婚姻纠纷

3. 当事人

原告：佘某某

被告：吴某

【基本案情】

2011年12月9日，佘某某与吴某登记结婚。2021年1月14日吴某于海淀区妇幼保健院体检中心进行免费孕检，2021年3月27日海淀区妇幼保健院体检中心出具体检报告，体检结论显示精索静脉曲张Ⅱ度。下附说明：精索静脉曲张是指精索蔓状静脉丛异常伸长、扩张和迂曲。少数患者可影响精子的生成和精液质量，是男性不育症的病因之一。建议：1. 无症状或症状轻的可观察，不适随诊。2. 避免久坐和久站。3. 有生育意愿的建议育前行精液常规检查。佘某某得知吴某患有精索静脉曲张Ⅱ度后于2021年4月14日与其协议离婚。2021年10月22日佘某某诉至法院，称吴某患有精索静脉曲张等引起的勃起功能障碍的性功能疾病，不具有正常的男性性功能，属于重大疾病，吴某婚前隐瞒该疾病导致婚姻关系存续期间双方无任何一次夫妻性生活（其至今仍为处女），并最终导致婚姻破裂，故要求撤销双方于2011年12月9日至2021年4月14日存续的婚姻关系。

【案件焦点】

1. 吴某是否患有重大疾病，该疾病是否构成撤销婚姻事由；2. 双方协议离婚后，原告能否再起诉要求撤销婚姻。

【法院裁判要旨】

北京市丰台区人民法院经审理认为：婚姻自由的本质是当事人做出是否缔结婚姻关系的意思表示是无瑕的，是建立在双方彼此了解、相互信任的基础上的，故一方患有重大疾病，对于另一方来说可能会影响其作出结婚的意思表示是否真实完整。因此，《中华人民共和国民法典》规定，一方患有重大疾病的，应当在结婚登记前如实告知另一方；不如实告知的，另一方可以向人民法院请求撤销婚姻。请求撤销婚姻的，应当自知道或者应当知道撤销事由之日起一年内提出。

现原告起诉认为被告患有重大疾病未如实告知原告要求撤销婚姻，双方争议焦点之一为被告是否患有重大疾病。本院认为，重大疾病通常是指医治花费巨大且在较长一段时间内严重影响患者正常工作和生活的疾病。关于重大疾病的范围，《中华人民共和国民法典》虽未明确规定，但《中华人民共和国母婴保健法》规定，婚前医学检查包括下列疾病的检查：（一）严重遗传性疾病：指由于遗传因素先天形成，患者全部或者部分丧失自主生活能力，后代再现风险高，医学上认为不宜生育的遗传性疾病；（二）指定传染病：艾滋病、梅毒、麻风病以及医学上认为影响结婚和生育的其他传染病；（三）有关精神病：指精神分裂症、躁狂抑郁型精神病以及其他重型精神病。患有上述疾病的公民暂时不适宜结婚，可见上述三类疾病应属重大疾病范畴。原告所述精索静脉曲张等引起的勃起功能障碍明显不属上述疾病范畴，是否属于其他“重大疾病”，需要根据婚姻撤销权的性质，综合医学标准、公共利益、人文关怀、立法导向等进行判断，既要保护当事人的合法权益，又要避免婚姻关系长期处于不确定状态，故应按照该“重大疾病”是否能够足以影响另一方当事人决定结婚的自由意志或者是否对双方婚后生活造成重大影响的标准，严格把握、审慎认定。本案中，被告所患精索静脉曲张Ⅱ度有可能对生育功能造成影响而非必然对性功能造成影响。原告所述其至今仍是处女，也只能得出双方没有夫妻性生活的结论。然该结论可能由于生理、心理、外界环境等多种因素造成，不能必然得出被告存在“重大疾病”的论断。

双方争议焦点二为双方协议离婚后，原告能否再起诉要求撤销婚姻。本院认为，撤销权与解除权均属于形成权，均会引起民事法律关系的变动。所不同的是撤销婚姻的撤销权仅可通过诉讼方式行使，存在一年除斥期间的限制，且婚姻关系一经撤销便自始无效，男女双方之间没有形成正式婚姻关系。而离婚可以男女双方自行协商，解除婚姻关系，不存在除斥期间的问题，且解除之前的婚姻关系是有效存在的。然不论是撤销权的行使还是解除权的行使，都以当事人自己的选择为前提。本案中，原告在得知被告存在精索静脉曲张Ⅱ度后，即已选择了与被告协议离婚，行使了解除权，便视为对撤销权的放弃。故即使被告存在重大疾病，原告在得知后与被告协议离婚，行使了解除权，在双方婚姻关系已经解除的情形下，再要求撤销婚姻，无事实和法律依据，本院不予支持。

北京市丰台区人民法院依照《中华人民共和国民法典》第一千零五十三条之规定，判决如下：

驳回原告佘某某的诉讼请求。

判决后，双方当事人均未上诉，本判决现已生效。

【法官后语】

可撤销婚姻是指因违背当事人的真实意思而成立的婚姻，或者已成立的婚姻缺乏结婚的某个要件，有撤销权的当事人可行使撤销权，使已经发生效力的婚姻归于无效。《中华人民共和国民法典》（以下简称《民法典》）对可撤销婚姻进行的规定恰恰是婚姻自由制度的体现。婚姻自由是我国婚姻制度的基本原则，在不违背社会公共道德和国家利益的前提下，应当尽可能地保障公民婚姻自主权。《民法典》第一千零五十三条将重大疾病作为可撤销婚姻的事由之一，患有医学上认为不应当结婚的疾病不再是婚姻无效的事由，这一修订充分尊重了男女双方的意思自治，顺应了婚姻自由的社会发展理念，是婚姻立法的重大进步，具有重要的社会意义。然而《民法典》对重大疾病的范围未作规定，司法实践中，对于有严重传染病、指定传染病、有关精神病为重大疾病已经达成共识，但对于其他重大疾病有不同的认识，一方面要保护当事人的合法权益，另一方面又要避免重大疾病的范围扩大，造成婚姻关系的不稳定。因此对于重大疾病的范围亟须进一步明确。

结合本案，笔者认为从是否足以影响另一方当事人缔结婚姻关系的真实意思表示，参考过往婚姻家庭立法经验及从比较法角度而言，有生理缺陷不能发生性行为属于《民法典》规定的重大疾病范围，一方婚前未如实告知的，另一方可以向人民法院请求撤销婚姻。

一、有生理缺陷不能发生性行为属于《民法典》规定的重大疾病

首先，从婚姻制度立法沿革上看，我国法律历来重视这一因素。性能力历来是我国婚姻家庭立法层面关注的重要因素之一。虽然随着科学技术的进步和现代医疗技术的发展，不宜结婚的疾病范围逐渐缩小，许多疾病都能够通过有

效的手段预防甚至治愈，但是性无能作为客观生理缺陷性疾病，在当代社会仍然存在。作为婚姻家庭立法层面历来重视的重要因素，一方存在功能缺陷，不能发生性行为且婚前未告知对方者，对方应有权申请撤销婚姻。

其次，从比较法角度而言，性无能亦常被认定系构成撤销婚姻的事由。在当代英国，《1973 年婚姻诉讼法》第 12 条第 1 款（a）项规定，“1971 年 7 月 31 日之后缔结的婚姻只能基于以下理由被撤销：（a）由于任何一方不能圆房（onsummate），婚姻尚未被圆房”，且法院认为，圆房是指男女之间普通的和完成的性行为。在当代德国，依据判例法，在自己“患有性无能……患有不育症（Unfruchtbarkeit）、患有无生殖力症（Zeugngsunf higkeit）”的情况下，负有披露义务。此外，奥地利婚姻法、瑞士民法典都规定了性无能构成撤销婚姻的事由。

最后，从是否足以影响另一方当事人缔结婚姻关系的真实意思表示考量。性生活是男女结合的婚姻中的重要组成部分，和谐稳定的性生活对婚姻的幸福稳定有着重要影响。此外，虽然现代社会婚姻生活方式呈现多元化现象，婚姻不一定与生育挂钩，夫妻双方选择共同组建家庭相互扶持，并同意不生育的现象已属平常。但生育子女毕竟是婚姻的目的和婚姻承载的功能之一，是否生育子女应由婚姻双方自主决定。而有生理缺陷不能发生性行为直接关系到婚姻双方夫妻关系幸福指数以及生育权的自主行使。因此，一方是否于婚前明确告知另一方患有该疾病，足以影响另一方是否决定结婚的自由意志，并势必对双方婚后生活造成重大影响。故有生理缺陷不能发生性行为应属于《民法典》规定的重大疾病，一方婚前未告知的，另一方有权请求人民法院撤销婚姻。

二、有生理缺陷不能发生性行为作为重大疾病的举证责任及其分配

根据《民法典》第一千零五十三条的规定，配偶一方以另一方患有重大疾病婚前未如实告知为由主张撤销婚姻的，不仅要证明对方患有重大疾病，还应证明该疾病对方于婚前既已患有且明知，而非婚后得病。对此，一方主张对方存在生理缺陷不能发生性行为，应举证证明对方存在该疾病，且患病时间为结婚前，即患病一方在办理结婚登记手续前即因该疾病有医学诊断或进行过诊疗

救治。若患病一方在婚前对自身疾病并不知晓，虽其符合在结婚登记前已患病，但鉴于其并无隐瞒的故意，所以其缔结婚姻的行为并不违反本条规定的婚前如实告知义务，不构成可撤销婚姻，另一方当事人不得以此为由请求撤销婚姻。若不能发生性行为发生于婚后，患病者未如实告知另一方的，因何时患病、是否患病难以预见，且婚后患病不能溯及影响到另一方是否决定结婚的真实意思，故婚后一方因病不能发生性行为而未告知另一方的，另一方不享有撤销权。

需要注意的是，如果患病一方在婚前已经将自己存在生理缺陷不能发生性行为的事实如实告知了另一方，另一方基于其他利益因素考量仍自愿与其结婚的，则婚姻关系存续期间另一方不得以此为由请求撤销婚姻。但是若患病一方虽告知患病事实，但隐瞒或未如实告知患病程度，则仍应视为未履行如实告知义务，另一方当事人有权行使婚姻撤销权。

就本案而言，女方主张男方存在勃起功能障碍，不具备基本的男性性功能。则女方首先要证明的内容即男方存在该功能障碍。其次，还需证明该疾病于婚前既已存在，且并未向其告知。本案中，由于相关诊断不足以证明男方存在勃起功能障碍，故法院无法认定男方不具有基本的男性性功能，在女方没有尽到基本的证明义务的情况下，更勿论“重大疾病”产生的时间及“告知义务”的履行，故本院对女方撤销婚姻的诉讼请求不予支持。

三、撤销权的选择性行使

虽然《民法典》第一千零五十三条赋予了被隐瞒一方请求人民法院撤销婚姻的权利，但是对于该权利的行使，当事人具有自主选择权。被隐瞒一方可以基于个人幸福、后代健康等因素考虑，选择于知道撤销事由后一年内行使撤销权，使已经成立的婚姻关系归于撤销，自始不发生效力，还自身一个实质正义；也可以基于已经建立的夫妻感情等因素考虑，认可婚姻关系的效力，继续婚姻生活或者解除婚姻，上述选择均建立在当事人的意思自治基础之上。但当事人于知晓撤销事由后，选择解除婚姻关系的，不得再以此事由主张撤销婚姻关系。因撤销权与解除权均属于形成权，均会引起民事法律关系的变动，但其法律后果却截然不同。解除婚姻以认可婚姻效力为前提，而撤销婚姻，则婚姻自始不发生效力。《民法典》第一百五十二条规定，有下列情形之一的，撤销权消灭：……（三）当事人知道撤销事由后明确表示或者以自己的行为表明放弃撤销权。当事人选择解除婚姻关系，等于认可了婚姻效力，视为其以自己的行为表明放弃了撤销权。本案中女方于知晓对方存在精索静脉曲张Ⅱ度后，在其自认为有权撤销婚姻的情况下，选择了与对方协议离婚，应视为以其行为表明放弃了撤销权，其不得再以相同事由向法院主张撤销婚姻关系。

综上，存在生理缺陷不能发生性行为，可推定属于《民法典》规定的重大疾病，非患病一方可以据此主张撤销婚姻关系，但应当举证证明对方于婚前既已患有该重大疾病，且未履行婚前如实告知义务。若婚姻关系存续期间非患病一方在得知对方存在该重大疾病后，已经选择解除婚姻关系，则其不得再以相同事由主张撤销婚姻关系。

编写人：北京市丰台区人民法院　魏亚南　柳艾青

（七）夫妻财产约定纠纷

24

夫妻之间赠与房产以后赠与方反悔，赠与协议效力应依照合同法律制度的有关规定予以审查认定

——赵某诉岳某确认合同效力案

【案件基本信息】

1. 裁判书字号

北京市第三中级人民法院（2021）京03民终6781号民事判决书

2. 案由：确认合同效力纠纷

3. 当事人

原告（上诉人）：赵某

被告（被上诉人）：岳某

【基本案情】

赵某与岳某于2012年8月13日登记结婚。赵某婚前申购限价商品房一套（以下简称涉案房屋），建筑面积86.27平方米。2014年4月11日，涉案房屋的所有权登记信息显示，该房屋为赵某单独所有。2014年4月16日，赵某与岳某就涉案房屋所有权签署《关于房屋归属的约定》，载明涉案房屋产权人为赵某，现经夫妻双方共同协商，一致同意将上述房产登记为赵某与岳某双方共同共有；同日，双方在不动产登记部门办理了相应变更登记手续，将涉案房屋所有权人变更为赵某、岳某（共同共有）。2014年12月12日，赵某与岳某签署《财产约定》，载明赵某与岳某共同共有的涉案房屋申请变更为按份共有，份额为岳某拥有99%、赵某拥有1%；同日，双方在不动产登记部门办理了相应变更登记手续，将涉案房屋所有权人变更为赵某、岳某按份共有，赵某共有份额1%、岳某共有份额99%。2019年5月24日，赵某与岳某签署《赠与协议》，载明赵某与岳某就涉案房屋自愿达成《赠与协议》，赵某自愿将涉案房屋的所占份额全部赠与岳某个人所有，岳某表示自愿接受该赠与；同日，双方在不动产登记部门办理了相应不动产权变更登记手续，将涉案房屋所有权人变更为岳某（单独所有）。此后，岳某将涉案房屋出售予案外人杨某，并于2019年6月10日办理不动产登记变更手续。

另查，赵某因脑内血肿，于2014年10月5日至10月21日于民航总医院住院治疗。经诊断，赵某患有脑内血肿、高血压、吸入性肺炎等疾病。出院记录载明赵某出院情况为：神志清楚，对答准确，言语较流利。2014年10月26日至12月13日，赵某入住北京年轮中医骨科医院，就脑出血后遗症进行康复治疗，病历载明赵某半身不遂，语言不利，神志清楚。

本案审理过程中，赵某申请对其在本案所涉及的《赠与协议》签订之日

（2019 年 5 月 24 日）的民事行为能力进行鉴定，法院予以准许。经摇号确定法大法庭科学技术鉴定研究所作为此次鉴定机构。2020 年 12 月 8 日，法大法庭科学技术鉴定研究所向法院出具《关于赵某鉴定的补充材料函》，要求补充赵某签订《赠与协议》之日前后一个月内的病历材料。经法院询问赵某，其表示无法提供上述材料，并请求法庭告知鉴定机构，以便办理退案。2020 年 12 月 22 日，法大法庭科学技术鉴定研究所向法院出具《关于赵某案的不予受理函》，载明因该案鉴定材料不充分，不予受理相应鉴定。

【案件焦点】

涉案《赠与协议》的效力。

【法院裁判要旨】

北京市通州区人民法院经审理认为：有下列情形之一的，合同无效：（一）一方以欺诈、胁迫的手段订立合同，损害国家利益；（二）恶意串通，损害国家、集体或者第三人利益；（三）以合法形式掩盖非法目的；（四）损害社会公共利益；（五）违反法律、行政法规的强制性规定。当事人对自己提出的主张，有责任提供证据。本案中，赵某并未提供充分证据证明其与岳某于2019年5月24日签署的《赠与协议》存在无效的情形，故法院对于其要求确认上述《赠与协议》无效的主张不予支持。关于赵某所述的岳某对其存在遗弃、未尽夫妻扶养义务的情形，法院认为，如情况属实，赵某可另行解决，但不足成为《赠与协议》无效的理由。综上，北京市通州区人民法院依据《中华人民共和国合同法》第五十二条及《中华人民共和国民事诉讼法》第六十四条第一款之规定，判决如下：

驳回赵某的诉讼请求。

赵某不服上述一审判决，向北京市第三中级人民法院提起上诉。北京市第三中级人民法院经审理认为：本案争议焦点为涉案《赠与协议》的效力。上述协议签订于《中华人民共和国民法典》实施前，对于其合同效力的认定应适用当时的法律规定。本案中，赵某与岳某于夫妻关系存续期间签订涉案《赠与协议》，约定赵某将涉案房屋的所占份额全部赠与岳某所有，且随后办理了过户登记，即财产权利已经发生转移。对于此类与身份相关的财产协议，其效力认定并不排斥合同法的适用，即合同有效要件应包括缔约双方具备相应的民事行为能力，且合同内容不存在《中华人民共和国合同法》第五十二条规定情形等。

赵某上诉称因其患有疾病不具备签订《赠与协议》的民事行为能力，从而导致涉案协议无效。对此，赵某曾于一审审理中申请对签订涉案协议时的民事行为能力进行鉴定，因其无法提供鉴定所需的病历材料导致鉴定机构未予受理，其应对该事实无法通过鉴定方式查明承担不利诉讼后果。即赵某主张签订涉案协议时其不具备相应民事行为能力，缺乏证据支持，故其据此主张涉案协议无效本院不予采纳。

赵某上诉主张岳某与其签订《赠与协议》属于以合法形式掩盖非法目的，因以合法形式掩盖非法目的适用应为合同双方存在共同虚假意思表示为前提，故赵某该项主张系对法律规定理解有误，本院对其该项主张亦不予采纳。

赵某另称岳某在签订涉案《赠与协议》后对其存在遗弃、未尽夫妻扶养义务的情形，即便其所述属实，亦不构成导致双方在先签订的涉案协议无效的情形，如上述情形属实其可另行解决。综上，北京市第三中级人民法院依照《中华人民共和国民事诉讼法》第一百七十条第一款第一项之规定，判决如下：

驳回上诉，维持原判。

【法官后语】

本案争议焦点为涉案协议的效力。上述协议签订于《中华人民共和国民法典》实施前，对于其合同效力的认定应适用当时的法律规定。在确定协议效力之前，也需对协议性质进行分析。

一、关于涉案相关协议的性质

涉案房屋原系赵某婚前个人财产，赵某和岳某通过《财产约定》对涉案房屋的权属进行变更。该类行为的性质属于夫妻间赠与适用合同法还是属于夫妻一般财产约定而适用婚姻法属于本案的焦点问题。

《最高人民法院关于适用〈中华人民共和国婚姻法〉若干问题的解释（三）》（以下简称《婚姻法解释（三）》）第六条规定：“婚前或者婚姻关系存续期间，当事人约定将一方所有的房产赠与另一方，赠与方在赠与房产变更登记之前撤销赠与，另一方请求判令继续履行的，人民法院可以按照合同法第一百八十六条的规定处理。”依据最高人民法院司法解释的精神，婚姻家庭领域的协议常常涉及财产权属的条款，对于此类协议的订立、生效、撤销、变更等并不排斥合同法的适用。在实际生活中，赠与往往发生在具有亲密关系或者血缘关系的人之间，合同法对赠与问题的规定并没有指明夫妻关系除外。一方赠与另一方不动产，在没有办理过户手续之前，依照合同法的规定，是完全可以撤销的，这与婚姻法的规定并不矛盾。因此，尚未办理房产过户手续的赠与，房产赠与人可以随时撤销赠与，对赠与房产一方离婚时主张撤销赠与合同的请求应予支持。故依据《婚姻法解释（三）》第六条的规定，涉案《财产约定》中，赵某婚前个人所有的涉案房屋由其与岳某共有，实质为赵某将房屋权属部分赠与岳某，此类协议虽然与身份相关，但实质上仍属于赠与协议，并不排斥合同法的适用。

二、关于涉案协议的效力

《中华人民共和国合同法》第九条第一款规定，当事人订立合同，应当具有相应的民事权利能力和民事行为能力。《中华人民共和国合同法》第五十二条规定，有下列情形之一的，合同无效：（一）一方以欺诈、胁迫的手段订立合同，损害国家利益；（二）恶意串通，损害国家、集体或者第三人利益；（三）以合法形式掩盖非法目的；（四）损害社会公共利益；（五）违反法律、行政法规的强制性规定。依据合同法上述规定，涉案《财产约定》有效要件应包括缔约双方具备相应的民事行为能力，且合同内容不存在《中华人民共和国合同法》第五十二条规定情形等。

当事人对自己的主张，有责任提供证据予以证明。赵某主张因其患有疾病不具备签订《财产约定》的民事行为能力，从而导致涉案协议无效。但从本案现有情况分析，其一，赵某相关医院诊断记录显示其神志清楚，其曾经有过住院记录的事实并不能以此佐证其签订涉案协议时不具备相应的民事行为能力；其二，赵某曾于一审审理中申请对签订涉案协议时其民事行为能力进行鉴定，因其无法提供鉴定所需的病历材料导致鉴定机构未予受理，其应对该事实无法通过鉴定方式查明承担不利诉讼后果。即赵某主张签订涉案协议时其不具备相应民事行为能力，缺乏证据支持，故其据此主张涉案协议无效缺乏依据。

赵某主张岳某与其签订《财产约定》属于以合法形式掩盖非法目的，故涉案《财产约定》应属于无效协议。但以合法形式掩盖非法目的，是指当事人实施的行为在形式上是合法的，但在内容上和目的上是非法的。在实施这种行为时，当事人故意表示出来的形式或故意实施的行为并不是其要达到的目的，也不是其真实意思，而只是希望通过这种形式和行为掩盖和达到其非法目的。例如，通过合法的买卖行为达到隐匿财产、逃避债务的目的。而本案《财产约定》合同双方并不存在共同虚假意思表示，故赵某该项主张缺乏依据。需要注意的是《中华人民共和国民法典》出台后，“以合法形式掩盖非法目的”不再作为认定合同无效的事由。最高人民法院民法典贯彻实施工作领导小组的意见，之所以取消该条规定，主要是因为：一方面，“非法目的”表述容易引发争议，因为它是当事人的主观意图，很难判定；另一方面，即便当事人的目的非法，但是其实施的民事法律行为本身是否要被宣告无效，需要具体分析。

赵某另称岳某在签订涉案《财产约定》后对其存在遗弃、未尽夫妻扶养义务的情形，即便其所述属实，亦不构成导致双方在先签订的涉案协议无效的情形，如上述情形属实其可另行解决。

三、关于赵某能否行使法定撤销权

依据《中华人民共和国合同法》第一百九十二条第一款的规定，受赠人有下列情形之一的，赠与人可以撤销赠与：（一）严重侵害赠与人或者赠与人的近亲属；（二）对赠与人有扶养义务而不履行；（三）不履行赠与合同约定的义务。

本案中，赵某虽主张岳某在其患病后对其存在遗弃、未尽夫妻扶养义务等情形，但赵某对此并未提交相应证据予以证明。而岳某陈述涉案房屋之所以变更登记在其名下，系为防止赵某挥霍，赵某父母也希望岳某持有涉案房产，赵某与岳某并未离婚，且育有子女。故本案中，赵某的主张并未获得法院支持，一、二审法院的处理思路是正确的。

四、本案的典型意义

应当指出，《婚姻法解释（三）》第六条涉及夫妻赠与撤销权，该条规定明确夫妻之间赠与房产可以按照《中华人民共和国合同法》第一百八十六条的规定处理。该条规定为司法实践中审理类似案件，统一了标准，明确了依据，但仍存在一些争议和讨论的空间。这与《合同法》第二条有关“本法所称合同是平等主体的自然人、法人、其他组织之间设立、变更、终止民事权利义务关系的协议。婚姻、收养、监护等有关身份关系的协议，适用其他法律的规定”不无关联。

对此，《中华人民共和国民法典》第四百六十四条规定，合同是民事主体之间设立、变更、终止民事法律关系的协议。婚姻、收养、监护等有关身份关系的协议，适用有关该身份关系的法律规定；没有规定的，可以根据其性质参照适用本编规定。依据该条规定，夫妻双方有关房产赠与的约定，虽因身份关系而产生，但双方的约定具有财产性质，可参照合同编规定进行裁判。也就是说，一方赠与另一方不动产或约定夫妻双方共同所有，在没有办理产权变更登记之前，依据民法典合同编第六百五十八条的规定，赠与人享有任意撤销权，同时，即便是办理了变更登记，依据《中华人民共和国民法典》第六百六十三条第一款的规定，受赠人有下列情形之一的，赠与人可以撤销赠与：（一）严重侵害赠与人或者赠与人近亲属的合法权益；（二）对赠与人有扶养义务而不履行；（三）不履行赠与合同约定的义务。《最高人民法院关于适用〈中华人民共和国民法典〉婚姻家庭编的解释（一）》第三十二条延续了《婚姻法解释（三）》第六条的规定，同时增加了“共有”一词。为此类案件的法律适用进一步统一了标准。

本案相关处理符合上述法律规定精神，为今后类案处理提供了参考。由该案引申出的问题也值得进一步探讨，如赵某现半身不遂，该房屋属于赵某唯一住房，如确有证据证明岳某未对其尽到扶养义务，其能否行使法定撤销权。

编写人：北京市第三中级人民法院　玄明虎　卢圆圆　张立

（八）同居关系纠纷

25

非以夫妻名义同居期间所得财产应认定为按份共有

——白某诉居某同居关系析产案

【案件基本信息】

1. 裁判书字号

北京市第三中级人民法院（2021）京03民终10986号民事判决书

2. 案由：同居关系析产纠纷

3. 当事人

原告（上诉人）：白某

被告（上诉人）：居某

【基本案情】

白某（男方）与居某（女方）于2009年5月8日结婚，婚后生育两个女儿，双方于2013年8月协议离婚，于2015年1月10日复婚。2016年9月8日，双方在民政部门协议离婚，双方《离婚协议书》关于财产部分约定：双方名下所有银行存款共80万元，全部归女方所有，男方应于2016年9月15日前一次性支付80万元给女方。自2016年9月8日离婚后至2018年1月20日，居某、白某及两个女儿共同居住在北京市。

2016 年 9 月 19 日，居某与开发商签订商品房买卖合同，约定：居某购买位于天津市××区××乡××楼××号房产（以下简称案涉房产），总房款 2215138 元，首付款 665138 元，剩余房款 1550000 元以银行贷款方式支付。经核实，案涉房产的首付款、公共维修基金、契税、更名费用、物业管理费、车位管理费、垃圾清运费共计 916326 元均由白某支付，贷款由居某偿还。

2016 年 11 月 7 日，案涉房产取得预告登记，登记权利人（申请人）为居某。2020 年 5 月 26 日，居某与拆迁人签订房屋征收补偿协议，约定拆迁人对案涉房产进行征收，居某自愿选择货币补偿方式，货币补偿包括被征收房屋价值 4728724 元、一次性搬迁费 5000 元、临时安置费 3600 元、搬迁奖励费 50000 元，以上共计 4787324 元。后拆迁人向居某支付上述货币补偿。

白某认为，双方于 2016 年 9 月 8 日协议离婚是出于购买案涉房产、规避当地贷款限制政策原因，并非感情破裂，离婚后同居期间所得财产即案涉房产及其征收补偿款应按共同共有处理，因购买案涉房产所产生的债务包括向案外人田某借款 100000 元、向案外人安某借款 100000 元、向案外人××银行××分行借款 300000 元应属共同债务，故起诉至法院，请求法院依法分割案涉房产征收补偿款，并判令由双方共同承担上述债务。

【案件焦点】

1. 白某与居某之间同居关系的认定问题；2. 白某与居某之间同居期间财产及债务的处理问题。

【法院裁判要旨】

北京市通州区人民法院经审理认为：对于同居关系问题。经查，居某及两个女儿与白某之间存在多次诉讼，法院生效判决均已确认《离婚协议书》系双方自愿签署，应属合法有效，白某亦未曾通过其他法律途径撤销该离婚协议，故该离婚协议书系双方真实意思表示。鉴于双方同居期间白某支付案涉房产款项、居某自白某名下公积金及医保账户取款以及另案卷宗中双方存在大量财产往来的证据材料，法院认定双方同居期间财产混同，同时，现有证据不足以证明双方同居期间系以夫妻名义共同生活。

对于同居期间的财产及债务处理问题。经查，白某、居某对同居期间的财产问题无约定，在不以夫妻名义同居期间，所得财产应推定为双方按照出资比例按份共有为宜。因案涉房产为双方按照出资比例按份共有，故白某有权要求按照其份额分割该房屋的征收补偿款。对于债务，因该部分费用已计算在白某对案涉房产的出资中，现白某要求居某共同承担该项债务，属于重复主张，法院不予支持。

北京市通州区人民法院依照《中华人民共和国民事诉讼法》第六十四条第一款之规定，作出如下判决：

一、被告居某支付原告白某天津市××区××乡××楼××号房产房屋征收补偿款 1785078 元，于本判决生效之日起七日内执行清；

二、因《个人信用消费贷款授信合同》项下，由××银行××分行于 2019 年 1 月 9 日向原告白某发放 100000 元、于 2019 年 2 月 14 日向原告白某发放 200000 元所产生的债务属于原告白某个人债务，由原告白某个人负责偿还；

三、因案外人田某于 2016 年 9 月 12 日向案外人贾某转账 100000 元、案外人安某于 2016 年 9 月 14 日向原告白某转账 100000 元（分两笔，各 50000 元）所产生的债务属于原告白某个人债务，由原告白某个人负责偿还；

四、驳回原告白某的其他诉讼请求。

白某、居某不服一审判决，均提出上诉。北京市第三中级人民法院经审理认为：一审法院认定双方在同居期间存在财产混同，符合本案实际；将双方在同居期间所得财产依照出资比例按份共有的原则予以处理，是客观公正的。一审判决认定事实清楚，适用法律正确，应予维持。

北京市第三中级人民法院依照《中华人民共和国民事诉讼法》第一百七十条第一款第一项之规定，作出如下判决：

驳回上诉，维持原判。

【法官后语】

本案属于典型的非婚同居情形。民事司法实践中，同居关系主要包括：非婚同居、婚外同居①、无效或者可撤销婚姻引起的同居关系②三种类型。其中，婚外同居、无效或者可撤销婚姻引起的同居关系均在法律上具有可非难性，非婚同居不为法律所禁止。本案处理的焦点和难点在于同居关系的认定以及财产的处理原则问题。

一、非婚同居的认定

非婚同居，是指无法律上障碍的男女，基于双方合意持续、稳定地共同居住的行为，包括未婚同居和离婚后同居两种常见的形式。所谓无法律上障碍，是在男女双方符合办理结婚登记的形式要件，不存在法律所禁止的重婚、有配偶的情形。

非婚同居的产生原因相对较为多元，如年轻男女追求人格独立和经济自主而选择同居，或独身老年群体为了避免再婚导致与子女的矛盾等而选择同居。从法理上分析，非婚同居是双方当事人意思自治的结果，是当事人出于自己的意愿实施的无害于他人的行为，非婚同居与重婚、有配偶者与他人同居等行为有本质的区别，其不违反法律的禁止性规定，因而是一种合法行为。同时，非婚同居是一种事实状态，在当事人可以通过意思自治解决同居关系产生的权利义务时，就无须法律的介入和干预。因此，单纯的非婚同居关系不属于民事法律的调整范围，根据司法解释的规定，当事人提起诉讼仅请求解除同居关系的，人民法院不予受理；已经受理的，裁定驳回起诉。

二、非婚同居期间所得财产的认定规则

单纯同居关系虽不属于民事法律的调整范围，但就同居期间所产生的财产

① 婚外同居，包括重婚和有配偶者与他人同居两种。重婚，是指有配偶者与婚外异性，以夫妻名义，持续、稳定地共同居住。相对地，有配偶者与他人同居，是指有配偶者与婚外异性，不以夫妻名义，持续、稳定地共同居住。《中华人民共和国民法典》第一千零四十二条第二款规定，禁止重婚、禁止有配偶者与他人同居。

② 婚姻因违反法律的强制性规定无效，或者因违反当事人的真实意愿被撤销后，婚姻自始没有法律约束力，自当事人“结婚”至婚姻被确认无效或者撤销期间的同居状态，又称法定同居。《中华人民共和国民法典》第一千零五十一条至第一千零五十三条规定了婚姻无效或者可撤销的情形。其中，重婚、有禁止结婚的亲属关系、未到法定婚龄的，属于无效婚姻；受胁迫结婚、一方隐瞒重大疾病的，属于可撤销婚姻。

及债务，当事人有权要求法院予以处理。同居期间所得财产的性质认定是同居关系析产纠纷案件的主要矛盾和争议焦点，同时也是法律依据最不明确的地方。非婚同居财产的性质认定有其复杂性：一方面，同居关系不同于婚姻关系，难以适用法律关于夫妻财产制的约定；另一方面，同居财产又与身份关系相牵连，存在较强的情感色彩，强调等价有偿的一般财产规则进行处理又难免导致利益失衡。因此，非婚同居的财产认定应当遵循如下原则。

第一，尊重意思自治。如前所述，非婚同居的法理基础是意思自治。当事人对于同居期间共同购置的财产，当然有权按照自己的意思进行处分，包括同居期间达成的约定，以及争议发生后当事人达成的一致意思表示，司法裁判均应予以尊重。

第二，以夫妻名义的非婚同居，财产应以共同共有为宜。与婚姻关系相比，以夫妻名义同居的，仅缺少了办理结婚登记这一形式要件。男女双方虽没有法定的配偶身份关系，但实际上已经有了共同的家庭生活，具有紧密的身份联系，对外以夫妻名义的事实也足以说明当事人对于双方身份的认定，如男女双方已经举办结婚典礼但尚未去民政机关办理结婚登记的情形。这种情况下，基于紧密的身份联系给予更大程度的保护，参照夫妻财产制，认定为共同共有更符合当事人的预期和利益。

第三，非以夫妻名义的非婚同居，财产应以按份共有为宜。男女双方符合结婚登记条件，但未以夫妻名义对外的，此种情形下的非婚同居具有更强的独立性、灵活性或不稳定性，同居关系可能随时解除，也难以认定当事人有结婚的意愿，身份联系的紧密性显然不及以夫妻名义的同居情形，故此时更应从公平角度出发，推定同居期间所得财产为按份共有。

本案中，经审理查明，白某与居某在离婚后未以夫妻名义同居，对于同居期间所购房产及对应的补偿款项，认定为双方按份共有，并据此予以相应处理，是客观公正的。

编写人：北京市通州区人民法院　孙洪旺

26

无效婚姻中的财产如何分割

——董某诉李某等同居关系析产案

【案件基本信息】

1. 裁判书字号

北京市第一中级人民法院（2021）京01民终3966号民事判决书

2. 案由：同居关系析产纠纷

3. 当事人

原告（上诉人）：董某

被告（被上诉人）：李某、韩甲、韩乙、韩某2

【基本案情】

韩某与李某于1988年9月27日登记结婚，婚后于1990年8月23日生育一女韩甲。

韩某与赵某于1994年9月29日登记结婚，于1995年4月12日生育一女韩乙。2001年7月30日，北京市海淀区人民法院出具（2001）海民初字第5323号民事调解书，确认赵某与韩某离婚。

韩某与董某于2002年7月3日登记结婚，于2002年2月14日生育一子韩某2。韩某于2017年7月24日去世。2018年，北京市海淀区人民法院出具（2018）京0108民初6358号民事判决书，判决韩某与董某于2002年7月3日登记的婚姻无效。

2020年董某向法院起诉：1. 确认302号房屋为董某与韩某共同共有；2. 确认宝马X1轿车一辆归董某所有。

经审理查明，2001年11月20日，韩某与房地产公司签订《商品房买卖合同》，购买涉案房屋，房款共570509元。2016年12月26日，韩某取得涉案房屋所有权证书。

就涉案车辆情况，2015年4月27日，董某向汽车销售服务公司支付购车定金50000元。2015年5月21日，韩某与北京汽车销售服务公司签订《汽车销售协议》，购买涉案车辆。车价款合计214000元，其中首付款10700元，保险费约9000元、上牌费2000元、其他费用8800元。其中贷款107000元，贷款期限12个月。2015年8月21日，董某向汽车销售服务公司转账50000元。2015年8月24日，董某再次向汽车销售服务公司支付购车款共计26082元。

就302号房屋，1. 董某提交发票两张，证明涉案房屋首付款120509元系其支付，李某、韩甲、韩乙表示发票中载明的付款人为韩某，故对董某所述不予认可；2. 董某提交票据若干，证明就涉案房屋支付了公维、税费等各项杂费并进行装修、购买家具家电，李某、韩甲、韩乙表示上述票据显示的付款人是韩某，且上述情况与房屋权属无关；3. 董某提交借款合同、北京农商银行转账记录、北京华地澳商贸有限公司代转账说明，证明其曾于2015年3月8日、2015年3月23日共向韩某账户转账50000元，用于偿还涉案房屋贷款。李某、韩甲、韩乙对此不予认可；4. 董某提供中国工商银行历史明细清单若干，证明涉案车辆贷款系其按月偿还至清偿完毕，李某、韩甲、韩乙对证据的真实性认可，但对证明目的不认可。

【案件焦点】

案涉302号房屋是否属于韩某与董某共同共有，应如何分割。

【法院裁判要旨】

北京市海淀区人民法院经审理认为：在审理同居关系析产纠纷时，如果双方在同居期间有共同购置的财产或有共同经营所得的收入，应当按照双方的出资份额、所作贡献等公平合理地予以分割。具体到本案，董某虽主张涉案房屋系其与韩某于同居期间共同出资购置的房产，但未提交任何有效证据证明其出资情况，而其提交的装修票据及杂费票据也仅能证明针对涉案房屋的实际居住使用情况，该居住并非改变涉案房屋权属的行为，故对董某称涉案房屋属于其与韩某共同共有不予支持。就涉案车辆，董某提交了完整的证据链证明该车辆为董某个人出资购置，则该车辆应归董某所有。

据此，原审法院判决如下：

一、韩某名下宝马轿车一辆归董某所有；

二、驳回董某其他诉讼请求。

宣判后，董某提起上诉。

北京市第一中级人民法院经审理后认为，根据本案查明的事实，因双方婚姻关系被宣告无效，双方在同居期间未对财产进行约定，故依法确认双方在同居期间取得的涉案房屋为双方共同共有。本院考虑涉案房屋购买时间、购房出资、房屋居住使用情况、房屋维护情况、董某在同居期间不具有主观过错的情况，酌定董某在涉案房屋中享有50%的份额。一审法院以董某未能提交其出资购买房屋的证据为由，驳回董某的诉讼请求属于适用法律不当，本院依法予以改判。综上所述，一审法院认定事实有误，适用法律不当，本院予以纠正，上诉人董某的上诉请求和理由，有事实和法律依据，本院予以支持。依照《中华人民共和国民事诉讼法》第一百七十条第一款第二项之规定，判决如下：

一、维持北京市海淀区人民法院（2020）京0108民初53882号民事判决第一项；

二、撤销北京市海淀区人民法院（2020）京0108民初53882号民事判决第二项；

三、韩某名下302号房屋中董某占有50%房屋份额。

【法官后语】

一、无效婚姻中处理财产问题的基本思路

对无效婚姻中的双方当事人，不适用婚姻法律制度中有关夫妻财产制的规定。夫妻财产制所调整的财产关系，是以合法的配偶身份关系为前提的，是基于身份权的延伸而产生的财产权。无效婚姻当事人的同居期间不是婚姻关系的存续期间，在无效婚姻期间所得的财产，当然不能适用调整婚姻关系中夫妻财产制的规定。因此，在处理无效婚姻中的财产问题时，如果有证据证明争议的财产为当事人一方所有，应当首先认定为个人财产，如一方的工资、奖金、劳务报酬以及因继承或者受赠的财产，均属于当事人一方所有。而对于无效婚姻中双方当事人共同投资、经营或者共同购置的财产，在不能证明属于当事人一方所有的情况下，才按照共同共有处理。很显然，这种共同共有与婚后所得共同财产制有着本质上的区别。

体现到举证责任分配上，在无效婚姻中处理财产问题时，首先应由无效婚姻中的一方当事人举证证明财产属于其一方所有，否则，对于当事人同居期间所得的财产，应当按照共同共有处理。本案中，没有证据证明302号房屋完全为韩某出资，根据查明的事实，董某与韩某相识于1996年，登记结婚前双方已于2002年2月14日生育一子韩某2，买房时董某正处于孕期，且涉案房屋购置后双方即在此居住生活，从购房出资来源看，涉案房屋采用贷款方式购买，贷款比例占房屋总价款约80%，房屋贷款偿还时间亦均处于韩某与董某同居关系期间，佐证了双方为便于更好地共同居住生活而购置涉案房屋，因此，对302号房屋应当按照共同共有处理。

二、无效婚姻中处理财产问题应体现照顾无过错方原则

根据《中华人民共和国民法典》第一千零五十四条的规定，在婚姻被确认无效时，对于当事人同居期间所得的财产，首先尊重当事人意思自治，由当事人协议处理，协议不成的，由人民法院根据照顾无过错方的原则判决。该规定中的“无过错方”是相对于导致婚姻无效的过错方而言，并非指当事人在无效婚姻期间有家庭暴力，虐待、遗弃家庭成员，赌博、吸毒恶习等情形。因此，在重婚导致的无效婚姻中，无过错方是指对重婚不知情的一方，如果明知对方已婚仍与其结婚，当然不属于无过错方。在本案中，根据查明的事实，董某在与韩某进行结婚登记时其对于韩某与李某的婚姻状况不知情，其与韩某处于同居状态时属于善意的无过错方。因此，在分割302号房屋时应向无过错方董某适当倾斜，结合董某要求占有该房屋一半份额的请求，法院对此予以支持。

三、无效婚姻中处理财产问题不得侵害合法婚姻当事人的财产权益

对重婚导致的无效婚姻的财产处理，不得侵害合法婚姻当事人的财产权益。以本案为例，在审判实践中必须正确认定韩某在无效婚姻中的财产份额，来确保不侵害合法婚姻当事人的财产权益。此时，除了审查当事人对出资的举证情况，还需要综合考察当事人的职业、收入来源、经济状况等因素，并考虑合法婚姻当事人的具体情况以及照顾无效婚姻中的无过错方原则，来对无效婚姻中共同共有财产进行妥当的分割。本案中，韩某是一般的工薪阶层，房屋出资来源主要是贷款，在韩某与董某同居关系期间偿还，且李某称其对涉案房屋具体情况不清楚，亦未去过涉案房屋，综合考虑董某属于无效婚姻中的无过错方，法院判决认定韩某在无效婚姻中共同共有的302号房屋占有50%是妥当的，未侵害合法婚姻当事人的财产权益，同时也保护了无效婚姻中无过错方的合法财产权益。

编写人：北京市第一中级人民法院　何锐

（九）亲子关系纠纷

27

人工辅助生殖方式所育子女亲子关系及探望权判定

——薛某诉马某探望权案

【案件基本信息】

1. 裁判书字号

北京市海淀区人民法院（2021）京0108民初24573号民事判决书

2. 案由：探望权纠纷

3. 当事人

原告：薛某

被告：马某

【基本案情】

2015年11月，薛某与马某相识，后双方协商赴泰国利用购买别人卵子与马某提供的精子进行人工受孕，然后将胚胎植入薛某子宫。2018年某月某日，薛某产下一女马小某。十余日后，马某将马小某带离薛某，后薛某与马某曾产生多次对立冲突。二人均认可未登记结婚，婚姻状态均为离异。薛某曾起诉要求马小某归其抚养，被判决驳回全部诉讼请求。马某带马小某现与马某前妻王某共同生活，马小某日常称呼王某为“妈妈”。后，薛某主张其作为马小某分娩母亲有权对孩子进行探望，且探望有利于孩子的成长教育，起诉要求每周探望马小某一次。马某辩称薛某与孩子并无血缘关系，双方实为代孕关系，薛某主张探望权实为索取钱财。

【案件焦点】

1. 双方是同居关系还是代孕关系；2. 薛某作为马小某的分娩者，是否能认定为马小某的母亲，并享有探望权。

【法院裁判要旨】

北京市海淀区人民法院经审理认为：薛某提交的通话录音、短信聊天记录、微信红包及转账记录等证据具备合法性、客观性、关联性，可据此认定双方存在同居关系。而马某提交的向薛某及他人转账的证据不能证明钱款性质属于代孕费用，马某向代孕公司支付费用的证据与本案争议焦点缺乏必要关联性，故对其所称双方系代孕关系的辩解不予采信。

当事人同居期间所生的子女，适用《中华人民共和国民法典》关于父母子女的规定。薛某与马小某虽无生物学上的基因关系，但马小某系薛某与马某在同居期间，经过二人合议，通过人工辅助生殖方式由薛某经怀孕分娩所生，系薛某与马某的非婚生子女。薛某作为不直接抚养子女的一方，有探望非婚生子女的权利，马某有协助的义务。

保护未成年人，应当坚持最有利于未成年人的原则。人民法院办理涉及未成年人案件，应当考虑未成年人身心特点和健康成长的需要。父或者母探望子女，不利于子女身心健康的，由人民法院依法中止探望；中止的事由消失后，应当恢复探望。本案双方在探望问题上无法调和，在关系上存在较为严重的对立冲突，且马小某现年仅3周岁，目前不适宜在双方关系不和谐、互信度不高的情况下接受薛某的探望。马小某自小在马某处生活，形成了较稳定的生活状态，薛某亦非其日常认知中的母亲，在目前的情况下，亦不适合以接走方式探望。因不利于马小某的健康成长，本案暂不具备探望的现实条件，故目前不宜支持薛某的探望请求。

综上所述，北京市海淀区人民法院依照《中华人民共和国民法典》第一千零五十四条第一款、第一千零七十一条、第一千零八十六条以及《中华人民共和国未成年人保护法》第四条、第一百零二条之规定，判决如下：

驳回薛某的全部诉讼请求。

判决后，双方当事人均未上诉，本判决现已生效。

【法官后语】

一、人工辅助生殖方式所生子女之亲子关系的认定

本案首要难点在于人工辅助生殖方式所生子女之亲子关系的认定，即无血缘关系的分娩者能否认定为母亲。

代孕在我国未获认可，我国法律对代孕所生子女的亲子关系认定也缺乏相关规定。该问题具有一定的复杂性，理论上主要有血缘说、分娩说、契约说、子女利益最佳说之四种学说①。实践中根据代孕方式不同，可能存在血缘母亲、

① 1. 分娩说即分娩者为母；2. 血缘说即根据基因来确定代孕子女的亲子关系；3. 契约说也称人工生殖目的说，即根据代孕双方的合同约定来确定代孕子女的亲子关系；4. 子女最佳利益说即通过考察代孕双方谁的综合条件更有利于儿童利益最大化来认定代孕子女的亲子关系。

分娩母亲（国外称之为代理孕母）、意愿母亲、抚养母亲等多种情况。经检索域外相关法律规定，在代孕合法化的法域（如英国），支持意向母亲为法定母亲；禁止代孕的法域（如德国）及部分承认代孕的法域在处理违法代孕时，一般仍遵循分娩者为母原则，认定代理孕母为法定母亲，但不排除通过收养等法定程序实现亲权的转移。罕有根据血缘说认定供卵者为生母的国外立法规定。

马小某之母的认定存在三种可能：1. 供卵者系马小某生物学母亲，该人身份不明，亦无抚养马小某之意愿与现实可能。2. 王某系马小某出生后实际抚养母亲，现无充分证据证明其事先与马某共同商议、对马小某由代孕方式出生知情同意（意愿母亲），且其与马某现不具备婚姻关系，无法通过法律拟制方式认定亲子关系。3. 薛某系马小某分娩母亲，其与马小某无生物学上基因关系，但系与马某同居期间孕产，亦属于意愿母亲。

具体到本案亲子关系的认定，存在两种意见：第一种意见是根据血缘说认定亲子关系，即因薛某并非马小某生物学母亲，薛某与马某亦不属于婚姻关系，故薛某无论从血缘还是法律拟制角度都不属于马小某母亲，不享有探望权。第二种意见是根据“分娩者为母”原则，因马某与薛某存在同居关系，马小某系经过二人合意分娩诞生，属双方非婚生子女，薛某应认定为马小某之母。

本案最终采纳第二种意见，即根据“分娩者为母”原则，认定马小某系马某与薛某非婚生女。“分娩者为母”起源于罗马法“生母恒定”原则，是传统民法和司法实践共同遵循的基本原则。《中华人民共和国民法典》对亲子关系的认定未作出具体规定，司法实践中，对于生母的认定，根据出生事实遵循“分娩者为母”原则；对于生父的认定，则根据血缘关系确定。孕母通过十月怀胎诞下子女，承担了怀孕分娩过程中的艰辛与风险，与孩子具有天然的情感联系，符合我国传统的伦理原则和道德观念。《中华人民共和国民法典婚姻家庭编继承编理解与适用》[①] 一书也认为，应当坚持儿童最大利益原则，结合社会道德和伦理认定代孕子女的亲子关系，一般以“分娩者为母”原则认定分娩

① 最高人民法院民法典贯彻实施工作领导小组主编：《中华人民共和国民法典婚姻家庭编继承编理解与适用》，人民法院出版社 2020 年版，第 287 页。

母亲为生母，在分娩母亲不认领的情况下，应认定抚养母亲为母亲。

二、无血缘关系分娩者探望权之判定考量

在认定薛某系马小某之母的前提下，薛某主张探望权能否得到支持，亦存在两种不同意见：第一种意见认为探望权是不直接抚养子女的父或者母一方的法定权利，王某与马某并不存在婚姻关系，马小某现有“家庭”结构并不稳定，保障薛某探望权有利于马小某健康成长，应予支持；第二种意见认为鉴于本案当事人关系及马小某年龄特点、成长情况，薛某的探望不利于马小某健康成长，不应支持。

本案最终处理结果采纳了第二种意见。根据儿童利益最大化的原则，从有利于未成年人健康成长的角度考虑，法律赋予父或母探望权，前提是有利于子女的身心健康。现马某与王某共同尽心抚养马小某，俨然形成一个完整家庭。马小某目前仅3周岁，年龄尚小，心智发育不完善，正值安全感形成的关键时期，需要一个稳定的家庭环境。其安全感的形成既有赖于家庭结构的完整和健康，又有赖于排除外界干扰，形成一定的封闭空间，不因身份关系而对马小某心智发育造成困扰。

《中华人民共和国未成年人保护法》第四条规定，保护未成年人，应当坚持最有利于未成年人的原则；第一百零二条要求人民法院办理涉及未成年人案件，应当考虑未成年人身心特点和健康成长的需要。依《中华人民共和国民法典》第一千零八十六第三款之规定，父或母探望子女，不利于子女身心健康的，应当暂时中止探望的权利。本案双方在探望问题上无法调和，在关系上存在较为严重的对立冲突，且马小某现年仅3周岁，不适于在双方关系不和谐、互信度不高的情况下接受薛某的探望。马小某自小在马某处生活，形成了较稳定的生活状态，薛某亦非其日常认知中的母亲，在目前的情况下，亦不适合以接走方式探望。综上所述，因不利于马小某的健康成长，暂不具备探望的现实条件，故目前不宜支持薛某的探望请求。

编写人：北京市海淀区人民法院　张莹

28

严格亲子关系确认纠纷的适用条件和标准

——陈某诉刘某确认亲子关系案

【案件基本信息】

1. 裁判书字号

福建省厦门市集美区人民法院（2021）闽 0211 民初 6121 号民事判决书

2. 案由：确认亲子关系纠纷

3. 当事人

原告：陈某

被告：刘某

【基本案情】

1966 年，陈某与吴某同居生活，同年吴某与刘某煅结婚，婚后于 1967 年 9 月 2 日生育刘某。2021 年 10 月 25 日，陈某委托福建省厦门市中心血站正道司法鉴定所就陈某与刘某之间有无亲生血缘关系进行鉴定。2021 年 11 月 4 日，福建省厦门市中心血站司法鉴定所出具厦正道司鉴所［2021］亲鉴字司法鉴定意见书显示，依据现有资料和 DNA 分析结果，支持陈某为刘某的生物学父亲。后，陈某诉至法院，请求判令陈某与刘某系亲子关系。

【案件焦点】

1. 原告是否有提起确认亲子关系纠纷的诉讼主体资格；2. 亲子鉴定是否达到证明标准。

【法院裁判要旨】

福建省厦门市集美区人民法院经审理认为：本案系确认亲子关系纠纷。对亲子关系有异议且有正当理由的，父或者母可以向人民法院提起诉讼，请求确认或者否认亲子关系。本案中，陈某提交了福建省厦门市中心血站司法鉴定所出具的厦正道司鉴所［2021］亲鉴字司法鉴定意见书，可以认定陈某与刘某存在亲子关系，故陈某的诉讼请求，有事实和法律依据，本院依法予以支持。

福建省厦门市集美区人民法院依据《中华人民共和国民法典》第一千零七十三条第一款、《中华人民共和国民事诉讼法》第六十四条第一款的规定，判决如下：

确认原告陈某与被告刘某存在亲子关系。

判决后，双方当事人均未上诉，本判决现已生效。

【法官后语】

本案系因请求确认亲子关系而引发的纠纷。所谓的亲子关系，又称父母子女关系，分为自然血亲的亲子关系和法律拟制的亲子关系。对于自然血亲亲子关系，成立与否主要依赖于亲子鉴定双方当事人之间是否存在血缘关系。笔者认为，虽然现在亲子鉴定技术上可行，但不利影响大，一经鉴定程序，无论何种结果，都极易影响婚姻家庭的和睦与稳定，对于提起亲子关系确认纠纷的诉讼，应当有严格的适用条件和标准。

一、严格亲子关系纠纷的提诉主体资格

根据《最高人民法院关于适用〈中华人民共和国民法典〉婚姻家庭编的解释（一）》第三十九条之规定，父或者母向人民法院起诉请求否认亲子关系，并已提供必要证据予以证明，另一方没有相反证据又拒绝做亲子鉴定的，人民法院可以认定否认亲子关系一方的主张成立。父或者母以及成年子女起诉请求确认亲子关系，并提供必要证据予以证明，另一方没有相反证据又拒绝做亲子鉴定的，人民法院可以认定确认亲子关系一方的主张成立。可见，亲子关系确认纠纷主要有两种类型：一是婚生子女否认之诉；二是亲子关系确认之诉。

1. 否认亲子关系之诉。婚生子女否认之诉的诉讼主体限于父或母，这是基于亲子关系安定性的考虑，将否认权限制在特定小范围内。主要包括三种情形：一是在离婚诉讼中，丈夫方提出其本人与其妻关于婚姻关系存续期间所生育子女之间不具有亲子关系，以此作为法院在判决双方离婚后，自己不承担抚养子女的义务或主张相应赔偿。二是婚姻关系存续期间，夫妻双方共同请求确认与子女不具有亲子关系。此种情形，常见于子女于出生时被医院抱错等情况。三是离婚诉讼中，妻子方为了争夺子女抚养，提出男方与孩子不具有亲子关系作为独自抚养子女的理由。

2. 确认亲子关系之诉。诉权主体则限定为父亲、母亲和成年子女。未成年子女因自身尚未具备完全民事行为能力，其相应的诉讼权利应由其父或母代为行使，无须额外规定。该类型诉讼一般分为三种情况：一是父或母或双方起诉请求人民法院确认他人的子女或者被社会福利机构领养等未成年人与自己具有亲子关系；二是生父或生母一方请求确认未成年子女与他人（生父或生母）具有亲子关系；三是成年子女要求确认某人与自己具有亲子关系。具体到本案中，刘某是陈某的非婚生子女，为了保护真实的血缘关系和当事人的合法权益，法律赋予了陈某确认亲子关系的诉讼请求权。

二、严格适用亲子关系推定制度

亲子关系推定制度指的是法律在满足一定条件情况下推定亲子关系成立或否定的制度。该制度是基于当事人不配合进行亲子鉴定的情形，由于该鉴定手段具有高度的人身属性，法律不能强迫鉴定，为了使当事人之间的法律关系稳定和明确，而采取的一种举证缓和制度。笔者认为，司法审判中对亲子关系推定制度的适用应严格且慎重，应以申请鉴定方完成相当的证明义务为前提。即在一方拒绝做亲子鉴定的案件中，提出亲子鉴定主张的一方应当承担与其主张相适应的证明责任。只有申请人完成了一定的举证责任，足以使法官产生内心确信的基础上，才能在被申请人拒绝做亲子鉴定，导致亲子关系无法确认的情况下，推定对其不利的事实成立。本案中，陈某作为原告提供了司法鉴定意见书，这是证明亲子关系的有力证据。如果原告已经提供必要证据予以证明，另一方没有相反证据又拒绝做亲子鉴定的，人民法院可以对原告作出有利推定。应注意的是，亲子关系的推定不可绝对化。未成年人利益最大化原则是人民法院处理涉及亲子关系的案件所应遵循的基本原则，除追求真实的血缘关系外，亲子身份关系的安定、婚姻家庭的和谐稳定等对未成年人健康成长的影响，都是应当考虑的因素。

编写人：福建省厦门市集美区人民法院　许明茹

29

在一方拒绝亲子鉴定的情形下，法院支持另一方否认亲子关系主张的必要前提是其已提供了否认亲子关系的必要证据

——张某甲诉张某乙否认亲子关系案

【案件基本信息】

1. 裁判书字号

四川省成都市武侯区人民法院（2021）川 0107 民初 13443 号民事判决书

2. 案由：否认亲子关系纠纷

3. 当事人

原告：张某甲

被告：张某乙

第三人：魏某某

【基本案情】

2012 年，张某甲与魏某某通过网络相识并建立恋爱关系，同年 12 月开始同居。2013 年 1 月 15 日双方登记结婚，于同年 9 月 6 日生育一子张某乙。后因夫妻感情破裂，由四川省成都市成华区人民法院于 2015 年 11 月 11 日判决离婚，并判

决婚生子张某乙由魏某某抚养，张某甲从 2015 年 11 月起每月支付子女生活费 600 元，教育费、医疗费由双方凭据各承担一半至张某乙独立生活时止。之后，因张某甲未支付张某乙的抚养费，魏某某向四川省成都市成华区人民法院申请强制执行。

2015 年 12 月 22 日，张某甲以婚姻家庭纠纷将魏某某诉至四川省成都市成华区人民法院，请求确认张某甲与张某乙不存在亲子关系，并要求魏某某返还生活费、医药费、生育小孩费用及赔偿精神损失。2016 年 3 月 17 日，四川省成都市成华区人民法院作出（2015）成华民初字第 7444 号民事判决书，判决驳回张某甲的诉讼请求。该判决书已经生效。该判决同时查明：魏某某于 2013 年 9 月 4 日入四川省成都市成华区保健院待产，该院住院病历记载魏某某末次月经时间为 2012 年 11 月 23 日。

后，张某甲提起否认亲子关系之诉，请求法院判决否认其与张某乙之间的亲子关系并判令魏某某返还抚养费等。

庭审中，张某甲陈述双方于 2012 年 12 月 8 日第一次发生性行为并同居，魏某某陈述双方于 2012 年 12 月第一次发生性行为并同居。张某甲向本院提交书面申请，要求与张某乙做亲子鉴定，魏某某明确表示拒绝做亲子鉴定。

庭审中，张某甲自述生育能力正常，且未提交其与魏某某交往期间，魏某某与其他异性存在亲密关系的证据。

【案件焦点】

张某甲与张某乙之间是否存在亲子关系。

【法院裁判要旨】

四川省成都市武侯区人民法院经审理认为：本案审理过程中，张某甲向法院申请要求与张某乙做亲子鉴定，但魏某某明确拒绝鉴定，故法院无法启动鉴定程序。《最高人民法院关于适用〈中华人民共和国民法典〉婚姻家庭编的解释（一）》第三十九条第一款规定："父或者母向人民法院起诉请求否认亲子关系，并已提供必要证据予以证明，另一方没有相反证据又拒绝做亲子鉴定的，人民法院可以认定否认亲子关系一方的主张成立。"根据前述规定，在魏某某拒绝做亲子鉴定的情形下，法院支持张某甲主张的必要前提是，其已提供了否认亲子关系的必要证据，即张某甲提供的证据必须形成否认亲子关系的合理证据链条，亲子鉴定只是对其提供证据的一种补充或补强，而不是其主张的唯一证据。本案中，张某甲提供的证据仅能证明其与魏某某就子女抚养费及探望权的行使方面存在纠纷，并未提供诸如存在时间不能、空间不能、生理不能等可证明张某乙非其所生的必要证据。而根据查明的事实，张某乙系张某甲、魏某某夫妻关系存续期间生育的子女，张某甲自述生育能力正常，在魏某某受孕期间双方存在同居事实，且张某甲也未提交证据证明魏某某在此期间与其他异性存在亲密关系。因此，对张某甲诉请确认其与张某乙之间不存在亲子关系的诉讼请求，法院不予支持；对张某甲主张返还子女抚养费 122689 元，并赔偿精神损害抚慰金 80000 元的诉讼请求，于法无据，法院亦不予支持。

四川省成都市武侯区人民法院依照《中华人民共和国民法典》第一千零七十三条第一款、《最高人民法院关于适用〈中华人民共和国民法典〉婚姻家庭编的解释（一）》第三十九条第一款、《中华人民共和国民事诉讼法》第六十四条第一款的规定，作出如下判决：

驳回原告张某甲的诉讼请求。

判决后，双方当事人均未上诉，本判决现已生效。

【法官后语】

亲子关系否认，确切地说，就是父子或父女关系的否认。《中华人民共和国民法典》第一千零七十三条确立了亲子关系否认制度。该条第一款规定：“对亲子关系有异议且有正当理由的，父或者母可以向人民法院提起诉讼，请求确认或者否认亲子关系。”这一规定总结了《最高人民法院关于适用〈中华人民共和国婚姻法〉若干问题的解释（三）》第二条的经验，在民事基本法上首次确立了亲子关系否认制度。这对完善我国婚姻家庭制度、统一司法裁判等都具有重要意义。

从维护婚姻家庭关系稳定、保障未成年子女“幼有所养”考虑，理论上一般都认可亲子关系的推定，子女在婚姻期间受胎的，一般都将其母亲的丈夫推定为父亲。但在实践中，因为婚内出轨、婚前性行为等原因，亲子关系的推定也可能与客观事实不符，子女与被推定的父亲之间可能并不存在血缘关系。为了维护丈夫一方的合法权益，也为了使法律推定与客观事实保持一致，法律上有必要设立亲子关系否认制度。这一制度与亲子关系推定制度相配合，实现了亲子关系稳定性与真实性之间的平衡。

一、否认亲子关系的前提是亲子关系的推定

从比较法角度看，许多国家明确亲子关系否认的前提是，在法律上存在被推定的亲子关系。如果没有“推定”，那么何来“否认”？我国法律目前没有规定婚生子女推定原则和方法。对于子女的婚生推定，主要有受胎说、出生说和混合说三种。受胎说，即以子女是否在婚姻关系存续期间受胎为标准的原则和方法。出生说，即以子女是否在婚姻关系存续期间出生为标准的原则和方法。混合说分为以出生说为原则、受胎说为补充和以受胎说为原则、出生说为补充两种。多数人倾向于以出生说为原则、受胎说为补充的原则和方法，这样推定婚生子女的范围更广，有利于家庭关系稳定。据此，婚生推定子女就包括：婚姻关系存续期间受胎并出生者、婚前受胎但婚姻关系存续期间出生者和婚姻关系存续期间受胎但父母婚姻关系终止后出生者。本案中，张某乙系婚前受胎但婚姻关系存续期间出生，应推定为双方婚生子女。

亲子关系的“推定”意味着其结论是可以推翻的，因此，当事人可以提起亲子关系否认之诉。如果亲子关系是法律拟制的，而不是被推定的，则不可提起亲子关系否认之诉。依据《最高人民法院关于适用〈中华人民共和国民法典〉婚姻家庭编的解释（一）》第四十条的规定：“婚姻关系存续期间，夫妻双方一致同意进行人工授精，所生子女应视为婚生子女，父母子女间的权利义务关系适用民法典的有关规定。”此处采用法律拟制技术，认定双方一致同意进行人工辅助生殖的子女“视为”其子女，且不考虑该精子是来自丈夫还是来自第三人。在此种法律拟制的亲子关系下，夫妻一方不得诉请否认亲子关系。

二、否认亲子关系须有正当理由

正因为婚生子女的亲子认定是一种法律上的推定，故可能因与客观事实不符而被推翻。按照民法典第一千零七十三条第一款的规定，否认亲子关系的理由是“对亲子关系有异议且有正当理由”。按照立法者的解释，当事人必须要有“正当理由”，是因为亲子关系对婚姻家庭关系影响巨大，更可能涉及未成年人合法权益的保护，如果任凭当事人的怀疑或者猜测就允许其提起否认亲子关系之诉，不利于夫妻关系和社会秩序的稳定，不利于构建和谐社会的总体要求。根据我国司法实践经验，并借鉴域外的立法和司法经验，可以提起亲子关系否认之诉的正当理由主要有三个：其一，在妻子受孕的时间，夫妻双方因为客观原因而没有同居；其二，在妻子受孕的时间，丈夫没有生育能力；其三，经过亲子鉴定，认定妻子不是自丈夫受孕。也就是说，经过DNA鉴定，证明孩子与丈夫没有血缘关系。本案中，张某甲自述生育能力正常，在魏某某受孕期间双方存在同居事实，其仅以魏某某不让其探视、接触小孩，其心生怀疑为由诉请否认亲子关系，不属于提起亲子关系否认之诉的正当理由。

三、否认亲子关系须举示“必要证据”

亲子鉴定结果系确定或否认亲子关系最有力的证据。但如一方提起否认亲子关系之诉，另一方不配合做亲子鉴定，考虑到亲子鉴定涉及当事人的基本人权和隐私权，故法院不能强制启动亲子鉴定程序。《最高人民法院关于适用〈中华人民共和国民法典〉婚姻家庭编的解释（一）》第三十九条第一款规定：“父或者母向人民法院起诉请求否认亲子关系，并已提供必要证据予以证明，另一方没有相反证据又拒绝做亲子鉴定的，人民法院可以认定否认亲子关系一方的主张成立。”法院可援引该条进行裁判。但应明确，前述规定适用的前提是，否认亲子关系的一方已提供必要证据初步证明了孩子非其所生。例如，丈夫以夫妻双方和孩子的血型为由（如丈夫是AB型，妻子是O型，儿子也是O型），初步证明孩子与丈夫不可能存在血缘关系，而妻子以不希望伤害孩子等为由不配合进行亲子鉴定，则法院就可以认定丈夫的主张成立。此处所说的“必要证据”，是指对提起亲子关系否认之诉的一方当事人来说，其提供的证据可能不够充分，但必须能够形成合理证据链条证明当事人之间可能不存在亲子关系，该证据足以使法官形成心证，认为该证据已经可以起到确认相关事实的程度，即已达到举证责任转移的目的。其申请亲子鉴定只是对所举证的一种补充而不是作为其主张的唯一证据。本案中，张某甲仅举示了其与魏某某就子女抚养费及探望权的行使方面存在纠纷的证据，未提交诸如存在时间不能、空间不能、生理不能等可证明张某乙非其所生的必要证据，因此，对于张某甲提出否认亲子关系的诉请，法院未予支持。

编写人：四川省成都市武侯区人民法院 田甜

（十）抚养纠纷

30

变更抚养关系的遵循原则及考量因素

——宋甲诉郭乙变更抚养关系案

【案件基本信息】

1. 裁判书字号

北京市朝阳区人民法院（2020）京0105民初48954号民事判决书

2. 案由：变更抚养关系纠纷

3. 当事人

原告：宋甲

被告：郭乙

【基本案情】

郭丙是宋甲与郭乙之女，现年14岁。宋甲与郭乙于2013年9月26日在民政局协议离婚，约定婚生女郭丙由宋甲抚养，郭乙每月支付抚养费800元至郭丙年满十八周岁止。2019 年 11 月 15 日，宋甲因郭丙盗窃家中现金，便以管教孩子的名义，对郭丙进行了殴打，造成郭丙轻微伤。郭乙认为宋甲管教不当，并去妇联、派出所举报宋甲存在家庭暴力。宋甲认为，郭乙的行为造成郭丙与其严重抵触、对立，不听从宋甲管教。为此，宋甲诉至法院，请求判决婚生女郭丙由郭乙抚养，宋甲每月支付抚养费 800 元。郭乙自述其自有房屋已对外出售，家庭经济困难，不具备抚养孩子的条件。案件审理过程中，经征询郭丙的意见，郭丙明确表示愿意同宋甲一起生活，由宋甲照顾抚养，认为宋甲能够更好地抚养郭丙，不同意由郭乙抚养。

【案件焦点】

1. 对未成年子女实施不当教育行为是否必然导致抚养关系变更；2. 未成年子女抚养权变更的具体考量因素及判断标准。

【法院裁判要旨】

北京市朝阳区人民法院经审理认为：父母与子女间的关系，不因父母离婚而消除。离婚后，子女无论由父或母直接抚养，仍是父母双方的子女。离婚后，哺乳期的子女，如双方因抚养问题发生争执不能达成协议时，由人民法院根据子女的权益和双方的具体情况判决。离婚后，一方要求变更抚养关系的，应具有正当理由。宋甲与郭乙在离婚时约定郭丙由宋甲抚养，现宋甲以郭乙的行为造成郭丙与其严重对立、拒不听从管教为由，请求变更抚养关系。考虑到郭丙长期与宋甲共同生活，并由宋甲照顾抚养，生活环境较为稳定。在郭乙表示不具备抚养能力，且郭丙明确表示愿随宋甲生活，宋甲能够更好地照顾郭丙的情况下，本院认为，郭丙由宋甲抚养更为适宜。因此，对于宋甲要求变更抚养关系的诉讼请求，本院不予支持。

需要指出的是，抚养教育未成年子女为父母之法定义务，父母均应从有利于未成年子女成长发展的角度，采用合理、合法、合乎未成年成长发展阶段的教育方式来教导子女。希望宋甲与郭乙在对孩子的教育方面能够相互协商、相互理解，共同为子女打造良好的成长环境。

北京市朝阳区人民法院依照《中华人民共和国婚姻法》第三十六条，《最高人民法院关于人民法院审理离婚案件处理子女抚养问题的若干具体意见》第五条、第十六条，《最高人民法院关于适用〈中华人民共和国民法典〉时间效力的若干规定》第一条之规定，判决如下：

驳回原告宋甲的全部诉讼请求。

判决后，双方当事人均未上诉，本判决现已生效。

【法官后语】

当前，离婚使子女抚养问题日益凸显，由此产生的矛盾成为阻碍家庭关系和谐、子女健康成长的重要因素。根据法律规定，父母离婚不影响父母子女之间的权利义务关系，子女的合法权益不因父母离婚而受到损害。不直接抚养子女的一方依然享有监护权，有权探视子女、关心子女成长。如果直接抚养子女的一方侵害子女合法权益，另一方也有权要求变更抚养权。现实生活中，虽然大部分的离异父母能够妥善处置子女抚养问题，但是仍有少数父母法律意识淡薄，从自身利益出发处理抚养事宜，未成年子女利益被“虚化”“工具化”，具体表现在为满足离婚财产分割等利益诉求，将抚养权归属作为逼迫对方的手段；离婚后，将对失败婚姻的不满发泄于子女身上，阻碍对方行使探望权，以子女教养方式不当为由反复纠缠等，严重损害了未成年人的权益。法院在处理抚养关系变更问题时，应当找准立足点，遵循相应原则，建构具体衡量因素，进而抽丝剥茧纷繁复杂的案情，把脉案件症结，依法妥善决断。

关于子女抚养权变更应遵循的原则问题。依照《最高人民法院关于人民法院审理离婚案件处理子女抚养问题的若干具体意见》第十六条的规定，一方要求变更子女抚养关系有下列情形之一的，应予支持：（1）与子女共同生活的一方因患严重疾病或因伤残无力继续抚养子女的；（2）与子女共同生活的一方不尽抚养义务或有虐待子女行为，或其与子女共同生活对子女身心健康确有不利影响的；（3）十周岁以上未成年子女，愿随另一方生活，该方又有抚养能力的；（4）有其他正当理由需要变更的。该规定实际上确立了变更抚养权时，应遵循有利于子女身心健康并尊重有识别能力子女意愿的原则。《中华人民共和国民法典》第一千零八十四条第三款在上述规定基础上，归纳提炼了离婚后子女抚养权归属要求，提出了“最有利于未成年子女”的原则，这是基本的价值取向，在审理变更子女抚养关系纠纷案件中，应以该原则为遵循，最大程度维护未成年子女利益。

关于子女抚养权变更的考量因素。审判实践中，如何把握“最有利于未成年子女”的原则，需要根据实际情况予以综合判断。其考量因素应包括物质经济上的供养、生活上的照料、精神上的抚慰、教育上的投入以及未成年子女情感的需求等。首先，从物质条件方面来看，要综合考虑父母双方的经济和生活条件。物质基础是生活水平和良好教育的保障，有助于未成年子女的健康成长。如果父母双方经济条件差距较大，抚养权应倾向于能提供较高经济条件的父母；如果父母双方提供的经济条件相差不大，则应考虑子女生活教育环境的稳定性等因素。其次，从生活照料和精神抚慰方面来看，家庭生活习惯良好、能够给予子女多方面陪伴的一方，对于子女心智健康、性格塑造等方面能发挥积极作用。因此，在处理抚养权纠纷中，可以优先考虑家庭氛围良好，有余力、有时间照顾子女的一方。再次，从教育方式方法上看，要注意考察抚养人教育方式有无明显不当，是否具有暴力倾向等。如果一方长期虐待、殴打子女，存在家庭暴力情形，则应在抚养权的处置上给予不利评价；如果一方只是在子女犯错后，为使子女改正错误而偶然实施轻微体罚行为，未造成严重后果，考虑到其目的是促进孩子健康成长，虽然教育方式存在不妥之处，但不应仅以此为由剥夺其抚养权。最后，从未成年子女情感需求方面来看，要充分尊重具有一定认知和识别能力子女的意愿。《中华人民共和国民法典》规定，子女已满八周岁的，应当尊重其真实意愿。因已满八周岁的子女具有一定的自主意识和认知能力，其对自己的生活状态有能力作出大致判断，且抚养权的确定与其权益密切相关，为减轻家庭离散给子女带来的心理创伤，应当注重与未成年子女的交流沟通，倾听未成年人的内心意愿，尊重未成年人的选择自由，为其健康成长提供最大程度的保障。

编写人：北京市朝阳区人民法院　王乐　李丹

31

抚养费诉讼中设立联合监管账户的适用规则

——李某1诉李某2抚养费案

【案件基本信息】

1. 裁判书字号

北京市通州区人民法院（2021）京0112民初9302号民事判决书

2. 案由：抚养费纠纷

3. 当事人

原告：李某1

原告法定代理人：王某某

被告：李某2

【基本案情】

王某某与李某2于2018年2月5日登记结婚，于2018年9月7日生育一女即李某1。2019年11月7日，王某某与李某2协议离婚，并签订了《离婚协议书》，约定：婚生女李某1由王某某抚养，李某2每月支付李某1抚养费2000元，李某2工作后，以月工资的20%为标准支付李某1的抚养费；李某2有探视权。该《离婚协议书》还约定了其他内容。经核实，李某1户籍登记地为山东省菏泽市，目前李某1随王某某共同生活在山东省菏泽市。

在审理过程中，李某2表示：1. 李某2在服役期间同意按照《离婚协议书》约定的抚养费标准进行支付，但根据山东省菏泽市公布的人均消费性支出数据（农村地区），目前李某1实际生活开支远不需要每月2000元，故当前李某2仅同意每月支付800元给王某某用于满足李某1生活需要；剩余1200元，李某2要求设立联名监管账户，直接将该部分款项汇入该监管账户。2. 由于李某1之母王某某之前存在的不良、不当行为，李某2有理由怀疑李某1的抚养费存在被挪用、滥用可能；同时，基于李某2的工作特点、学历等实际情况，李某2当前的收入可能是其人生收入的巅峰，故为保护被抚养人李某1的利益，为了其长远利益考虑，有必要设立联名账户监管相关款项。李某1对此表示：1. 不同意李某2变更支付抚养费方式，李某2与王某某签订的《离婚协议书》并没有就此进行相关约定。2. 李某2在此前认可并接受按月足额支付抚养费的约定并履行；在涉案当事人相关情况没有重大变化的情况下，李某2单方要求变更支付方式，严重损害了李某1的合法权益。3. 本案不存在调整抚养费支付数额、支付方式的客观基础；李某1一直随其母王某某居住于山东省菏泽市以便获得更好的生活、教育，李某2作为李某1之父，应将李某1的健康成长作为首要任务，而李某2一直以李某1的农业户籍性质界定其消费支出需要过于片面，李某2认可2000元/月标准的陈述，与其要求变更支付方式的相关说辞明显自相矛盾。

【案件焦点】

1. 对于2000元每月的抚养费是否应当一次性足额全部支付；2. 是否应当对抚养费分笔支付并设立监管账户。

【法院裁判要旨】

北京市通州区法院经审理认为：抚养费应当定期给付，有条件的可以一次性给付。李某2应以2000元/月为标准，按月足额支付李某1的抚养费。根据《离婚协议书》，双方已就李某1的抚养费达成了一致协议，约定了抚养费的数额、方式，约定明确、不存在歧义。李某2当前的工作、收入情况与涉案《离婚协议书》签订之时的情况相比并没有发生重大变化，故不存在调整约定抚养费数额的客观基础。李某2所提分笔支付抚养费并要求设立监管账户的支付方案，看似未降低抚养费的支付标准，但事实上以变更支付方式手段导致直接降低李某1可支配、使用的抚养费金额。不利于保护被抚养人利益，不符合抚养费纠纷案件处理应当以被抚养人利益最大化的原则。此外，被抚养人日常生活所需即包括衣、食、住、行、医疗、教育等方面，而其中任意一方面又可以继续细分为众多小项，综合本案诉争金额并结合当前经济发展水平，李某 2 设立监管账户的方案显然不利于有效、全面、及时地保护被监护人利益。关于不排除李某 1 抚养费存在被王某某挪用、滥用可能，并无相关证据证明。李某 1 虽为农业户籍，但其完全有权寻求更好的居住生活、教育、医疗条件，父母不应假借被抚养人的户籍性质或其他因素为事由，限定被抚养人的生活区域或将被抚养人禁锢在农村或城市或其他特定区域。李某 2 能为婚生女即李某 1 的健康成长、长远发展作提前规划、筹谋，在一定程度上体现了父亲对子女的关爱，本院就此予以赞许。但不应以牺牲或过于限制被抚养人当前利益、当前生活消费水平为前提；抚养义务人可以从提高自身收入能力或者从自身收入的二次分配（如在抚养费之外另设相关款项、金额）等方面予以考虑。综上所述，法院作出判决如下：

一、李某 2 支付李某 1 自 2020 年 9 月 1 日起至 2021 年 4 月 30 日止的抚养费共计 16000 元，于本判决生效之日起七日内执行清；

二、李某 2 自 2021 年 5 月 1 日起，以 2000 元/月为标准，向李某 1 支付抚养费，抚养费暂支付至 2023 年 6 月 30 日止，抚养费按月支付，于每月 25 日前执行清。

判决后，双方当事人均未上诉，本判决现已生效。

【法官后语】

随着技术升级迭代，新的银行账户类型涌现，导致联合监管等新的抚养费支付方式成为可能，抚养费的争议焦点由此前的支付金额转为支付方式。囿于民法典对具体支付方式缺乏明确标准，在当事人结合新型账户类型调整抚养费支付方式时，法院如何裁决显得尤为重要。

一、联合监管账户在抚养费纠纷中存在适用可能

联合监管账户，是指双方达成交易后，按照达成之交易金额及完成交易所需的其他部分或全部款项，存入由公证第三方所开立的与全部或部分利益方联

合监管的账户，从而由第三方对交易款项按各方确认的资金使用计划监督使用。抚养费纠纷中的联合监管账户，则指在抚养费支付过程中，通过设立联合监管账户的方式，对部分抚养费由监护人与其他近亲属联合监管，保证款项用于被抚养人的生活等需要。实践中，存在因一方监护人死亡而将其死亡所获得部分赔偿金作为抚养费，由另一方监护人扣除一部分费用作为基本抚养费后，近亲属共同设立联名账户，对剩余款项进行联合监管的案例①。联合监管账户在抚养费纠纷中存在适用可能。

二、在抚养费纠纷中设立联合监管账户需考量的因素

联合监管账户兼具储蓄与监督功能，对联合监管账户设立与否需确立基本衡量标准，需坚持以被抚养人利益为核心，从以下几个方面考量：一是需考量双方当事人对抚养费支付方式是否存在约定，若监护人对于抚养费支付金额及支付方式存在约定的，应当遵循约定。二是要进一步考量抚养费用本身的数额多寡。应当结合抚养费的金额和被抚养人的生活环境，评估被抚养人在现有社会状态及经济发展情况下可能需要的费用支出，在抚养费数额并未显著超出生活所需时，无须设立联合监管账户。当约定每一期支付的抚养费数额显著高于日常生活所需，或一方当事人死亡后留下明显高于被抚养人短期日常生活所需的抚养费数额时，方存在设立联合监管账户的可能。对于抚养费是否显著超过被抚养人生活所需，应由提出设立联合监管账户一方当事人举证。三是要结合具体情形判断设立联合监管账户的必要性。若双方对于是否设立联合监管账户并无约定，且抚养费数额确实明显超过被抚养人日常生活所需，还需考量与被抚养人生活一方监护人是否存在滥用抚养费的可能、设立联合监管账户限度。对于一方监护人连续、稳定支付抚养费的，即使明显超过被抚养人生活支出数额，因分期支付本身亦存在一定监督作用，若欲设立联合监管账户进一步监督，申请设立联合监管账户一方应当承担更加严格的证明责任。对于一方监护人死亡，留下大额抚养费等遗产的，与被抚养人共同生活一方在获得保障被抚养人日常生活费用后，其他近亲属提出对于剩余归属于被抚养人的款项设立联合监

① 参见河北省石家庄市中级人民法院（2020）冀01民终5731号民事判决书。

管账户的，考虑到至被抚养人成年期间的不确定性，法院可以予以支持，且可向当事人予以释明设立联合监管账户的可能。但对除监护人外的另一方联合监管人，应当限制在其他可能具有监护人资格的人员范围内。此外，抚养义务人还可在抚养费之外由父母为子女设立其他款项的监管账户，对于一方监护人存在实际侵害被监护人利益的情形下，设立联合监管账户亦提供了变更监护人资格外的另一种可能出路。

编写人：北京市通州区人民法院　梁涛　曾晓梅

32

收养关系与代为抚养关系在司法实践中的区分认定

——赵某、刘某丙诉刘某戊等法定继承案

【案件基本信息】

1. 裁判书字号

山东省桓台县人民法院（2021）鲁 0321 民初 3781 号民事判决书

2. 案由：法定继承纠纷

3. 当事人

原告：赵某、刘某丙

被告：刘某戊、刘某己、刘某庚、刘某辛

第三人：刘某甲

【基本案情】

被继承人刘某乙与刘某甲之父刘某丁、刘某戊、刘某己、刘某庚是同胞兄弟姐妹关系。赵某与刘某乙是夫妻关系，婚后生育一女刘某丙。后赵某与刘某乙离婚，刘某乙再婚并生育一女刘某辛。刘某丁去世后，刘某甲追随其奶奶丁

某搬至赵某与刘某乙共同所有的位于某村的房屋居住。刘某乙于2019年9月去世，其母丁某于2021年6月去世。赵某、刘某丙与刘某戊、刘某己、刘某庚对刘某乙的遗产分割产生争议，为此诉至法院，要求依法分割刘某乙遗留的位于某村的房屋一套以及经法院确认的债权一份。刘某戊、刘某己、刘某庚认为，法院查明上述位于某村的房屋应该是谁的，就认可是谁的，按照法律规定办。刘某甲认为，其与刘某乙之间长期以父子相称，双方之间构成收养关系，上述位于某村的房屋已经由赵某、刘某乙在离婚协议中写明赠给刘某甲，该协议已于当地民政局留存备案，该房屋的所有权属于刘某甲，不应作为刘某乙的遗产予以分割。对此，赵某、刘某丙不予认可。

【案件焦点】

1. 刘某甲与被继承人刘某乙之间是否构成收养关系；2. 位于某村的房屋是否应当作为被继承人刘某乙的遗产进行分割。

【法院裁判要旨】

山东省桓台县人民法院经审理认为：涉案的位于某村的房屋系赵某与被继承人刘某乙婚内所建，该房产由赵某、刘某乙共有。刘某乙去世后，其享有的二分之一份额，应由其第一顺序继承人即刘某丙（女儿）、刘某辛（女儿）、丁某（母亲）三人等额继承，各占房产的六分之一份额；丁某死亡后，其继承的份额再由其第一顺序继承人即刘某戊、刘某己、刘某庚以及代位继承人即刘某丙、刘某辛、刘某甲继承，其中，刘某戊、刘某己、刘某庚、刘某甲各占房产的三十分之一，刘某丙、刘某辛各占六十分之一。

关于刘某甲主张的涉案房产归其所有，不属于遗产的诉讼请求，依法不能成立，理由是：其一，根据《中华人民共和国民法典》第一千一百零五条第一款的规定，收养应当向县级以上人民政府民政部门登记，收养关系自登记之日起成立，否则收养行为无效。因此，主张被抚养人与抚养人之间构成收养关系的一方当事人，应当举证证明双方符合上述收养关系成立要件。如未能履行该举证责任，即使抚养人与被抚养人对外以父子相称，抚养人与被抚养人之间也仅构成代为抚养关系，不能认定为收养关系。故结合《中华人民共和国民法典》第一千一百二十七条关于法定继承人中“子女”的规定，代为抚养的未成年人对代为抚养人的所有财产也就不享有继承权。根据本案查明的事实，虽然刘某甲在2016年1月27日之后的户口登记信息中与刘某乙以父子关系进行登记，但刘某甲并非刘某乙的直系血亲，与刘某乙没有形成法律上的收养关系，双方未办理收养登记手续，亦未形成事实上的收养关系，其不属于法律意义上的子女，不具有本案的诉讼主体资格。其二，2004年3月9日刘某乙与赵某离婚形成的《离婚协议书》中，虽然载明了将涉案房产归刘某甲所有的条款，显示了赠与的意思表示，但刘某甲并未提供其实际占有使用该房产的证据，也未提供相应产权变更登记的证据。因此，该房产的物权未发生变动，赠与关系不成立，相反，2011年7月21日刘某乙与赵某再次离婚形成的《离婚协议书》中，并未涉及该处房产，且2015年涉案房屋确权时，该处房产的土地使用权又确认到刘某乙自己名下，由此显示出刘某乙与赵某已经共同撤销了之前所作出的赠与的意思表示，并对产权进行了进一步确认，两人的合意行为并未违反法律规定，该房产仍属两人共有。

各方当事人对于山东省桓台县人民法院（2017）鲁0321民初1528号民事判决书确认的债权均无争议，山东省桓台县人民法院依法确认各方当事人各自享有的份额，即刘某丙、刘某辛、丁某各占三分之一份额；丁某死亡后，其继承的三分之一份额，由其第一顺序继承人即刘某戊、刘某己、刘某庚以及代位继承人即刘某丙、刘某辛、刘某甲继承，其中刘某戊、刘某己、刘某庚、刘某甲各继承十五分之一，刘某丙、刘某辛各继承三十分之一。

山东省桓台县人民法院依照《中华人民共和国民法典》第六百五十八条、第六百五十九条、第一千零六十二条、第一千一百二十七条、第一千一百二十八条、第一千一百三十条，《中华人民共和国民事诉讼法》第六十四条、第一百四十四条之规定，作出如下判决：

一、位于某村的房屋由赵某享有二分之一份额，刘某丙享有六十分之一份额，刘某辛享有六十分之一份额，刘某戊、刘某己、刘某庚及刘某甲各享有三分之一份额；

二、生效民事判决确认的债权，刘某丙享有三十分之一份额，刘某辛享有三十分之一份额，刘某戊、刘某己、刘某庚及刘某甲各享有十五分之一份额；

三、驳回第三人刘某甲的诉讼请求。

判决后，双方当事人均未上诉，本判决现已生效。

【法官后语】

本案主要涉及收养关系与代为抚养关系的区分认定问题。

收养是指自然人根据法律规定的条件、程序领养他人的子女为自己的子女，创设拟制血亲亲子关系的民事法律行为；代为抚养则是指生父母因无经济能力、患有严重疾病、丧失民事行为能力、死亡等特殊原因不能或不宜直接抚养子女，而将子女委托他人代为照顾的代管行为。现实生活中收养与代为抚养的情形并不鲜见，二者从形式上看都是为了对未成年人的抚养。但从上述作为法律概念的角度来看，收养与代为抚养具有本质性的区别，具体可从以下几个方面予以区分：

第一，目的不同。收养的目的有多种，包括但不限于延续血统、继承家产、同情未成年人遭遇等，但追求的结果均系让本没有血亲关系的收养人与被收养人之间建立法律拟制的亲子关系。与此相对应，生父母作为送养人，其目的则是为了终止其与子女之间的权利义务关系。而代为抚养的目的则相对单一，生父母与代为抚养人均系从保障被抚养人的基本生存环境和维护被抚养人的合法权益角度出发，并不追求建立或消灭亲子关系的结果。

第二，成立要件不同。收养为要式的法律行为。[①] 收养关系的成立存在收养登记、收养公告、收养协议、收养公证、收养评估等多个形式要件。其中收养登记是收养关系的成立要件，不依法办理收养登记手续的，收养关系无效，即自始不发生法律效力。而代为抚养关系的成立则没有特别的成立和生效要件，也不需要履行特定的法律程序，只要未成年子女的父母与代为抚养人均自愿并

① 谭启平：《中国民法学》，法律出版社2021年版，第717页。

达成一致意见且代为抚养人实施了大众通常理解的抚养行为即可成立并生效。

第三，主体范围不同。《中华人民共和国民法典》第一千一百零七条规定，代为抚养人仅限生父母的亲属、朋友，被抚养人限于孤儿或者生父母无力抚养的子女。而我国规定的收养人、被收养人的范围并不限于此，收养人只要是符合《中华人民共和国民法典》中关于收养人条件的民事主体即可，被收养人除孤儿或者生父母无力抚养的子女外，还包括查不到生父母的未成年人。

第四，法律后果不同。收养关系的成立使得收养人与被收养人之间产生法律上的拟制血亲的亲子关系，这种拟制血亲的亲子关系与自然血亲的亲子关系享有同样的权利义务。这就意味着它会涉及对未成年人的抚养教育、对收养人老年的赡养扶助以及家庭财产继承等一系列民事法律关系。同时，收养关系受法律保护，收养关系依法成立后当事人一方意欲解除的，需采取协议解除或诉讼解除的方式，否则合法成立的收养关系继续存在且有效，而代为抚养并不会发生上述法律效果。因抚养权为未成年人父母所享有的法定权利，故代为抚养人不会因其与被抚养人共同生活或对被抚养人照顾更多而获得被抚养人的抚养权。正因如此，被抚养人的亲生父母随时可以解除代为抚养的委托关系。

根据以上收养与代为抚养的区分认定要点，具体到本案中，刘某甲是刘某乙同胞兄弟的亲生子，在刘某甲生父早逝、母亲改嫁后，刘某乙将刘某甲接到家中长期共同生活，虽然刘某甲述称其与刘某乙以父子相称，但结合庭审调查以及本案现有证据，刘某乙与赵某夫妇作为刘某甲的叔婶，其对刘某甲仅是代为抚养，自始至终并无收养刘某甲的意思表示，且刘某乙与赵某婚后育有独生女，并不符合当时《中华人民共和国收养法》的收养条件，双方亦未办理收养登记手续。因此，本案应当依法认定刘某甲与刘某乙之间不存在收养关系，双方之间仅构成代为抚养关系。在此情况下，刘某甲无权参与对刘某乙名下遗产的直接分配，但其作为刘某丁的继承人，可以代位继承丁某的部分遗产。本案案情虽不复杂，却是婚姻家庭纠纷审理实践中的一个缩影。当事人之间因为无法正确区分代为抚养与收养而提起的法定继承纠纷、抚养权纠纷、确认收养关系纠纷等案件时有发生。对此，收养行为与代为抚养行为的成立可能会面临潜在的风险，但收养与代为抚养背后都表达了成年人妥善照顾未成年人的意愿，成年人无一例外都应当担负起照顾未成年人的责任，为未成年人创造一个温暖幸福的成长环境。这也是践行社会主义核心价值观从而维护社会和谐稳定的一大善举。

编写人：山东省淄博市中级人民法院　荣明潇
山东省桓台县人民法院　甄晓玮

33

债权债务转让能否作为支付抚养费的方式

——苏某恺、苏某嘉诉苏某喜抚养费案

【案件基本信息】

1. 裁判书字号

北京市丰台区人民法院（2021）京0106民初4265号民事判决书

2. 案由：抚养费纠纷

3. 当事人

原告：苏某恺、苏某嘉

被告：苏某喜

【基本案情】

魏某燕与被告苏某喜于2011年登记结婚，婚后于2012年12月19日生育一子原告苏某恺，于2016年5月25日生育一子原告苏某嘉。双方于2019年8月19日协议离婚，《离婚协议书》载明：男方向女方一次性支付孩子抚养费共计30万元整；双方确认在婚姻关系存续期间没有发生任何共同债务，确认各自名下的债权归各自所有，各自名下的其他债务归各自承担。

后原、被告因抚养费支付问题产生纠纷，二原告诉至法院，请求被告支付二原告2019年8月至2021年2月的抚养费共计57000元；同时，请求被告于2021年3月起每月10日前支付两原告每月1500元抚养费至两原告十八周岁止。

另查明，魏某燕于2015年向苏某丰（苏某喜之兄）出具2张《收条》，载明魏某燕共计收到苏某丰理财款31万元，并约定了回款日及利息。2019年8月16日，魏某燕（甲方、债务转移方）与苏某丰（乙方、贷款人）、苏某喜（丙方、债务受让人）签订《债权债务转让协议》，约定：截至2019年8月16日，甲方欠乙方30万元，甲、乙、丙三方一致同意将甲、乙双方确定的甲方对乙方的债务转移给丙方承担，丙方直接向乙方偿还债务，承担法律规定的债务人的相关义务。

庭审中，苏某喜提交的另外一份《离婚协议书》载明：男方以债权债务转让的形式，替女方偿还个人债务30万元整，用以支付孩子一次性抚养费用。苏某喜称婚姻存续期间魏某燕向苏某丰借款未偿还，离婚时约定由苏某喜代魏某燕偿还30万元借款，该款项用于抵扣抚养费，而民政局工作人员要求离婚协议书中尽量避免以债权债务形式抵扣抚养费，故最终备案的《离婚协议书》中未提及以30万元转让债务抵扣抚养费事宜。魏某燕对30万元债务转让一事不持异议，但认为该笔款项与抚养费无关，抵扣抚养费侵害了孩子的合法权益，故不认可苏某喜以转让债务抵扣抚养费的主张。

【案件焦点】

苏某喜是否已经按照约定一次性支付抚养费，债权债务转让能否作为一种支付抚养费的方式进行抵偿。

【法院裁判要旨】

北京市丰台区人民法院经审理认为：按照法律规定，离婚后，一方抚养子女，另一方应负担必要的生活费和教育费，负担费用的多少和期限的长短，可由双方协议，协议不成的，由法院判决。苏某喜与魏某燕在《离婚协议书》中就子女抚养费约定由苏某喜一次性支付30万元，但苏某喜并未提交充分证据证明其已向苏某恺、苏某嘉支付完毕 30 万元抚养费，且抚养费属于对子女的特定给付，具有人身专属性，苏某喜主张通过债权债务转让方式支付抚养费有损苏某恺、苏某嘉的合法权益，故对苏某喜表示已支付完毕 30 万元抚养费的辩称意见，本院不予采纳。苏某喜与魏某燕及案外人苏某丰的债权债务问题可另案处理。现苏某恺、苏某嘉提起诉讼要求变更抚养费为每人每月 1500 元，结合二人的年龄、生活支出、苏某喜经济能力等因素，其请求尚在合理范围之内，本院予以支持；变更之前的抚养费应按《离婚协议书》约定的标准予以支付，具体金额由本院依法核算。

综上所述，北京市丰台区人民法院依照《中华人民共和国民法典》第一千零八十四条第一款、第二款，第一千零八十五条之规定，判决如下：

一、苏某喜于本判决生效之日起十日内支付苏某恺、苏某嘉 2019 年 8 月 19 日至 2021 年 3 月 31 日抚养费 18521 元；

二、自 2021 年 4 月起，苏某喜每月给付苏某恺抚养费 1500 元，至苏某恺年满十八周岁时止；

三、自 2021 年 4 月起，苏某喜每月给付苏某嘉抚养费 1500 元，至苏某嘉年满十八周岁时止；

四、驳回苏某恺、苏某嘉的其他诉讼请求。

判决后，双方当事人均未上诉，本判决现已生效。

【法官后语】

《中华人民共和国民法典》（以下简称《民法典》）第一千零八十五条明确了抚养费的两种确定方式即协议约定或人民法院判决。离婚双方可以就负担费用的多少、期限的长短及支付方式等进行约定。本案中，魏某燕与苏某喜签订有一次性支付抚养费的离婚协议条款，属于协议约定支付抚养费的情形。诉讼过程中，苏某喜主张其已经以债权债务转让的方式一次性支付抚养费，原告不认可此种支付方式，因而案件最大的争议焦点在于苏某喜是否已经按照约定一次性支付抚养费。就债权债务转让能否作为一种支付抚养费的方式进行抵偿，笔者认为可以从以下几个方面进行判定。

从抚养费的性质看。首先，抚养费具有财产内容。抚养费包括子女生活费、教育费、医疗费等费用，在未成年子女没有收入来源的情况下，是未成年子女最稳定、最可知的财产，系未成年子女生活最基本的物质保障。其次，抚养费具有人身专属性。抚养费的主体要素相对且固定，即以人身关系为前提，特定的权利人（子女）、特定的给付人（父母）。最后，抚养费具有代管性。抚养费通常由抚养孩子的一方父或母代为保管，父或母代管过程中，不得侵犯子女财产权利、不当使用或挥霍抚养费。具体到本案，原告主张的是一项极具人身属性、不得随意处置的财产性权利。

从抚养费的处分看。《民法典》第三十五条第一款规定，监护人应当按照最有利于被监护人的原则履行监护职责。监护人除为维护被监护人利益外，不得处分被监护人的财产。即代管抚养费的一方父或母可以对抚养费进行管理和支配，其行为源于监护权，但直接处分未成年人财产的行为应当遵循最有利于被监护人的原则，并受到《民法典》第三十五条的限制。实践中不乏约定一次性支付抚养费的案例，此种支付方式较为固定，可以防止出现不按期支付、不足额支付等其他拖欠抚养费的不利情形，在一定程度上保护了未成年子女的利益。具体到本案，以债权债务转让的方式抵偿抚养费的约定，其本质是对未成年子女财产的处分，该行为有效与否应当予以探讨。

从抚养费处分行为的效力看。在监护人直接处分未成年人财产的情况下，监护人因违反了《民法典》第三十五条第一款的限制而欠缺处分权，构成无权处分，监护人的行为效力待定。作为限制民事行为能力人，未成年人原则上本不具备自主决定相应事项的行为能力，假若要其行使追认权，则需要由监护人代理其决定，这最终会导致《民法典》第三十五条第一款的规范目的不能实现。笔者认为，《民法典》第三十五条第一款的性质可以理解为法律的强制性规定，同时根据《民法典》第一百五十三条第一款的规定，违反法律、行政法规的强制性规定的民事法律行为无效。据此，违反“除为维护被监护人利益外”的处分行为应属无效，无效的民事法律行为自始没有法律约束力。具体到本案，债权债务转让不能等同于抚养费的支付，未成年子女生活必要支出并不能得到稳定、必然的保障，在权利人特定的情况下，约定受益人为第三人的债权债务转让条款，显然侵害了未成年子女的合法权益，该约定无效，不妨碍子女向应支付抚养费一方的父亲主张继续支付抚养费。

我国目前并没有对父母双方所约定的关于未成年子女的协议进行实质审查的法律规定，然而在诉讼双方通常是夫妻的家事纠纷中，处于不利地位的未成年子女因不是当事人，往往很难独立表达其真实意思表示，为保护未成年子女利益，在处理具有人身专属性的抚养费争议过程中，法院应以最有利于被监护人、儿童最大利益等基本原则为考量依据，从抚养费的性质入手，结合处分行为的有效性进行全面审查。

编写人：北京市丰台区人民法院　王姣姣　申航

34

祖父母代为抚养未成年人是否构成无因管理的判断标准

——罗某某诉张某某、周某某抚养费案

【案件基本信息】

1. 裁判书字号

重庆市第一中级人民法院（2019）渝01民终第10387号民事判决书

2. 案由：抚养费纠纷

3. 当事人

原告（上诉人）：罗某某

被告（被上诉人）：张某某、周某某

【基本案情】

张小某，2006年9月出生，系张某某、周某某的婚生子女。罗某某系张小

某祖母、张某某之母。张小某自出生后一直由罗某某抚养照顾。2013年3月，张某某、周某某协议离婚，约定张小某由张某某抚养，周某某不支付抚养费。张某某与罗某某口头约定，张小某继续跟随罗某某生活，张某某每月向罗某某给付张小某的抚养费1000元。张某某按照该标准仅支付了2016年4月至11月的抚养费。罗某某认为其抚养张小某系无因管理，而非自愿资助行为，经多次向张某某、周某某追讨抚养费无果，故于2019年7月起诉至法院，请求法院判令：张某某、周某某支付罗某某垫付的张小某12年的抚养费共计20万元；张某某、周某某从2019年2月起每月按时支付张小某的生活费、医疗费、教育费等1500元。

【案件焦点】

未成年人的法定抚养义务人有能力履行抚养义务而怠于履行，祖父母代为抚养照顾未成年人的，祖父母与法定抚养义务人之间是否构成无因管理。

【法院裁判要旨】

重庆市合川区人民法院经审理认为：一是关于张某某、周某某是否应支付罗某某垫付的张小某的抚养费。罗某某作为张小某的祖母，其出于亲情协助抚养张小某，符合普通家庭普遍的生活方式和习惯，罗某某自愿在生活开销、教育投资、医疗费等方面花费支出，这种出于亲情的投入一般是不求回报的自愿资助行为，对于罗某某要求张某某、周某某支付垫付的张小某的抚养费20万元，法院不予支持。二是张某某、周某某离婚后是否应按月向罗某某支付张小某的抚养费。张某某与周某某离婚后，罗某某继续抚养照顾张小某，张某某自愿与罗某某达成口头协议，其每月向罗某某支付报酬费1000元，该协议是张某某与罗某某的真实意思表示，受法律保护，故在张某某未直接抚养张小某之前，依法应当按月向罗某某支付报酬费1000元。而根据周某某与张某某离婚协议的约定，周某某无须给付张小某抚养费，故罗某某不能要求周某某按月支付张小某抚养费。

重庆市合川区人民法院依照《中华人民共和国民法总则》第二十六条、第二十七条，《中华人民共和国民事诉讼法》第六十五条、第一百三十四条、第一百四十二条之规定，作出如下判决：

一、由张某某在本判决生效次月起每月五日前向罗某某支付照顾张小某的报酬费 1000 元；

二、驳回罗某某要求张某某、周某某给付其抚养张小某 12 年所垫付的生活费、医疗费、教育费 20 万元人民币的诉讼请求；

三、驳回罗某某要求周某某按时支付张小某的生活费、医疗费、教育费的诉讼请求；

四、驳回罗某某的其他诉讼请求。

罗某某不服一审判决，提起上诉。重庆市第一中级人民法院经审理认为：父母对未成年子女负有抚养的义务，抚养费的数额，可根据子女的实际需要、父母双方的负担能力和当地的实际生活水平确定。本案中，张某某与周某某系张小某的父母，但张小某自 2006 年 9 月出生后一直由罗某某抚养，而张某某与周某某在婚姻关系存续期间（双方于 2013 年 3 月离婚）均未支付过张小某的抚养费，故张某某、周某某应共同向罗某某支付张小某 2006 年 9 月至 2013 年 3 月的抚养费。因张某某与罗某某就抚养照顾张小某达成了协议，故张某某应按照协议自 2013 年 4 月起按月向罗某某支付张小某的抚养费 1000 元。此外，罗某某系张小某的祖母，并非其法定抚养义务人，而张某某是张小某的父亲，系张小某的法定抚养义务人，又因张某某明确表示今后张小某由张某某自行抚养，不再由罗某某抚养，故张某某按月向罗某某支付张小某的抚养费 1000 元的起止期限，应为 2013 年 4 月起至二审判决时止（2020 年 2 月）。

重庆市第一中级人民法院依据《中华人民共和国民法总则》第二十六条，《中华人民共和国婚姻法》第二十一条、第三十七条，《中华人民共和国民事诉讼法》第一百七十条第一款第二项之规定，判决如下：

一、撤销重庆市合川区人民法院（2019）渝 0117 民初 7112 号民事判决；

二、张某某、周某某共同向罗某某支付张小某 2006 年 9 月至 2013 年 3 月的抚养费共计 39500 元；

三、张某某向罗某某支付张小某 2013 年 4 月至 2020 年 2 月的抚养费共计 75000 元；

四、驳回罗某某的其他诉讼请求。

【法官后语】

当父母不履行法定抚养义务，祖父母或其他亲属基于未成年人利益，代为抚养照顾未成年人，需背负沉重的经济负担。父母不履行抚养义务，未成年子女依法享有要求父母给付抚养费的权利。但未成年子女的监护人是其法定代理人。当父母同为未成年人的监护人及法定代理人时，未成年人难以向父母主张抚养费，祖父母或其他亲属亦无法代理未成年人主张抚养费。此种情况下，如何要求父母向未成年子女支付抚养费？祖父母或其他亲属基于无因管理，享有支出的必要费用的偿还请求权，就能顺利实现追讨垫付的抚养费之诉求。对此类案件的裁判，要从保护未成年人最大利益的角度出发，结合无因管理的法定构成要件进行综合判断。

一、关于祖父母代为抚养照顾未成年人的行为性质的争议

祖父母代为抚养照顾未成年孙子女的行为性质，在司法实践中存在很大争议。第一种观点认为是基于血缘亲情的不求回报的赠与行为，本案一审法院便持这种观点。第二种观点认为抚养义务人在明知且未表示异议的情况下，形成默示的委托合同关系。第三种观点认为形成无因管理。通过在法信以关键词“无因管理”进行搜索，涉及未成年人的无因管理案件，主要有三种类型：一是未成年人的祖父母向父母追讨抚养照顾未成年人支出的抚养费、择校费等；二是祖父母协助照顾未成年孙子女而向其父母主张劳动报酬；三是未办理收养手续的养父母，向亲生父母追讨抚养照顾未成年人支出的抚养费。实务中，对涉及抚养照顾未成年人的无因管理纠纷案件的审理虽存在争议，但法院对此类案件的裁判并未排斥对无因管理的适用。此类案件审理的裁判思路在于：对抚养照顾未成年人的行为性质的认定，应根据具体案情，结合无因管理的法定构成要件进行综合判断，不可一概而论。

二、祖父母代为抚养照顾未成年人是否构成无因管理的判断标准

1. 判断有无法定或约定的义务

适用无因管理需排除法定或约定义务。无因管理的构成以管理人无法定或约定的义务为前提。祖父母对未成年人的抚养照顾，是否构成无因管理，需要排除委托监护以及判断有无法定之义务。若行为人基于法定或约定的义务而管理未成年人事务，则阻却无因管理的成立。无因管理与委托监护在适用上呈现相互排除的关系，即当事人之间有委托合同，则不能适用无因管理。有观点认为，祖父母一直抚养照顾未成年人，未成年人的父母明知且未表示异议，则构成默示的委托合同关系，此说法不能成立，委托是建立在委托人与受托人之间达成合意的基础上，且我国法律并无默示委托合同之规定。

2. 受益人的真实意思违法之例外

以管理事务的承担是否符合受益人的真实意思，可将无因管理分为适法无因管理与不适法无因管理。管理人承担管理事务时不符合受益人的真实意思，构成不适法无因管理，但是受益人的真实意思违反法律或违背公序良俗的除外。即使管理事务不符合受益人的真实意思，但是受益人的真实意思违反法律或违背公序良俗时，管理人也享有无因管理请求权。如私法上的抚养义务，及公法上的税负都有可能给义务人带来负担，为了维护社会公共利益及鼓励履行法律上的义务，使得伸出援手的道义者或热心公益者无所顾忌，故虽违反受益人的真实意思亦构成适法无因管理。本案中，父母不愿意履行法定抚养义务，祖父母代为抚养照顾未成年人，并垫付抚养费用，此种行为虽不符合传统概念对无因管理制度的理解，但作为受益人的真实意思违反法律或公序良俗的例外情形，也应被认定为适法的无因管理。这不仅能为善良管理人提供经济补偿，也能督促父母履行法定抚养义务，为保护未成年人合法利益筑牢法律防线。

3. 涉亲缘关系中管理人管理意思之认定

无因管理是为了避免他人利益受损失而管理他人事务。但是涉亲缘关系管理的复杂性在于，管理具有混合他人事务与自己事务的特殊性，很难界定为“纯粹管理他人事务”。那么，管理的不是纯粹他人事务是否成立无因管理？

在理解“为他人利益而管理他人事务”时，应注意厘清的问题：即使管理他人事务使得管理人自己受益的，也无碍无因管理的成立。需明确的司法适用规则：一是管理人需有为被管理人利益管理的意思，这是构成无因管理的主观要件，但不意味着管理人只能为被管理人利益而不能同时为管理人自己的利益管理，亦即管理人同时为被管理人利益和自己利益管理同样符合无因管理的主观要件。二是若管理人自己的事务与他人的事务混同时，对于混合性事务一般应有管理意思的主次之分。若管理人主要在于实现自身利益，仅附带涉及他人利益时，则不宜认定为有管理意思。

4. 直系血亲之间的亲情互助特定条件下对赠与的排除

直系血亲之间基于道德义务的亲情互助，是否构成无因管理，判断的关键点在于能否推定管理人具有赠与意思。直系血亲之间的亲情互助，在无法定或约定义务的情形下，属于基于道德义务进行的给付。根据《中华人民共和国民法典》第九百八十五条的相关规定，如为履行道德义务进行的给付，可排除不当得利请求权，但并未排除无因管理的成立。直系血亲之间的亲情互助，是否构成无因管理判断的关键点在于：如果被管理人有直接的抚养义务人，且该直接义务人有履行义务的能力，管理人是为直接义务人进行管理时，应当认定管理人与直接义务人之间形成无因管理。

编写人：重庆市第一中级人民法院　刘念弟　刘婷婷

重庆市高级人民法院　谭中平

35

形成抚养教育关系的继父母子女关系解除之考量与判定

——孙某诉孙某一婚姻家庭案

【案件基本信息】

1. 裁判书字号

北京市第一中级人民法院（2022）京01民终2977号民事判决书

2. 案由：婚姻家庭纠纷

3. 当事人

原告（上诉人）：孙某

被告（被上诉人）：孙某一

【基本案情】

王某与耿某系夫妻关系，1959年生有一子耿某一。后双方离婚，耿某一归王某抚养。王某与孙某于1962年再婚，婚后生有一女孙某二，耿某一此时尚未成年，后改名为孙某一。王某现已去世。孙某主张其尽到抚养义务将孙某一抚养成人，在其后近40多年的时间里，各自独立生活，不相往来，在王某去世后，双方就王某墓碑上的署名等问题发生冲突，并提交微信聊天记录，其中孙某一与孙某二发生言语冲突，导致双方关系恶化。孙某一主张其在生活中一直照顾孙某，孙某提交的微信聊天记录是孙某二与孙某一在处理母亲后事时因为悲痛情绪一时争执，并非与孙某有矛盾。孙某请求判令与孙某一解除继父子的权利义务关系。孙某一不同意解除继父子关系，其称孙某身体状况很差需要其照顾，孙某一一家愿意照顾孙某，且双方没有突出矛盾。

【案件焦点】

孙某能否解除其与孙某一的继父子关系。

【法院裁判要旨】

北京市海淀区人民法院经审理认为：现行法律并无按照孙某主张的理由解除继父子关系的规定，《中华人民共和国民法典》关于亲子关系的规定应适用于有血亲关系的当事人之间，孙某的诉讼请求缺乏法律依据。判决如下：

驳回孙某的全部诉讼请求。

判决后，孙某提起上诉。北京市第一中级人民法院经审理认为：一、孙某与孙某一是否形成具有抚养关系的继父子关系。孙某一的生母王某与孙某结婚，孙某一 2 岁左右即跟随王某与孙某共同生活，时间长达十余年。双方均认可孙某对孙某一存在抚养事实，双方存在抚养关系。有抚养关系的继父母与继子女之间具有拟制血亲关系。二、孙某请求解除其与孙某一之间的继父子关系是否有法律依据。最高人民法院曾在 1988 年作出的《关于继父母与继子女形成的权利义务关系能否解除的批复》中规定："继父母与继子女已形成的权利义务关系不能自然终止，一方起诉要求解除这种权利义务关系的，人民法院应视具体情况作出是否准许解除的调解或判决。"但此批复已被《最高人民法院关于废止 1980 年 1 月 1 日至 1997 年 6 月 30 日发布的部分司法解释和司法解释性质文件（第九批）的决定》（法释〔2013〕2 号）废止。孙某主张适用此批复的意见，法院不予支持。现行法律中对于拟制血亲关系的解除，只针对养父母与养子女之间的收养关系的解除作了明确规定，对形成抚养关系的继父母与继子女关系的解除未有明文规定。对此法院认为，《中华人民共和国民法典》第一千零七十二条第二款规定："继父或者继母和受其抚养教育的继子女间的权利义务关系，适用本法关于父母子女关系的规定。"据此可知，孙某与孙某一形成抚养关系的继父子关系，并不因孙某一生母王某死亡而自然解除。但不能以民法典未规定父母子女关系的诉讼解除而当然认为具有抚养关系的继父子关系亦不能诉讼解除。主要理由如下：一是民法典第一千零七十二条第二款属于引致性条款，是为避免重复规定形成抚养关系的继父母子女权利义务关系，不宜采用反对解释认为现行法律对解除继父子关系未作明确规定，即为法律上不准许。二是民法典第一千一百一十一条第一款，关于养父母与养子女间的权利义务关系，亦规定了适用民法典关于父母子女关系的规定，但养父母与成年养子女可以协议解除或诉讼解除收养关系，按照体系解释，民法典关于继父母子女关系“适用本法关于父母子女关系的规定”应作同样理解，即该规定并未否定可以通过诉讼解除继父母子女关系。三是《最高人民法院关于适用〈中华人民共和国民法典〉婚姻家庭编的解释（一）》第五十四条对于再婚父母离婚后，继父母解除与继子女之间权利义务关系作了规定，由此也可以看出，再婚父母离婚后形成抚养关系的继父母子女关系可以解除。在再婚父母一方死亡后，形成抚养关系的继父母与成年继子女之间的关系也应可以解除。由于民法典对于解除继父母与成年继子女关系的条件未作明文规定，可参照适用养父母与成年养子女解除收养关系的规定。三、孙某的诉讼请求能否得到支持。虽然孙某可以主张解除其与孙某一之间的继父子关系，但其诉讼请求能否得到支持应结合本案事实和证据判断。本案中，孙某一与孙某二之间存在矛盾，并非解除孙某与孙某一继父子关系的法定理由。结合孙某的举证情况、双方此前的关系、是否存在实质性突出矛盾、孙某一对于赡养孙某的态度等，以及孙某年龄和健康情况等因素，双方关系尚未达到恶化以致解除继父子关系的程度，且判决解除继父子关系也不利于孙某的权利保障，一审判决驳回孙某的诉讼请求并无不当。判决如下：

驳回上诉，维持原判。

【法官后语】

意思自治是民法的核心价值。身份关系因以人伦秩序为基础而具有浓厚的伦理色彩，其在多大程度上贯彻意思自治原则，成为《中华人民共和国民法典》时代理论与司法实务中的突出争议问题。作为离婚率势高时代的次生产物，继父母子女关系的法律规制问题不仅关系家庭和谐，更有关社会稳定。区别于生父母子女间因血缘而成立的亲子关系，继父母子女间因再婚缔结的权利义务凸显不确定性，在生父母一方死亡或继父母子女关系恶化时，已形成抚养教育关系的继父母子女关系，特别是继父母与成年继子女关系能否终止及如何终止（如何贯彻意思自治）尚无明确规定。简单以继父母与成年继子女关系解除未有法律明确规定为由驳回原告诉求，欠缺说服力。本案一、二审结果虽相同，但论证进路迥异，本案分析着力明晰影响双方身份关系变更的因素，力图将“双方关系恶化、无法共同生活”这一概念具体化，并提出切实可行的具体裁判规则，进而对类案裁判提供切实可行的借鉴及参考。

一、实践检视：形成抚养教育关系的继父母子女关系解除之困境

笔者以“继父母子女关系”及“解除”为关键词在中国裁判文书网检索近五年相关裁判，[①] 筛选出261份有效样本。分析发现，相关争议见于解除继父母子女关系纠纷、解除收养关系纠纷、继承纠纷、赡养费纠纷、共有纠纷、婚姻家庭纠纷等多类案由，超过96%的纠纷经法院认定形成抚养教育关系，发生于继父母与成年继子女间，且由继父或继母一方以成年继子女不尽赡养义务为由提出。

（一）继父母子女关系能否解除

法律适用上，无论对形成抚养教育关系的继父母子女关系解除是否予以支持，样本所见裁判援引法律较多，包括《中华人民共和国民法典》（以下简称《民法典》）、《中华人民共和国婚姻法》（以下简称《婚姻法》）、《中华人民共和国收养法》（以下简称《收养法》）和最高法院意见、最高法院批复等均有涉及。

表　对形成抚养教育关系的继父母子女关系裁判是否解除的法律依据[②]

法律援引	数量（件）	占比（%）
《民法典》第一千零七十二条	19	7.2
《民法典》第一千一百一十五条	19	7.2

① 中国裁判文书网：https：//wenshu.court.gov.cn/，最后访问日期：2022年7月15日。

② 因一份判决可能同时援引多条裁判依据，故样本所见援引不同裁判依据总和大于样本总数。

续表

法律援引	数量（件）	占比（%）
《最高人民法院关于适用〈中华人民共和国民法典〉婚姻家庭编的解释（一）》第五十四条	40	15.3
《婚姻法》第二十一条第二款	39	14.9
《婚姻法》第二十七条	79	30.3
1988 年《最高人民法院关于继父母与继子女形成的权利义务关系能否解除的批复》	105	40.2
1993 年《最高人民法院关于人民法院审理离婚案件处理子女抚养问题的若干具体意见》	52	19.9
《收养法》第十五条	13	5
最高人民法院〔1986〕民他字第 9 号	6	2.3
未体现法律依据	54	20.6

（二）继父母子女关系如何解除不清

认定形成抚养教育关系的继父母子女关系可以解除的原因包括当然解除、约定解除及诉讼解除。如有判决认为继父母子女关系随婚姻关系的终止而自然解除，[①] 有判决认为“作为继父母的一方对受其抚养教育的继子女，明确表示不继续抚养的，应视为继父母与继子女关系自此解除”，[②] 即继父母与继子女明确约定或单方表明不再负担扶养义务的，已经形成的扶养关系视同消灭。另有判决秉持 1988 年批复精神，认为继父母子女关系应且仅由人民法院作出是否解除的调解或判决。[③]

在法院个案裁量是否应予解除时，部分法院重点考虑老年人赡养问题而认为不宜解除继父母子女关系，部分法院顾及双方当事人主观意愿（如继父母与继子女均同意解除）进而判定解除，部分法院则结合双方举证关系恶化及子女

① 参见上海市徐汇区人民法院（2021）沪 0104 民初 15883 号民事判决“应认定顾某 2 与陈某 1 之间形成抚养关系的继父子关系已随着顾某 2 与陈某 2 婚姻关系的解除而解除，他们之间继父母子女的权利义务亦不复存在”。

② 参见《邹某蕾诉高某某、孙某、陈某法定继承纠纷案》，载《最高人民法院公报》2020 年第 6 期。

③ 参见山东省烟台市中级人民法院（2021）鲁 06 民终 5635 号民事判决书。

赡养情况等因素综合考量。

由是观之，形成抚养教育关系的继父母子女关系能否解除缺乏明确依据，如何解除尚无统一标准，当事人无法对自身行为后果作出预判，法官自由裁量欠缺基础标准予以衡量，由此探究和制定明确判断标准迫切且必要。

二、立法论考量："法律拟制+意思自治"的规则设计

（一）继父母子女因抚养教育事实形成拟制血亲

通说认为，继父母子女间因抚养教育事实而形成法律拟制血亲，适用有关父母子女关系的规定。[①] 有抚养教育关系的继父母子女间"适用本法关于父母子女关系的规定"，即系立法者创设法律拟制血亲关系。

纵观我国继父母子女关系立法沿革，最高人民法院1986年《关于继母与生父离婚后仍有权要求已与其形成扶养关系的继子女履行赡养义务的批复》规定，"继父与生母或继母与生父离婚后，有负担能力的继子女对曾经长期抚养他们、需要赡养的继父母有赡养义务，不因继父与生母或继母与生父离婚而消灭"；最高人民法院1988年《关于继父母与继子女形成的权利义务关系能否解除的批复》规定，"继父母与继子女已形成的权利义务关系不能自然终止，一方要求解除这种权利义务的，人民法院应视具体情况作出是否准许解除的调解或判决"；最高人民法院1993年《关于人民法院审理离婚案件处理子女抚养问题的若干具体意见》第十三条规定，继父与生母或继母与生父离婚时，对其曾经抚养教育的继子女，继父或继母不愿继续抚养的则终止已形成抚养教育关系的继父母子女间的权利义务。以上可以发现，允许司法解除形成抚养教育关系的继父母子女关系，但不因婚姻终止而自然解除。

---

① 参见黄薇主编：《中华人民共和国民法典释义》（下册），法律出版社2020年版，第2026页；类似观点参见最高人民法院民法典贯彻实施工作领导小组主编：《中华人民共和国民法典婚姻家庭编继承编理解与适用》，人民法院出版社2020年版，第205页；杨大文：《亲属法》，法律出版社2004年版，第230~231页；巫昌祯主编：《婚姻家庭法新论》，中国政法大学出版社2002年版，第244页；陶毅主编：《新编婚姻家庭法》，高等教育出版社2002年版，第183页；王洪：《婚姻家庭法》，法律出版社2003年版，第240页。

（二）继父母子女关系应遵循保护弱势群体原则

比较法上，继父母子女关系更突出保护未成年子女及老年人权益原则。如德国法律规定留下命令，对再婚关系终止后的继子女给予特殊保护。继子女长期同继父母和生父母生活在同一再婚家庭，当双方婚姻关系终止，生父母一方要将继子女从再婚家庭中带离，而法院经过衡量认为继续留在继父母身边生活更为符合继子女的利益，可以发布强制继子女留下的命令，即已经形成的继父母子女关系不因再婚关系情况而受到影响。[①] 加拿大判例认为，相关当事人的相互身份不能被摧毁或由处于实际父母地位的人单方面加以改变，即使继父母与生父母的再婚关系或同居关系已处于非正常状态，包括分居甚至再次离婚。结合域外立法考察，继父母子女法律关系不因婚姻关系的终止而自然解除，应遵循保护家庭弱势群体原则，为未成年继子女营造良好成长环境，同时注意成年继子女对老年继父母的赡养义务。

（三）继父母子女关系应尊重当事人意思自治

“法律制度的核心任务，是创造并保证每个人的自由和自主决定权。”[②] 因双方之间成立的拟制血亲关系，以及由此产生父母子女的权利义务关系，是源于继父母自愿对继子女履行了抚养教育义务而产生的，并非继父母对继子女的法定义务，[③] 且继父母子女关系形成的同时，并不消除子女与生父母之间的身份关系和权利义务关系，实践中经常出现未与子女共同生活的生父母与继父母对子女抚养义务的推诿，也存在形成抚养教育关系的继子女对继父母、生父母双重赡养义务的情况。如不允许继父母子女关系解除，再次离异或多次再婚则意味着先前形成的抚养关系将永远持续，继父母无形中为日后生活设定多项义务，继子女亦会因生父（母）的多次婚姻而平添数位日后赡养对象，此并非制

① ［德］妮娜·德特洛夫：《21世纪的亲子关系法——法律比较与未来展望》，樊丽君译，载《比较法研究》2011年第6期。

② 孙宪忠：《合同法中的自由和强制——合同的订立研究》，载梁慧星主编：《民商法论丛》（第九卷），法律出版社1998年版，第351页。

③ 最高人民法院民事审判第一庭编著：《最高人民法院民法典婚姻家庭编司法解释（一）理解与适用》，人民法院出版社2021年版，第476页。

度设立初衷。因此，应当允许继父母或继子女在一定条件下，以放弃将来的权利来提前释放自己的义务。

三、解释论厘清：形成抚养教育关系的继父母子女关系符合特定条件可以解除

法官不能以法律没有规定为由拒绝裁判①。在这种情况下，法官应当基于解释方法，以结论的妥适性为指引，寻求符合法律体系逻辑的正当结论。

从文义解释看，《民法典》第一千零七十二条第二款属于为避免重复规定而设的引致性条款，不宜采用反对解释认为现行法律对解除继父子关系未作明确规定，即为法律上不准许。此外，1988年最高人民法院批复虽已废止，但废止理由为“已被继承法代替”。从废止理由来看，该条文所规定的内容并未因废止而禁止，而是将其吸收到《继承法》之中，如《继承法》规定本法所说的子女包括有扶养关系的继子女，父母包括有扶养关系的继父母。

从体系解释看，《民法典》第一千一百一十一条第一款关于养父母与养子女间的权利义务关系，亦规定了适用民法典关于父母子女关系的规定，但《民法典》第一千一百一十五条同时规定，养父母与成年养子女可以协议解除或诉讼解除收养关系，因而前述《民法典》第一千零七十二条关于继父母子女关系“适用本法关于父母子女关系的规定”应作同样理解，即该规定并未否定可以通过诉讼解除继父母子女关系。

从目的解释看，赋予当事人解除形成抚养教育关系的继父母子女关系的权利符合立法目的。《最高人民法院关于适用〈中华人民共和国民法典〉婚姻家庭编的解释（一）》第五十四条规定，生父与继母离婚或者生母与继父离婚时，对曾受其抚养教育的继子女，继父或者继母不同意继续抚养的，仍应由生父或者生母抚养。本条是关于再婚父母离婚后，继父母解除与继子女之间权利义务关系的规定。② 因此，再婚父母离婚后，形成抚养关系的继父母子女关系

① 梁慧星：《裁判的方法》，法律出版社2017年版，第237页。

② 最高人民法院民事审判第一庭编著：《最高人民法院民法典婚姻家庭编司法解释（一）理解与适用》，人民法院出版社2021年版，第473页。

可以解除。从该条规定可以看出，司法解释对于继父母子女关系的可解除性是持肯定态度的。[①]

四、方法论续造：形成抚养教育关系的继父母子女关系解除路径

（一）解除规范可类推适用养父母子女关系规定

根据“类似案件同样处理”的基本法理，可考虑类推适用最相类似的法律规定。因收养与父母再婚形成的父母子女关系均属于拟制血亲关系，二者在性质上高度相似。《民法典》第一千一百一十五条就养父母与成年养子女之间收养关系的解除进行了规定，形成抚养教育关系的成年继子女与继父母关系与前述收养关系相似，在符合一定条件的情况下应允许解除。

一方面，虽然《民法典》规定继父或者继母和受其抚养教育的继子女间的权利义务关系，适用该法关于父母子女关系的规定，但本质上此种拟制血亲关系与基于血缘关系形成的父母子女关系不同，后者因血缘关系的客观性无法被解除或否认，但前者不受此限。《民法典》第一千一百一十五条将养父母与成年养子女关系解除的条件限定为关系恶化、无法共同生活的情况，如予以类推适用，允许继父母子女关系在此种情况下解除，符合社会公众的认知和预期，否则强令并无血缘关系且已不和睦的继父母子女共同生活，于双方均无益处。

另一方面，类推适用养父母与成年养子女之间收养关系的解除规范，不会造成当事人权利义务关系的失衡。《民法典》第一千一百一十八条第一款规定，收养关系解除后，经养父母抚养的成年养子女，对缺乏劳动能力又缺乏生活来源的养父母，应当给付生活费。因养子女成年后虐待、遗弃养父母而解除收养关系的，养父母可以要求养子女补偿收养期间支出的抚养费。此条规定作为解除拟制血亲关系的法律后果，也可类推适用于形成抚养教育关系的继父母子女关系的解除。因此，即便继父母子女关系解除，已经尽到了抚养教育义务的继

---

① 司法实务中，虽然有不同认识，但主流观点持肯定意见。参见最高人民法院民事审判第一庭编著：《最高人民法院民法典婚姻家庭编司法解释（一）理解与适用》，人民法院出版社2021年版，第476页；最高人民法院民法典贯彻实施工作领导小组主编：《中华人民共和国民法典婚姻家庭编继承编理解与适用》，人民法院出版社2020年版，第218~219页。

父母的权益仍可获得保护。

(二) 解除方式可采取诉讼解除与协议解除

在认可继父母子女关系可予解除的前提下，由人民法院判定形成抚养教育的继父母子女关系是否解除系立法允许且为实践认可。除此之外，继父母或继子女能否以协议解除双方法律关系仍有待进一步讨论，笔者认为，应当允许协议解除继父母子女关系。

当事人意思自治强调作为平等民事主体的人能够根据自己的意愿选择，并通过实施一定的法律行为形成私法关系。在这一原则下，继父母子女法律关系的形成与终止均应充分尊重相关民事主体出于自由意志所作出的自愿选择。最高人民法院公报案例亦采取此观点，“继父母与继子女是基于姻亲而发生的一种事实上的抚养关系，这种关系是法律拟制的，离婚后，在继父母不愿意继续抚养的情况下，应视为继父母子女关系的解除，他们之间父母子女的权利义务不复存在。虽存在过抚养事实，但因孙某某与陈某生母陈某某离婚后不再抚养陈某，以及陈某成年后未履行赡养义务，本案继承发生时，陈某与被继承人孙某某之间继父子关系已解除，双方的权利义务不复存在”,① 法院以离婚协议约定继父不再抚养继子视为双方法律关系解除，即认可继父母子女关系可以协议方式解除。

(三) 解除标准可综合主观与客观因素

如前所述，宜类推适用《民法典》第一千一百一十五条认定形成抚养教育关系的继父母子女关系解除条件，即双方关系恶化、无法共同生活，由于此标准过于笼统概括，此时可在前述保护家庭弱势群体原则下综合考量主观意愿与客观因素，对判断标准予以具体化。

具体而言，主观意愿即继父母有不同意继续抚养教育或不愿意继续继父母子女关系的意思，继子女有不意图接受继父母抚养教育或不同意继续继父母子女关系的意愿。客观因素可结合认定形成抚养教育的继父母子女关系反向推之，

① 参见《邹某蕾诉高某某、孙某、陈某法定继承纠纷案》，载《最高人民法院公报》2020年第6期。

四项因素应同时满足：

1. 双方相互依赖程度较低。(1) 生父母均死亡，继子女尚未成年的已形成抚养关系的继父母子女关系，一般不予解除。(2) 生父（母）死亡或继父母离异，未与子女共同生活的生父（母）将未成年子女领回抚养，继父母子女关系可考虑解除。(3) 受继父或继母抚养教育的继子女已成年，继父母缺乏劳动能力且无其他子女，一般不予解除。

2. 难以恢复共同生活状态。继父母子女未共同生活达到一定期限，各自生活独立，缺少联系，难以恢复同住、同吃等共同生活状态。

3. 长期未予生活照顾与经济支持。继父母子女未彼此照料，承担部分或全部生活费用、教育费用达到一定期限（亦可参考五年的标准），如成年继子女长期离家，未对继父母进行生活上的照料、精神上的慰藉与经济上的支持。

4. 关系确实恶化且无和好可能。主张继父母子女关系解除应有具体、确定的理由且有充分证据予以佐证。由于涉及身份关系，对于解除条件满足与否的认定，不能仅依靠当事人自行举证，必要时法院应当依据《中华人民共和国民事诉讼法》第六十七条第二款依职权调查收集相关证据。只有在双方存在实质性矛盾导致关系恶化、无法共同生活，且经调解确无和好可能时，才可判决解除继父母子女关系。

本案中，虽然孙某可以主张解除其与孙某一之间的继父子关系，但结合孙某的举证情况及当事人情况，双方并无实质性矛盾，双方关系尚未达到恶化以致解除继父子关系的程度，综合本案案情，法院未支持孙某关于解除继父子关系的诉请。

编写人：北京市第一中级人民法院　高春乾　方硕

36

两周岁以下子女由母亲直接抚养的原则不应轻易突破

——王某诉黄某一离婚案

【案件基本信息】

1. 裁判书字号

北京市第三中级人民法院(2021)京03民终12946号民事判决书

2. 案由:离婚纠纷

3. 当事人

原告(上诉人):王某

被告(被上诉人):黄某一

【基本案情】

王某、黄某一于2017年相识,后于2018年12月8日登记结婚,2019年11月26日育有一女黄某二。王某系初婚,黄某一系再婚。被告婚前购买了411号房屋,于2014年2月20日登记至个人名下,婚后双方共同偿还房屋贷款。后双方因离婚纠纷诉至法院。

庭审中,双方均主张对黄某二的抚养权。王某主张黄某一存在家庭暴力行为,以及婚内与他人同居的行为。另查,本案审理过程中,黄某一向审理法院申请人身保护令,称王某于2021年5月9日将其父母打伤,黄某一至永顺派出所报警并申请验伤,尚无验伤报告。审理法院裁定驳回了黄某一的申请。

另查明,2020年,案外人罗某以同居关系纠纷为由,将黄某一诉至法院,北京市朝阳区人民法院经审理,于2020年7月29日作出(2020)京0105民初6889号民事判决书,其中关于孩子抚养权及抚养费的诉请,判决被告与罗某之女黄某由罗某抚养，被告每月支付抚养费2500元至黄某年满十八周岁止。该案判决书事实认定部分记载“原、被告于2015年相识，于2017年2月10日育有一女黄某……被告……于2020年7月10日的庭前会议中陈述其自黄某出生至2018年冬天，一直与原告、黄某共同居住”。

【案件焦点】

离婚后不满两周岁的子女由母亲直接抚养的原则是否能够轻易打破。

【法院裁判要旨】

北京市通州区人民法院经审理认为：婚生女黄某二虽不满两周岁，但考虑到黄某二出生后一直由爷爷奶奶帮忙照料，黄某一在京有自有住房、稳定且相对较高的工资收入，法院认为黄某二由黄某一抚养为宜。判决如下：

婚生女黄某二由黄某一抚养，王某自2021年6月起，于每月20日前支付婚生女黄某二抚养费2500元，至黄某二年满十八周岁止。

判决后，王某提起上诉。北京市第三中级人民法院经审理认为：王某和黄某一均主张对方存在家庭暴力的情形，但综合本案中双方对冲突过程的陈述、公安机关数次处理双方纠纷的案卷材料、双方伤情情况等在案证据及本案实际情况，法院认为尚不足以认定双方中任一方构成家庭暴力。在此情形下，黄某一虽主张王某不适宜抚养黄某二，但其并未提出充足的依据亦未提供充分有效的证据，以证明王某存在《中华人民共和国民法典》第一千零八十四条及《最高人民法院关于适用〈中华人民共和国民法典〉婚姻家庭编的解释（一）》第四十四条规定的黄某二作为未满两周岁子女，确不宜随母亲王某生活的法定情形。因此，本案中对子女抚养问题的处理还应当遵循法律明确规定的不满两周岁的子女应由母亲直接抚养之原则。据此，本案改判双方婚生女黄某二由王某抚养。对于子女抚养费，王某明确表示无须黄某一给付黄某二的抚养费，法院对此不持异议，明确黄某二由王某自行抚养。

北京市第三中级人民法院依照《中华人民共和国民法典》第一千零八十四条，《最高人民法院关于适用〈中华人民共和国民法典〉婚姻家庭编的解释

（一）》第四十四条，《中华人民共和国民事诉讼法》第一百七十条第一款第二项之规定，判决如下：

一、维持北京市通州区人民法院（2021）京 0112 民初 11518 号民事判决第一项、第三项、第四项；

二、撤销北京市通州区人民法院（2021）京 0112 民初 11518 号民事判决第二项、第五项；

三、婚生女黄某二由王某自行抚养；

四、驳回王某和黄某一的其他诉讼请求。

【法官后语】

《中华人民共和国民法典》第一千零八十四条第三款规定，离婚后，不满两周岁的子女，以由母亲直接抚养为原则。已满两周岁的子女，父母双方对抚养问题协议不成的，由人民法院根据双方的具体情况，按照最有利于未成年子女的原则判决。子女已满八周岁的，应当尊重其真实意愿。《最高人民法院关于适用〈中华人民共和国民法典〉婚姻家庭编的解释（一）》第四十四条规定，离婚案件涉及未成年子女抚养的，对不满两周岁的子女，按照民法典第一千零八十四条第三款规定的原则处理。母亲有下列情形之一，父亲请求直接抚养的，人民法院应予支持：（一）患有久治不愈的传染性疾病或者其他严重疾病，子女不宜与其共同生活；（二）有抚养条件不尽抚养义务，而父亲要求子女随其生活；（三）因其他原因，子女确不宜随母亲生活。《中华人民共和国民法典》及司法解释的上述规定，均强调不满两周岁的子女，以由母亲直接抚养为原则，以不由母亲直接抚养为例外。这是从有利于保护未成年人权益、保障未成年子女身心健康的角度出发，结合该阶段子女生理特点、成长需求所作的具体规定，是"儿童最大利益原则"的具体体现。

"儿童最大利益原则"，最早由 1959 年《儿童权利宣言》确认为保护儿童权利的一项国际性指导原则，此后在相关国际公约中又多次得到重申，1989 年《儿童权利公约》发展并重新建构了《世界人权宣言》中的相关原则，特别是其中的保护儿童最大利益原则得到了国际社会的普遍认同。该公约第三条第一款最为典型地反映了儿童最大利益原则，其核心是要尊重儿童作为权利的个体以及儿童利益必须高于成人之上。虽然儿童最大利益原则在标准、具体适用中都存在模糊以及很大的不确定性，甚至和其他权利相比还会导致一定的权利冲突以及文化观念冲突，但不可否认的是，儿童最大利益原则在国际上以及国内获得越来越多的认同。自我国加入《儿童权利公约》后，儿童最大利益原则已逐步形成本土化的发展趋势，尤其体现在我国婚姻家庭法律的立法和司法实践中。

子女抚养问题一般都是离婚协议中非常重要的一个方面，子女跟谁一起生活甚至成为双方协议离婚能否达成的一个前提条件，也涉及双方财产如何分割以及债务如何承担等问题。父母离婚虽然不会影响父母与子女之间的关系，但对于儿童成长、生活的影响是巨大的。由于父母解除婚姻关系不可避免要影响到对子女的抚养，子女由双方抚养会变成由其中一方抚养或者双方轮流抚养，如果法律不加以安排，未成年子女的权益尤其是儿童的权益将难以得到保障。

一、不满两周岁的子女以由母亲直接抚养为原则

不满两周岁的子女，以由母亲直接抚养为原则，是从有利于保护未成年人权益、保障子女合法权益的原则出发，有利于子女身心健康，结合父母双方的抚养能力和抚养条件，结合审判实践等具体情况，以离婚后的子女直接抚养问题作出的具体规定。有利于子女身心健康、保障子女的合法权益、儿童利益最大化的原则，是贯穿于民法典的基本原则，也是处理离婚后子女直接抚养归属问题的出发点，在此前提下，再结合父母双方的抚养能力和抚养条件等具体情况妥善解决。

不满两周岁的子女，从子女出生之日至其两周岁生日的前一天，在父母离婚时一般应当由母亲直接抚养，其原因在于两周岁以下的子女多数还在哺乳期，这个阶段的孩子由母亲直接以母乳抚养更为有利，也更能给予孩子体贴和照顾。母乳喂养能够对婴儿提供足够的营养、免疫力，促进婴儿身体发育以及促进母亲产后恢复以及增进亲子感情都有很大的好处，故而对于两周岁以下以母乳抚养的子女，原则上在父母离婚时都应当由母亲抚养。这与之前司法解释对于哺

乳期内的子女一般随母亲生活的原则也是一致的。

之所以确定以两周岁为界限，也是有一定考量的。从母亲哺乳的生理特点来看，据有关调查，国内大部分宝宝的母乳喂养时间是半岁至一岁，城市的母乳喂养时间一般都是8到12个月，农村喂养时间在一岁半左右。在我国关于女职工保护的法律实践中，一般认定法定哺乳期为1年，经医疗部门证明，可将哺乳期酌情延长。根据上述因素考虑，虽然哺乳期是一个比较弹性的概念，但实践中一般认为哺乳期为1年左右。在国际上，世界卫生组织宣称母乳喂养可以降低儿童的死亡率，其对健康的益处可以影响到成人期，推荐应坚持母乳喂养到两岁或更长的时间。我国在立法及司法实践中将两周岁确定为母亲直接抚养的优先考虑期间，与母亲、孩子的生理、心理特点、成长规律以及国际上的推荐意见相吻合，最大限度上有利于保护母亲和儿童的合法权益，是比较妥当和受到认可的。

二、不满两周岁的子女由母亲直接抚养的例外

实践中，两周岁以下子女由母亲直接抚养的原则并非一成不变。从儿童最大利益原则出发，如果两周岁以下子女由母亲直接抚养并不利于未成年子女的最大利益，应当支持父亲直接抚养子女的请求。《最高人民法院关于适用〈中华人民共和国民法典〉婚姻家庭编的解释（一）》继承了之前司法解释的规定，规定了三种可以由父亲直接抚养两周岁以下子女的情形：

一是母亲患有久治不愈的传染性疾病或者其他严重疾病，子女不宜与其共同生活。这里久治不愈的传染性疾病或其他严重疾病判断标准为影响到子女的健康成长。在现实生活中主要表现为两类：一是对子女可能造成侵害的疾病，如传染性疾病、精神疾病；二是行动不便，无法照料子女起居，如瘫痪。如母亲仅患有一般性疾病，经治疗短期内可以痊愈，则不在此限。如父母双方均患有久治不愈的传染性疾病或其他严重疾病的，则应选择相对较轻、更有利于子女健康成长的一方直接抚养。一般认为比较严重的传染性疾病包括鼠疫、霍乱、肺结核、麻风病、艾滋病等，但司法实践中如何判断是否属于久治不愈的传染性疾病和其他严重疾病，子女是否不宜与其共同生活，还要经过正规医疗机构

的诊断和证明，同时要通过人民法院综合诊断结论、实际生活状况等与子女生活相关的因素综合加以认定。在适用本条规定确定子女由父亲直接抚养时，一方面要注意到母亲是否患有传染性疾病或者其他严重疾病，另一方面也要注意到此种疾病是否久治不愈，是否影响子女与其共同生活，并且要把是否影响子女与其共同生活作为一项实质性判断标准。

二是母亲有抚养条件不尽抚养义务，而父亲要求子女随其共同生活。母亲不尽抚养义务主要是指母亲具备相应的物质条件和照料能力，但没有从物质上、生活上对子女进行养育和照顾，如不负担子女的生活费、教育费和医疗费等。

三是因其他原因，子女确不宜随母亲生活。本项规定比较原则和笼统，是为了对复杂的人性和实践情形予以兜底。在界定何为不宜随母亲生活的具体范围时，只要母亲存在对子女不利情形，足以使法官内心确信母亲的过去、现在或者未来的行为有可能影响到子女的健康成长甚至侵害未成年人，那么即可适用本条规定。对此，可以参考2014年最高人民法院、最高人民检察院、公安部、民政部联合发布的《关于依法处理监护人侵害未成年人权益行为若干问题的意见》第一条列举的监护侵害行为作为认定本条规定的子女不适宜与母亲共同生活的相关情形：本意见所称监护侵害行为，是指父母或者其他监护人性侵害、出卖、遗弃、虐待、暴力伤害未成年人，教唆、利用未成年人实施违法犯罪行为，胁迫、诱骗、利用未成年人乞讨，以及不履行监护职责严重危害未成年人身心健康等行为。除此之外，母亲有吸毒、赌博等恶习，严重违法犯罪记录等情形的，也可以作为考量子女是否适宜与母亲共同生活的因素。

本案中，王某和黄某一均主张对方存在家庭暴力的情形，但在案证据及客观情况难以认定双方中任一方构成家庭暴力。黄某一虽主张王某不适宜抚养黄某二，但其并未提供充分有效的证据证明王某存在上述法律及司法解释规定不宜直接抚养黄某二的法定情形。在此情形下，对子女抚养问题的处理还应当遵循法律明确规定的不满两周岁的子女应由母亲直接抚养之原则，而不应对其进行轻易突破。据此，本案二审改判婚生女黄某二由王某抚养。

编写人：北京市第三中级人民法院　周艳雯　仵霞

（十一）赡养纠纷

37

数赡养人之间行使赡养费追偿权的审查与认定

——李某旺、李某平诉李某清赡养费案

【案件基本信息】

1. 裁判书字号

湖南省永州市中级人民法院（2021）湘11民终2487号民事判决书

2. 案由：赡养费纠纷

3. 当事人

原告（上诉人）：李某旺、李某平

被告（被上诉人）：李某清

【基本案情】

李某旺、李某平、李某清与李某金、李小某、李某双系兄弟姐妹。六人的父亲李某才于2017年农历12月去世，母亲毛某于2019年农历5月去世。李某旺、李某平承担了父母的医药费和丧葬费等费用。李某旺、李某平主张，李某清、李某金、李小某、李某双作为李某才、毛某的子女，没有尽到应尽的赡养义务，遂诉至法院。二原告在二审过程中放弃了对李某金、李小某、李某双三个妹妹的追偿，仅要求被告李某清给付二原告多支出的赡养费用及因照顾父母而产生的护理、陪护费用。

【案件焦点】

父母过世后，数赡养人之间行使赡养费追偿权的诉请是否应得到支持。

【法院裁判要旨】

湖南省宁远县人民法院经审理认为，赡养本身是一个较为抽象和内容较多的概念，不仅包括赡养费的给付问题，还包括了平时的照顾等诸多的行为，因此父母有多个子女的情况下，各子女应承担赡养义务的多少无法从法律层面具体量化，不能简单地认为一名子女在替另一名子女尽赡养义务。主张赡养费的权利是基于身份权所产生的，身份权具有专属性和不可让与性，请求此权利的主体是特定的，作为赡养人，并不具有请求该项权利的主体资格。据此，依照《中华人民共和国民法典》第二十六条第二款、第一千零六十七条第二款及《中华人民共和国民事诉讼法》第六十四条的规定，判决如下：

驳回原告李某旺、李某平的诉讼请求。

二原告不服一审判决，提起上诉。湖南省永州市中级人民法院经审理认为，赡养本身是一个抽象且内容丰富的行为，不仅包括赡养费的给付，还包括对父母情感的回应、生活的照顾等诸多的内容。每个子女的赡养能力、条件都存在差异，子女赡养父母应做到各尽其能。父母与子女之间存在血溶于水的亲缘关系和亲情连接，每一个成年子女对年迈父母都应承担照顾、体恤、扶养的责任，这种责任是父母与子女间单独、直接的情感联系，区别于债权债务关系，不能简单地在成年子女之间作出份额或比例的划分。国家在法律层面并未规定在父母有多个子女的情况下各子女如何具体承担赡养义务。每个子女对父母的赡养都是发于内心的、独立的行为，都是在履行自己应尽的义务，不能简单地认为一名子女是在替另一名子女尽赡养义务，成年子女间也不应出现相互推诿、严格计较对父母尽孝的付出比例。据此，依照《中华人民共和国民事诉讼法》第一百七十条第一款第一项规定，判决如下：

驳回上诉，维持原判。

【法官后语】

父母去世后，承担赡养费较多的赡养人向其他赡养人行使追偿权的诉请能否被支持，司法实务存在不同观点。其中，支持赡养人之间进行追偿的案例，主要有三种裁判思路：一是从证据角度认定多支付的赡养费用属于部分赡养人的垫付款项。[①] 二是直接将案件的法律关系界定为对“垫付”的“追偿”，否认相关款项的产生系基于赡养法律关系产生的。[②] 三是赡养人之间存在赡养协议，直接依照协议内容对赡养费的分担进行处理，并将案由定为不当得利纠纷。[③] 不支持赡养人之间相互追偿赡养费的判决理由多认为，赡养费追偿的权利具有人身专属性，应由被赡养人专门行使，[④] 赡养人不是赡养费给付请求权行使的适格主体，其对赡养费的追偿当然不应被支持。

具体到本案中，法院对李某平等二原告向被告李某清追索赡养费的诉请不予支持，主要理由：一是原告不是权利行使的适格主体。原、被告的父母在世期间并未就住院医药开销及生活花费向被告索要过赡养费，亦未在离世前委托二原告以赡养费之名向被告追偿。原告在缺乏被赡养人意思表示及授权委托的情况下向被告追偿赡养费，系主体不适格。二是原告不具有赡养费追偿的请求权基础。由《中华人民共和国民法典》第一千零六十七条第二款规定可知，父母生活状况及劳动能力是赡养费请求权发生的基础。本案中，原告无法证实父母存在缺乏劳动能力或生活困难的情况，属于赡养费追偿请求权行使的基础缺失。三是原告对其主张的过度承担赡养义务系举证不能。鉴于原告父母在经济上基本能够“自足”，原告亦无法证明其在能力范围之外过度承担了赡养义务，法院仍可认定原告赡养行为（含赡养费用的负担）仍在一般家庭关系可接受范围之内。四是基于善良风俗的需要。原告因兄弟矛盾而隐瞒母亲去世的消息，在被告赶回祭奠时多次阻挠，致使被告未能送母亲最后一程，原告的做法严重

① 具体可参考北京市第三中级人民法院（2020）京03民终11328号民事判决书。

② 具体可参考广东省广州市中级人民法院（2017）粤01民终7616号民事判决书。

③ 具体可参考山东省临沂市中级人民法院（2021）鲁13民终7546号民事判决书。

④ 具体可参考海南省海口市龙华区人民法院（2018）琼0106民初14315号民事判决书。

违背人伦道德，为公序良俗所不容，也影响了社会公众对被告的客观评价，对被告构成一般人格权的严重侵害。在这样的情况下，如果支持原告追索赡养费的请求，则会得出有悖于善良情感的判决。因此，本案基于法理、事理、情理等多重因素考虑，对原告追索赡养费的诉请不予支持。

本案值得进一步思考的是，法院能否就数赡养人之间的赡养费用的给付进行一定的比例划分？笔者认为，多个赡养义务人之间对赡养费用的承担应独立审视，司法裁判不能脱离个案实际直接得出赡养费应按照特定比例承担的裁判规则。首先，法律未对数赡养人之间的赡养义务划分作出规定，多名赡养义务人之间不存在连带或者按份责任的区分。父母在对多个未成年子女的抚养过程中，对每一个子女的爱都是完整而独特的，并不会对数个未成年子女按特定比例来养育。同样的，成年子女对父母的赡养区别于普通的债权债务关系，不能够简单地在成年子女之间进行份额或比例的划分。其次，司法解释对赡养费的承担并无突破性规定，合乎法律规定的内在逻辑。尤其是在人身损害赔偿案件中①，侵权人的赔偿数额仍应结合扶养权利人的需要以及各扶养义务人自身劳动能力、经济收入、家庭情况等因素综合认定。当被害人的扶养权利人（被抚养人）存在多个扶养义务人时，法院对被扶养人生活费的计算通常采取生活费总额除以扶养人人数的计算方法，但这只是为了相对公平地认定损害范围和损失数额而采取的技术方法，并非是对扶养义务份额的法律认定，不能推定赡养义务具有按份性质。再次，赡养的内容包括经济供养、生活照料、精神慰藉和人身、财产安全保护等多个方面，② 不能把赡养义务的承担简单等同于赡养费用的承担，更不能在等同之后作出金钱比例或份额上的划分。最后，每一个赡养人都应在自身能力范围内积极履行赡养义务。在父母丧失劳动能力或生活困难时，除非子女之间存在赡养约定，否则一方子女在能力范围内对父母支付的

---

① 《最高人民法院关于审理人身损害赔偿案件适用法律若干问题的解释》第十七条规定“被扶养人还有其他扶养人的，赔偿义务人只赔偿受害人依法应当负担的部分”。

② 详见《中华人民共和国老年人权益保障法》第十四条，及最高人民法院研究室编著：《最高人民法院新民事案件案由规定理解与适用（上）》，人民法院出版社 2021 年版，第 122 ~123 页。

赡养费仅应视为对自身赡养义务的履行，实际承担较多的子女不能被视为代替其他子女支付了相应份额。一方子女如以支付赡养费较多为由向其他子女按均等份额追偿，原则上应不予支持。

编写人：湖南省永州市中级人民法院 龚文启 李茜

（十二）收养关系纠纷

38

解除收养关系需考量的因素

——卢某台诉芦某解除收养关系案

【案件基本信息】

1. 裁判书字号

北京市昌平区人民法院（2021）京0114民初4565号民事判决书

2. 案由：解除收养关系纠纷

3. 当事人

原告：卢某台

被告：芦某

【基本案情】

卢某台与马某珍系夫妻，马某珍户籍登记为芦某之母亲。双方均认可形成收养关系。2020年9月10日，马某珍死亡。

2020年9月30日芦某以遗嘱继承纠纷诉至北京市朝阳区人民法院，要求继承马某珍的遗产位于北京市朝阳区劲松二区某房屋50%的产权及遗物铜狮子，并要求分割马某珍死亡抚恤金的70%，卢某台主张该案件中的遗嘱系伪造并申请了鉴定，现该案正在审理中。

另查明，2020年7月，卢某台与马某珍签订《夫妻房产分配协议》，约定将夫妻共同财产位于北京市石景山区古城南路某号房屋出售，所得售房款扣除相应契税等费用后，各得50%。就马某珍的所得的售房款，其与王某忠（芦某称其与王某忠原系夫妻关系，双方已离婚十年，因有两个孩子，其与王某忠经常来往）签订《卖房款托管协议》，将售房款委托给王某忠管理。在北京市西城区人民法院审理的卢某台、芦某与王某忠委托合同纠纷中，所涉证据《卖房款具体使用范围》内容为："姓名：马某珍，卖房款转入指定账号后，具体使用医院开药、住院医药费、治疗费、护理费，不能报销的自费药，如有结余由被托管人转给我的女儿和孙女。委托人：马某珍，被委托人：王某忠。"卢某台在该案件审理过程中申请对《卖房款具体使用范围》中马某珍的签名进行鉴定，北京信诺司法鉴定所出具的《司法鉴定意见书》显示检材上"马某珍"签名字迹中"马"字迹与"某珍"字迹分别来源于《卖房款托管协议》和《夫妻房产分配协议》，检材上"马某珍"的签名字迹是变造形成的。卢某台称委托合同纠纷案件原为其起诉王某忠，后追加芦某参加诉讼后，芦某提交了《卖房款具体使用范围》，芦某称《卖房款具体使用范围》系王某忠在另案中提交。

卢某台诉至法院请求解除其与芦某的亲子关系，主张收养芦某是马某珍自己决定的，自己当时在外地工作，回京时马某珍已经收养了芦某并办理了户口登记，双方关系一直不好，多年来芦某从未主动看望自己，也不尽赡养义务，2019年自己的腿烫伤是朋友帮忙送到医院，芦某对此不闻不问，马某珍去世后，芦某根本不把自己当作养父看待，把财产看得非常重，伪造证据想取得马某珍委托王某忠保管的80万元，遗嘱继承纠纷是自己第一次被起诉到法院，对感情上的伤害非常大，自己认为芦某就是为了要钱要房，解除收养关系对自己是一种解脱。芦某主张自己对父母尽到了赡养义务，对保姆的日常要求关心较多，马某珍生前医疗费及去世后丧葬事宜均由其负责承担，芦某提交了马某珍的部分医疗费和丧葬费票据，但其认可医疗费及丧葬费的支出均来源于马某珍委托王某忠保管的售房款，聘请保姆的费用也并非其出资。芦某亦认可其从未支付过卢某台赡养费，也未亲自照顾过卢某台的生活、带卢某台看过病，但其主张卢某台没有找其带着去看病，而且没有生过病，逢年过节自己会前去看望卢某台，马某珍看病的路费都是自己和王某忠出的。

马某珍死亡后，卢某台欲出售位于北京市朝阳区劲松二区某号房屋，并在网站上发布了相应的信息。卢某台称 2021 年春节芦某未看望自己，以后想去养老院养老，故欲出售房屋。

【案件焦点】

在一方坚决不同意的情况下是否应解除双方的收养关系，应考虑哪些因素。

【法院裁判要旨】

北京市昌平区人民法院经审理认为：养父母与成年养子女关系恶化、无法共同生活的，又不能协议解除收养关系的，可向人民法院起诉。本案中，双方均认可卢某台与芦某存在事实上的收养关系，现卢某台坚决要求解除收养关系，根据查明的事实，芦某与卢某台长期不在一起共同生活，芦某未支付过卢某台赡养费或亲自照顾过卢某台的生活，也未经常看望，仅在过节时看望过卢某台，芦某答辩称其尽到了赡养义务、承担马某珍的医疗费和丧葬费、聘请保姆等，支出也全部来自马某珍本人的财产，马某珍死亡后双方关系恶化，因马某珍的遗产继承及委托合同纠纷、变造马某珍签名字迹等原因双方产生较大的矛盾，二人以后也无共同生活的可能性，鉴此，卢某台要求解除与芦某收养关系的诉讼请求，具有事实及法律依据，本院予以支持。关于卢某台要求芦某赔偿抚养费 30 万元的诉讼请求，卢某台未提交证据证明芦某对其有虐待、遗弃行为，故卢某台的该项诉讼请求本院不予支持。

北京市昌平区人民法院依据《中华人民共和国收养法》第二十七条、第三十条，《最高人民法院关于适用〈中华人民共和国民法典〉时间效力的若干规定》第一条第二款，《中华人民共和国民事诉讼法》第六十四条第一款之规定作出如下判决：

一、解除卢某台与芦某之间的收养关系；

二、驳回卢某台的其他诉讼请求。

判决后，双方当事人均未上诉，本判决现已生效。

【法官后语】

收养的宗旨是使无人抚养的被收养人得到照顾并能健康成长。当被收养人已经成年，成为完全民事行为能力人，具有生存能力之后，收养的目的已经基本实现。养父母抚养教育养子女至成年，花费的时间、精力和金钱甚多，养子女成年以后应孝顺赡养养父母。但养父母和养子女之间无血缘关系，收养关系属于法律拟制的血亲关系，亲子感情无血缘关系作为基础。如果双方关系确已恶化无法共同生活，如不允许解除双方收养关系，强令并无血缘关系并已经不和睦的双方共同生活，对于双方均无益处。《中华人民共和国收养法》第二十七条规定了养父母与成年养子女关系恶化、无法共同生活的，可以协议解除收养关系，不能达成协议的，可以向人民法院起诉。《中华人民共和国民法典》第一千一百一十五条延续了上述规定，内容基本未作改动。司法实践中，“关系恶化、无法共同生活”是一个比较笼统的表述，如何认定需要考虑以下几个方面的因素：

首先，应考虑收养的事实。收养人因何种原因收养了被收养人。本案中原告并非因本人的意愿收养被收养人，而是其在外地工作期间由其配偶决定收养并办理了户口登记，其回家时手续已经办理完毕，故其缺乏与被收养人建立感情的主动性，与被收养人的感情基础薄弱。

其次，要考虑亲子感情。收养人将被收养人抚养至成年，双方的收养关系已经存续了较长时间，一般来说是具有一定亲情基础的。要充分考虑双方共同生活时间的长短、日常生活中的照料情况、日常生活中的经济支出等因素来确定双方之间的亲子关系是否和谐、亲子感情是否深厚。

再次，要考虑双方矛盾的原因。要重点考察双方的矛盾因何而起，若是因为日常生活中的琐事导致矛盾，一方在冲动之下提起诉讼，法院在审理这种类型的案件时应注重调解，以说服劝导为主，尽可能维系收养关系。若双方积怨已深，存在不可调和的原则性矛盾，如养父母存在不履行抚养义务或者虐待、遗弃等严重伤害养子女行为的，或者养子女在成年后不履行赡养义务，遗弃、虐待养父母的，双方的亲子感情确实无法修复，则应解除双方的收养关系。比如本案中被收养人未对收养人尽到赡养的义务，其所支出的款项均来源于收养人夫妻，并因为继承纠纷双方对簿公堂，在继承纠纷案件中被收养人的前夫还提交了变造的证据，因此双方的感情确已恶化无法修复，无法共同生活。

最后，解除收养关系的案件在审理中应重点保护收养人的利益。一般来说，收养人将被收养人抚养至成年已经付出了大量的时间、精力和金钱，被收养人已经具备了独立的生活能力和自我保护能力，而这时收养人往往已经年老体弱，在双方的关系中处于弱势地位，因此要注重保护收养人的合法权益。根据《中华人民共和国民法典》第一千一百一十八条第一款的规定，对于经养父母抚养的成年养子女，对缺乏劳动能力又缺乏生活来源的养父母，应当给付生活费，因养子女成年后虐待、遗弃养父母而解除收养关系的，养父母可以要求养子女补偿收养期间支出的抚养费。因此，若收养人提出关于生活费或者补偿抚养费的主张，法院应在查明事实的基础上一并处理，保障收养人的合法权利。

编写人：北京市昌平区人民法院　黄莹

（十三）监护权纠纷

39

确定监护人时被监护人意愿优于法定顺位

——陈××与寇某申请撤销监护人资格案

【案件基本信息】

1. 裁判书字号

北京市昌平区人民法院（2021）京0114民特375号民事判决书

2. 案由：申请撤销监护人资格纠纷

3. 当事人

申请人：陈××

被申请人：寇某

【基本案情】

被监护人寇甲与陈甲于1982年10月6日登记结婚，于1983年12月26日生育女儿陈××。寇某系寇甲之妹。

自2003年7月起，寇甲因家庭矛盾搬离家庭住所，在寇某的家中与寇某共同居住生活至今。

经寇某申请，法院于2014年6月11日作出（2014）昌民特字第1346号民事判决，宣告寇甲为限制民事行为能力人。2016年3月11日，北京市昌平区回龙观镇××居民委员会作出《指定监护人决议》，内容为："对于寇某申请担任寇甲法定监护人一事，北京市昌平区回龙观镇××居委会经过讨论决定，同意寇某为寇甲的法定监护人。”2017年7月27日，陈甲向法院请求撤销寇某对寇甲的监护人资格。法院于2017年8月25日作出（2017）京0114民特741号民事判决书，认为寇甲为限制民事行为能力的精神病人，陈甲作为寇甲的配偶，依法为寇甲的法定监护人；在无相应证据证明陈甲存在不履行监护职责或者侵害被监护人合法权益的情形下，北京市昌平区回龙观镇××居民委员会决议指定寇某为寇甲的监护人有所不妥，故撤销了寇某对寇甲的监护人资格。

2017年7月26日，寇某代理寇甲起诉陈甲离婚纠纷，因该案审理过程中，前述（2017）京0114民特741号民事判决书撤销了寇某对寇甲的监护人资格，故在离婚纠纷中，法院指定寇某担任寇甲的委托代理人。法院于2017年11月14日作出（2017）京0114民初13233号民事判决书，认定寇甲的离婚意愿真实，其对离婚的后果均有明确认知，且寇甲与陈甲感情已经破裂，故判决寇甲与陈甲离婚。双方均未上诉，该判决已经发生法律效力。

2018年，寇某向法院申请指定其为寇甲的监护人。经法院询问寇甲本人意愿，寇甲表示愿意和寇某共同生活。故法院于2018年3月23日作出（2018）京0114民特14号民事判决书，判决指定寇某为寇甲的监护人。

2021年3月19日，陈××携两箱牛奶前往寇甲所在社区看望寇甲，并由随行人员拍照取证。当日，寇甲并未接受陈××赠送的牛奶，而是将其丢弃于小区路上。

本案审查过程中，陈××自述，其现与其丈夫、两名子女、公婆二人、父亲陈甲共同居住，租住于一90平方米的两居室；其公公长期卧床，由其婆婆长期照顾；两名子女均在学龄阶段；其与丈夫月收入均为7000元左右。

经询问，寇甲明确表示其愿与寇某共同生活，愿意由寇某担任其监护人，寇某不愿意让其捡拾废品，但是其自己愿意以此为活动锻炼，自己平时只是在小区里独自溜达，出小区均由寇某或其家人陪同。寇甲所在社区居民委员会及居民均反映，寇某与寇甲共同居住生活多年，寇某对寇甲照顾得很好，很少见到陈××及其家人看望寇甲；寇甲捡拾废品是出于其自愿行为；在寇某照顾寇甲期间，没有发生过不睦，也没有其他不良反馈。

【案件焦点】

1. 寇某在担任寇甲监护人期间有无侵害被监护人合法权益的行为；2. 能否由法定顺位在后的寇某担任监护人。

【法院裁判要旨】

监护人实施严重侵害被监护人合法权益的行为，经申请，人民法院应当撤销其监护人资格。对监护有争议的，人民法院应当尊重被监护人的真实意愿，按照最有利于被监护人的原则在依法具有监护资格的人中指定监护人。本案中，寇某系经法院合法程序指定为寇甲的监护人。寇甲自 2003 年 7 月起随寇某生活已经近十年，街坊邻里及当地居民委员会均反映双方相处融洽。

对于寇甲捡拾废品一节，虽为事实，但寇甲当庭表示是其自愿在户外活动时捡拾废品，并未受寇某指使。

对于寇甲的经济状况一节，并非本案审查重点，但对于寇某所述多年来陈××向寇甲仅给付赡养费 1000 元的事实，陈××未作否认；在另案中，陈××及其家人主张近百万元的拆迁补偿款已经消费殆尽，其中并未列明寇甲有任何消费；而其认为寇甲仅凭其自有积蓄即可过着“衣食无忧、穿着体面、开心快乐的生活”！对于陈××称寇某多次找其要钱的主张，亦系寇某代寇甲主张其财产权利。

对于陈××的监护能力一节，由寇甲的当庭陈述表现可知，其与女儿陈××的关系已经十分恶化，难以调和。同时，陈××夫妻均为工薪阶层，月收入均为 7000 元左右，而其三代九口人共同租住在不足百平方米的出租房屋内，其中有两名幼子需要照顾，一名老人长期卧床，还有寇甲的前夫同住。可以显见，陈××并不具备监护寇甲的有利条件。对于陈××庭审时称其夫妻中可以一人辞职专门照顾寇甲的陈述，显然没有经过充分考虑，不具有实际可行性。

因此，寇某在担任寇甲监护人期间，并未被发现有侵害寇甲合法权益的行为，不符合法定撤销条件。陈××虽然法定顺位在寇某之前，但是考虑到其母女感情及寇甲本人的意愿，监护人应以不变更为宜。

需要特别指出的是，陈××虽不是寇甲的监护人，但其作为子女，对寇甲的赡养义务依然存在。面对亲人的指责，母亲的辱骂，希望陈××能秉承中华民族孝老爱亲的传统美德，对寇甲多加照顾，不应因财产争议而生嫌隙。望双方摒弃前嫌，自思自省，重建良好亲情关系。综上所述，北京市昌平区人民法院依照《中华人民共和国民法典》第三十一条、第三十六条之规定，判决如下：

驳回陈××的申请。

【法官后语】

《中华人民共和国民法典》第二十八条规定了无民事行为能力或者限制民事行为能力的成年人的监护人确定的顺位，由下列有监护能力的人按顺序担任监护人：(1) 配偶；(2) 父母、子女；(3) 其他近亲属；(4) 其他愿意担任监护人的个人或者组织，但是须经被监护人住所地的居民委员会、村民委员会或者民政部门同意。监护人实施严重损害被监护人身心健康的行为，怠于履行监护职责或者实施严重侵害被监护人合法权益行为的，人民法院根据有关个人或者组织的申请，可撤销其监护人资格，安排必要的临时监护措施，并按照最有利于被监护人的原则依法指定监护人。

关于成年人法定监护人顺序的规定具有强制性，一般情况下，在不存在前一顺序监护人或者前一顺序监护人没有监护能力时，后一顺序监护人才有资格成为法定监护人。但需要注意的是，这一顺位并非意味着司法实践中只能按照此顺序确定监护人，在具体个案情形中仍应综合法定监护顺位、个人自主意愿和具体监护能力等要素进行判断。

确定成年人法定监护人与确定未成年人法定监护人不同，前者着眼于自然人行为能力补足，后者则立足于父母亲权基础。未成年人大致可以按年龄标准区分无民事行为能力或者限制民事行为能力两种情形，法律关于未成年人监护人的确定有特殊规定——父母是未成年人监护人，父母已经死亡或没有监护能力的按照尊长、监护能力排序的顺位进行确定，但成年人则须结合其智力和精神状况方能区分无民事行为能力或者限制民事行为能力两种情形，《中华人民共和国民法典》第二十八条规定的法定监护顺序的安排，大致系以“关系密切”为排序原则。

由于确定未成年人法定监护人在根本上应坚持“被监护人最大利益”原

则，上述法定顺位并非绝对，在个案情形中允许作出例外选择。并且，因其着眼于自然人行为能力补足，在确定成年人法定监护人时，上述顺位一般应当在身心障碍者为无民事行为能力人的情况下才予适用；如果身心障碍者具有一定行为能力，可独立实施与其智力、精神状况相适应的民事行为，则应首先尊重其选择和意愿，除非其能力确有不及。换言之，当有身心障碍的成年人已经形成了相对固定的生活偏好和选择，其智力和精神状况亦足以表达相应选择意愿时，应当优先尊重行为人关于由顺位在后的人担任监护人的意愿和选择，以“个人意愿”取代“关系密切”作为确定监护人的首要衡量要素。

对“个人意愿”的考量须结合成年人行为能力进行判断。不能辨认自己行为的成年人为无民事行为能力人；不能完全辨认自己行为的成年人为限制民事行为能力人。关于具体行为能力的判断均须依《中华人民共和国民事诉讼法》所规定的特别程序进行宣告，一般需要结合相应的司法鉴定意见、医学诊断情况进行确定。在不具备诊断、鉴定条件的情况下，也可以参照群众公认的当事人的精神状态认定，但应以利害关系人没有异议为限。

此外，本案中值得注意的是陈××作为子女、作为家庭一员，自始负有弘扬家庭美德，敬老爱幼，互相帮助，维护平等、和睦、文明的婚姻家庭关系的义务，这一义务并不因其申请被驳回、不担任监护人而免除。

编写人：北京市昌平区人民法院　王磊　李安国　吴鹏莹

（十四）探望权纠纷

40

夫妻分居期间，未直接抚养子女一方能否主张探望权益

——黎某诉方某离婚案

【案件基本信息】

1. 裁判书字号

重庆市第一中级人民法院（2021）渝 01 民终 107 号民事判决书

2. 案由：离婚纠纷

3. 当事人

原告（被上诉人）：黎某

被告（上诉人）：方某

【基本案情】

黎某、方某于 2013 年 8 月 28 日登记结婚，2014 年 4 月 2 日生育女儿黎某宸。黎某因工作关系，现长期生活、居住在深圳，方某则在重庆生活、居住。婚生女黎某宸与方某共同生活居住。后黎某诉至法院，请求 1. 判令其每周至少探视一次女儿，直到女儿满 18 周岁为止；2. 判令方某协助配合其与其女黎某宸的日常通信自由；3. 判令方某对阻止其探视黎某宸，侵犯其合法权益的行为，进行赔礼道歉。

另查明，方某已向深圳市龙岗区人民法院提起离婚诉讼，目前该案件尚在审理中。

还查明，2018 年 5 月 1 日，黎某到方某位于江北区塔坪 5-2 的住所看望女儿时，与方某发生争执。报警后，由重庆市公安局江北区分局接警，并将双方当事人带回派出所。

【案件焦点】

夫妻关系存续期间，不直接抚养子女的一方（如在分居期间）是否有探视子女的权利。

【法院裁判要旨】

重庆市江北区人民法院经审理认为，本案争议焦点在于夫妻关系存续期间，不直接抚养子女的一方是否有探视子女的权利。依照《中华人民共和国婚姻法》及相关司法解释的规定，探望权是夫妻婚姻关系解除后行使的权利，对于婚姻关系存续期间一方能否向另一方主张探视权的行使，法律尚无明确规定。但父母对子女有抚养教育的义务，离婚后，不直接抚养子女的父或者母有探望子女的权利，另一方有协助的义务，行使探望权利的方式、时间由当事人协商，协商不成时，由人民法院判决。因此，夫妻分居后对子女的抚养也应从有利于子女健康成长的角度出发，由夫妻双方共同协商，协商不成的，由人民法院根据当事人及子女的实际情况来决定。抚养权作为一种亲权，是父母对其子女的一项人身权利，当然包括分居期间不直接抚养子女的一方探视子女的权利。直接抚养子女的一方有义务保障子女的健康成长，另一方有义务承担子女的生活和教育费用等。不直接抚养子女的一方有探望子女的权利，另一方有协助的义务。原告基于工作原因从 2016 年起便与被告分开生活，自 2018 年起双方产生离婚纠纷，继续分居生活，在此期间黎某宸一直由被告抚养照顾。原、被告双方的分居生活，势必会使得不抚养子女一方的原告不能时刻陪伴在子女身边。并且从江北区公安分局出具的案（事）接报回执可以看出，双方曾因为子女的探视问题发生纠纷。因此，虽然原、被告双方现仍系夫妻，在分居期间两人均为黎某宸的法定监护人，故原告对其有法定的监护抚养义务，也当然享有抚养、探望黎某宸的权利，这也是法定监护人行使抚养权的一个体现。因此，对原告起诉要求行使探望黎某宸的权利，应予支持。结合黎某宸现在的学习生活状况及原告的工作状况，本院酌定探视时间为每周一次，被告予以协助。若出现特殊情况，原、被告双方也应从最有利于黎某宸健康成长的角度，协商解决探视问题。故判决如下：

一、自本判决生效之日起，原告黎某每周探望一次黎某宸，被告方某应予以协助；

二、驳回原告黎某的其他诉讼请求。

方某不服重庆市江北区人民法院一审判决，向重庆市第一中级人民法院提起上诉。二审法院审查后认为，《中华人民共和国婚姻法》第二十三条规定，“父母有保护和教育未成年子女的权利和义务”。即使双方没有离婚，黎某作为孩子父亲亦有保护和教育子女的权利，现双方处于分居状态，父女分隔两地，黎某对子女的保护教育权利也需要亲子接触、探望来实现。作为黎某宸的法定监护人，黎某探望黎某宸这是其行使抚养教育权利的一种体现，方某无权对其进行阻碍。而双方的离婚纠纷虽已另案提起，但并未生效，本案判决并未有与生效判决相抵触的可能，也不符合法定的中止审理条件。一审法院就此作出判决，并无不当。综上所述，方某的上诉请求不能成立，应予驳回；一审判决认定事实清楚，适用法律正确，应予维持。故二审法院判决如下：

驳回上诉，维持原判。

【法官后语】

一、本案的争议焦点及剖析

本案的争议焦点在于夫妻处于婚姻关系尚未解除的分居期间，未直接抚养子女的一方当事人能否主张对子女的探望权。主要存在两个观点：一是认为探望权产生于婚姻关系解除后，而原、被告双方尚处于婚姻关系存续期间，原告主张探望权没有明确的法律依据，故应当裁定驳回原告的起诉。二是认为抚养权是父母对其子女享有的一项人身权利，当然包括分居期间不直接抚养子女的一方探望子女的权利。分居期间父母均为子女的法定监护人，不直接抚养子女一方对子女有法定的监护抚养义务，当然享有抚养、探望子女的权利，故应当支持原告探望的权利。

本文赞同第二种观点，理由如下：

（1）监护权、抚养权是一种亲权，具有较强的人身属性，是父母对子女的一项义务性权利。一方要对子女尽监护义务与抚养义务，当然地需要在身体上和物理空间上能够有与子女联系、会面、交往、互动交流等方式，这是履行监护义务与抚养义务的附随行为。因此，夫妻双方分居，未直接抚养子女一方请求对另一方直接抚养的子女进行探望的，是事实上对监护义务、抚养义务的履行，应当受到法律的保护。

（2）法律规定离婚后探望权，是基于因父母婚姻关系的重大变故而导致对子女的抚养权和监护权的行使存在可变化不稳定的状态，故必须以法律形式固定下来，以避免不直接抚养子女一方因怠于履行法定监护和抚养义务而损害未成年子女的合法权益。立法上没有规定父母婚内分居期间的探望权，是因为婚姻关系存续期间，探望子女是父母监护权和抚养权的附随义务，无须专门规制，并非该权利的行使没有法律依据。

（3）父母婚内分居与离婚的法律关系不同，但与一般的婚姻关系也存在重大区别，在父母婚内分居期间未直接抚养子女的一方探望子女必然存在一定阻碍和不便。司法实践中也确实存在大量因家庭矛盾、外出工作等原因引起的夫妻婚内分居现象，在此期间产生的一系列权利义务关系需要结合实际情况予以法律规制，而不是一概推之门外。支持婚内探望权也符合社会主义核心价值观，有利于维护和谐、稳定的亲情法律关系。

二、本案的典型意义及延伸思考

探望权是依附于未成年子女的最大利益而存在，其行使也应遵循保障未成年子女的最大利益的原则。本案从探望权制度的立法目的出发，从婚姻法及相关司法解释以及民法典等相关制度中寻找法律依据，本着最有利于子女健康成长的原则，妥善化解父母在婚姻关系解除前的分居期间基于抚养、探望子女而产生的现实矛盾，符合公序良俗原则，有利于维护和谐稳定的亲情关系。

分居制度的形成和完善，体现着婚姻自由原则的完善，是婚姻立法成熟的表现。完善分居法律制度，对于维护夫妻双方以及事实同居双方的合法权益，保障未成年子女的健康发展，维护第三人的合法权益都有着积极的促进作用；同时明确分居的具体构成要件、程序和法律效果等内容，有利于引导当事人举证及法院作出司法认定，有利于增强法律的可操作性，从而妥善处理婚姻家庭纠纷及相关社会关系。

编写人：重庆市江北区人民法院　肖瑶

41

探望权中止案件中“儿童最佳利益原则”实现途径

——黄某某与郑某某中止探望权案

【案件基本信息】

1. 裁判书字号

浙江省永嘉县人民法院（2021）浙0324执712号民事裁定书

2. 案由：中止探望权纠纷

3. 当事人

申请执行人：黄某某

被执行人：郑某某

【基本案情】

原告黄某某与被告郑某某原系夫妻关系，于2018年12月8日生育女儿郑某晴。后双方因感情不和于2019年2月26日协议离婚，双方约定婚生女儿由被告郑某某抚养。后原告起诉至法院，要求婚生女儿郑某晴变更为由原告抚养，抚养费由原告自行承担。经法院调解，双方达成一致调解意见，确定婚生女儿郑某晴由原告抚养，原告保证被告享有每月4天3夜的探望时间，每月探望频率为2次。被告郑某某在探望孩子过程中，多次将孩子予以留置，居住各类旅馆且频繁更换住处，未将女儿及时交还给原告抚养，原告通过向法院申请强制执行后才将女儿找回。后原告向法院提起诉讼要求中止被告郑某某对女儿郑某晴的探望权。经法院释明后，原告撤回起诉，向法院执行部门提出中止探望申请，由执行部门作出中止探望的裁定。

【案件焦点】

原告与被告在子女抚养纠纷案件中已经对女儿探望权的行使达成一致调解意见的情况下，被告在行使探望权过程中发生藏匿女儿的行为，此时原告主张中止被告探望权，是应由其另行起诉，还是直接向执行部门提出申请。

【法院裁判要旨】

浙江省永嘉县人民法院经审理后认为：郑某某作为郑某晴的父亲，在行使探望权时，应当首先保障女儿的生活安定和身心健康，同时应按调解书约定的时间行使探望权。郑某某在两次探望期间带女儿居住各类旅馆且频繁更换地点，居住环境差，无法保证女儿的正常饮食起居。且郑某某的工作没有充足的时间和精力照顾女儿。郑某某上述探望方式及行为，对郑某晴的教育和生活具有较大的不确定性，其探望女儿的行为仅是为了满足自己的要求，并未意识到自己探望女儿的行为及居无定所的生活环境对女儿的身心健康产生的不利影响。

浙江省永嘉县人民法院依照《中华人民共和国民法典》第一千零八十六条第三款，《最高人民法院关于适用〈中华人民共和国民法典〉婚姻家庭编的解释（一）》第六十六条，《中华人民共和国民事诉讼法》第二百五十七条第六项之规定，裁定如下：

一、中止郑某某对郑某晴的探望权；

二、终结（2021）浙0324执712号案件的执行。

【法官后语】

本案的争议焦点系原告与被告在子女抚养纠纷案件中已经对女儿探望权的

行使达成一致调解意见的情况下，被告在行使探望权过程中发生藏匿女儿的行为，此时原告主张中止被告探望权，是应由其另行起诉，还是直接向执行部门提出申请。

首先，中止探望权仅是暂时限制当事人探望权的行使，并非实体权利的剥夺。《最高人民法院关于适用〈中华人民共和国民法典〉婚姻家庭编的解释（一）》第六十六条规定："当事人在履行生效判决、裁定或者调解书的过程中，一方请求中止探望权的，人民法院在征询双方当事人意见后，认为需要中止探望的，依法作出裁定；中止探望的情形消失后，人民法院应当根据当事人的请求书面通知其恢复探望。"可见，在中止探望的情形消失以后，享有探望权的一方仍可以申请恢复探望，行使相应的探望权。因此，探望的中止与恢复，并不产生新的诉讼，可在探望权执行案件中一并处理。

其次，生效裁判文书中已经就探望权作出明确规定的情况下，不管是要求履行探望权，抑或要求中止探望权，都是权利履行和拒绝履行的一种形式。根据《中华人民共和国民事诉讼法》第二百四十三条的规定，一方拒绝履行生效判决的，对方当事人有权向人民法院申请强制执行。申请强制执行的内容，包括履行、部分履行、履行不当等内容。在探望权执行方面，就应当包含要求探望权的履行及中止探望权的不当履行等情形。所以直接抚养子女一方认为不直接抚养子女一方存在不当履行探望权的行为，从而申请强制执行，是符合执行程序要求的。

最后，实践中审查中止探望权案件，应从以下几个方面来进行认定处理：一是考虑子女探望权应适用何种程序予以处理的问题。如果发现双方在离婚诉讼或抚养权纠纷中并未就探望权进行协商，则应告知当事人提起诉讼，由法院具体审查后确定是否中止探望。若法院生效裁判文书已明确约定，当事人仍另行提起诉讼要求中止探望权的，应不予受理，告知当事人应向执行部门提出申请，由执行部门进行具体审查，无须通过审判程序予以解决。二是如何认定中止探望的法定事由。《中华人民共和国民法典》对于中止探望作了规定，但是对于何种事由应认定为"不利于子女身心健康"的情形，并没有作出具体规定。司法实践中，通常认为，不直接抚养子女的一方具有下列情形之一的，构成“不利于子女身心健康”的情形，权利人可以请求法院中止探望：1. 有影响子女身体健康的传染类疾病；2. 有赌博、吸毒等恶习或怂恿子女进行违法犯罪行为的；3. 探望权人与子女感情严重恶化，子女坚决拒绝探望的；4. 发生过借探望之机隐匿子女行为的或有明显藏匿倾向的；5. 探望权人对子女实施家庭暴力或虐待、遗弃的；6. 其他不利于子女身心健康的情形。三是要兼顾考虑被探望子女的年龄及意愿。探望权中止制度以子女利益为本位，因此中止程序中也应当充分尊重子女的意见，对于八周岁以上的未成年子女，可以征询其本人意愿，人民法院再根据事实和法律规定，遵循“儿童最佳利益原则”，作出中止与否的裁定。如果探望权人对中止裁定不服的，就可以根据法律规定提出申诉。本案中，作为不直接抚养女儿一方的郑某某，在行使探望权的过程中藏匿女儿，导致直接抚养一方的黄某某失去对女儿的控制，应当属于“不利于子女身心健康”的情形，故法院执行部门作出中止探望的裁定。

编写人：浙江省永嘉县人民法院　金赛群　金杨传

二、继承纠纷

（一）法定继承纠纷

42

继承人以指定特定人继承其应继承遗产份额为条件而实施的“放弃继承权”行为，可推定为赠与

——李某花、李某敏诉李某潼法定继承案

【案件基本信息】

1. 裁判书字号

天津市北辰区人民法院（2021）津0113民初2062号民事判决书

2. 案由：法定继承纠纷

3. 当事人

原告：李某花、李某敏

被告：李某潼

【基本案情】

被继承人李某成与刘某芬系夫妻关系，二人生育三个子女李某花、李某敏、李某旺。刘某芬、李某成分别于2004年、2014年去世。李某成、刘某芬父母

均先于二人去世。李某旺于2019年去世，生前育有一女李某潼。

诉争某胡同宅基地实际使用人为李某成，面积为193.18平方米。该宅基地上盖的房屋系被继承人李某成和刘某芬的遗产，二被继承人安葬事宜由李某旺办理。2019年3月，李某花、李某敏与李某旺签订《暂时放弃继承协议书》约定："李某花、李某敏暂时放弃继承某胡同房屋的继承权，直至李某潼结婚后，此协议自动失去法律效力。拆迁时房本须记在李某潼名下，李某潼婚前若须卖房需征得二原告同意。此期间，若李某潼违反本协议，二原告有权通过法律索取继承权，李某潼婚后有处置房屋权利，别人不再干涉。"庭审中二原告均主张签署该协议是为了安抚重病的李某旺，没有放弃继承遗产的意思表示。2020年10月26日，被告李某潼与某村民委员会签订迁补偿安置协议，确认宅基地按照193.18平方米给予1∶1定向还迁安置；宅基地外建筑以货币形式进行补偿。经查，该宅基地上盖的某胡同房屋现已拆迁。

原告李某花、李某敏请求确认宅基地拆迁后还迁面积由原、被告三人平均享有继承权，各占1/3份额。被告李某潼辩称二原告已放弃对诉争房屋的继承权，本次起诉属于对放弃继承的反悔。

【案件焦点】

案涉《暂时放弃继承协议书》效力如何认定，能否据此认定李某花、李某敏放弃继承权。

【法院裁判要旨】

天津市北辰区人民法院经审理认为：本案中，涉案宅基地经天津市北辰区某村民委员会确认，实际使用人为李某成，宅基地面积为193.18平方米。庭审中，二原告及被告均认可该宅基地上建造的房屋系被继承人李某成和刘某芬的遗产。二被继承人系夫妻关系，生前均未留有遗嘱，其遗产应按照法定继承办理。二被继承人父母均已先于其去世，二人生前生育三个子女，即李某花、李某敏、李某旺。李某旺去世时间晚于其父母，故对于其应继承的父母遗产份额应由其女儿李某潼进行转继承。

在二被继承人去世后遗产分割前，三子女于 2019 年 3 月签订《暂时放弃继承协议书》，约定“李某花、李某敏暂时放弃继承某胡同房屋的继承权，直至李某潼结婚后，此协议自动失去法律效力。拆迁时房本须记在李某潼名下”。二原告对此表示该协议并非放弃继承权的真实意思。并且，三人签订该协议书之时，李某旺仍在世，当时李某成与刘某芬的法定继承人为李某花、李某敏，李某旺。根据法律规定，法定继承人之间可以对继承份额进行协商。当时李某潼并不在第一顺位继承人的范围，假使李某花、李某敏在签订协议书时表示放弃继承，根据该协议书也并不能实现诉争房屋由李某潼一人继承的目的。李某花、李某敏在取得其应继承的份额后才能将该份额转赠给李某潼。根据二原告在庭审中的陈述，二原告在诉讼中对该赠与均表示反悔。根据法律规定，赠与人在赠与财产的权利转移之前可以撤销赠与。2020 年 1 月 19 日，某村民委员会出具证明，确认《居民、社员建房用地使用证存根》证载的某胡同宅基地的实际使用人为李某成，故可以认定该协议中赠与财产的权利并未转移。故李某花、李某敏有权撤销该赠与协议。

故原《居民、社员建房用地使用证存根》所对应的某胡同房屋，应由李某花、李某敏、李某潼三人继承。现该房屋已拆迁，由李某潼与天津市北辰区北仓镇某村民委员会签订《北仓镇示范小城镇建设某村拆迁补偿安置协议》，故上述房屋已转化为拆迁利益，即 193.18 平方米的应还迁面积。考虑李某旺与二被继承人共同生活时间相对较长，被继承人李某成和刘某芬的安葬事宜由李某旺办理，李某旺对遗产可以适当多分。本院认定该拆迁利益由李某潼继承 40%份额，二原告每人继承 30%份额为宜。

天津市北辰区人民法院依照《中华人民共和国继承法》第三条、第五条、第十五条、第二十五条，《中华人民共和国民法典》第六百五十七条、第六百五十八条、第一千一百三十条，《最高人民法院关于适用〈中华人民共和国民法典〉时间效力的若干规定》第一条第二款之规定，作出如下判决：

原坐落于天津市北辰区某胡同房屋，现已拆迁并订立《拆迁补偿安置协议》，对应的 193.18 平方米还迁安置房屋利益，由被告李某潼继承 40%份额，原告李某花、原告李某敏每人继承30%份额。

判决后，双方当事人均未上诉，本判决现已生效。

【法官后语】

一、放弃继承权的构成要件

放弃继承权是指继承开始后，遗产分割完毕前，继承人享有作出不接受自己应继份额意思表示的权利。法律赋予继承人放弃继承权的自由，以抛弃方式行使继承权本身并不违背私法自治原则，公权力通常不会干涉，是出于对个人权利的尊重。但是如果危及他人同等重要的合法权利的实现，就应当受到限制。其具体构成要件如下：

1. 放弃继承权的主体具有相应民事行为能力。我国实行限制继承原则，在所继承遗产范围内，继承人需承担被继承人相应债务，超出继承遗产范围的，继承人无须以自己财产承担清偿责任，因此继承权是一项积极财产权益。放弃继承权非但不是纯获利益行为，反而是损害继承人财产利益的行为。因此，权利行使主体必须是已取得继承权且具有相应民事行为能力的人。

2. 放弃人作出放弃继承的意思表示应当是真实的，不存在欺诈、胁迫、重大误解的情况。原则上来讲，放弃继承作为一种单方法律行为，一般不允许撤销。撤销事由应当从严限制，只有当存在欺诈、胁迫、重大误解等情况时才可以主张撤销。

3. 继承权的放弃不得附条件、附期限，以遗产归属于特定人为条件的放弃继承无效，不得以拒绝履行法定义务为前提。放弃继承是对自己已取得继承权主体资格的否认与抛弃，继承人从此不再进入继承法律关系，不享有权利和承担义务。继承法的目的在于确定被继承人死亡后的财产归属，以稳定社会关系，而是否放弃继承权，直接关系到其他继承人和遗产债权人的利益，对遗产归属影响极大。我国在立法层面未明文禁止附条件的放弃继承，但司法实践中还是坚持放弃继承权不得附加条件。审判中，对于出现放弃继承同时附加保留条件的，可以视为继承人在接受继承后对遗产的处分，按照合同法等法律规范处理。

4. 继承人应当在法定期限内作出放弃继承权的意思表示。继承开始前，继承人并不享有可以处分的主观权利，属于期待继承权，而仅享有客观权利，放弃该权利没有实质意义。继承开始后，继承权由期待权转化为既得权，由现实的可能性转化为现实的权利。法律赋予继承人行使继承或放弃的选择权，则放弃的权利只能是既得继承权。享有继承权的人只能在被继承人死亡之后，即继承开始之后、遗产分割前表示放弃继承，如果被继承人还活着，继承人表示放弃继承，是没有任何效力的。遗产分割完毕后，继承人已经实际取得遗产所有权，成为财产所有权人，再作出放弃的意思表示，实质上系所有权人以单方意思表示放弃自己对财物的所有权。为使继承法律关系尽早脱离不稳定状态，放弃继承权的期限会有严格限制，须在继承开始后才能作出。在继承前放弃继承权的，不产生法律效力。

5. 放弃继承权的意思表示欲发生效力需要符合形式要件。《中华人民共和国民法典》规定，要求以书面形式作出放弃继承的表示，这样既可以达到明示的效果，也有利于保护其他继承人的利益，避免产生更多纠纷。

二、案涉《暂时放弃继承协议书》效力如何认定

对于案涉《暂时放弃继承协议书》法律效力问题，合议庭产生了两种不同观点：第一种观点认为，应当依据该协议书内容认定两位原告李某花、李某敏作出了放弃继承权的真实意思表示。该协议书系法定继承人李某旺、李某花、李某敏自愿达成，是几方当事人真实意思表示，并未违反法律规定，应遵照执行。李某潼与拆迁人签订了补偿安置协议，遗产已经处理完毕。原告提起的诉讼请求属于对之前放弃继承权表示的反悔。根据《最高人民法院关于适用〈中华人民共和国民法典〉继承编的解释（二）》第三十六条的规定，遗产处理后，继承人对放弃继承反悔的，不予承认。第二种观点，该协议书中的内容并不能代表李某花、李某敏作出了放弃继承权的意思表示。李某花、李某敏表示暂时放弃继承权，但又注明被告结婚后，此协议自动失去法律效益。我国现行法律未规定放弃继承权可以附条件尤其是附失效条件，结合民法理论，放弃继承权不得附条件、附期限，以遗产归属于特定人为条件的放弃继承无效。该协议书签订时李某旺病重，其女李某潼未满十八周岁，当时情况下，李某花、李

某敏签订协议目的应是安抚病危的李某旺，为了保护当时未成年的李某潼利益不受侵害，同时保护遗产不被处理，因而才赋予各种附加条件以及失效条件。综合案情及双方陈述，可以认定二原告并无明确放弃继承权的意思表示。

笔者同意第二种观点，理由如下：首先，从立法层面看。《中华人民共和国民法典》继承编未规定放弃继承权可以附条件尤其是附失效条件。其次，从行为人的真实意思表示层面看。综合查明案情及双方陈述，李某花、李某敏签订协议目的是安抚当时病危的李某旺情绪，并无明确放弃继承的意思表示。假使李某花、李某敏在签订协议书时曾作出放弃继承的意思表示，因为三继承人在签订该协议书之时，李某旺仍在世，当时李某成与刘某芬的法定继承人为李某花、李某敏，李某旺。法定继承人放弃后，其应继份额应归属于其他同一顺序继承人。而当时李某潼并不在第一顺位继承人的范围内，根据该协议书也并不能实现诉争房屋由李某潼一人继承的目的。对于未取得的权利又行使指定权利人的处分，于理、于法不合。最后，该协议书的法律性质，实际为赠与协议。继承人所附加的条件和保留意见，应当视为继承人在接受继承以后对继承份额所作出的处分。继承人处分自己继承份额的权利是受法律保护的，但它不是放弃继承，应当理解为一种赠与承诺。二人只有在实际完成继承后，才能将该份额转赠。但根据诉讼请求及当庭陈述，二人对该赠与均表示反悔。根据民法典的规定，赠与人在赠与财产的权利转移之前可以撤销赠与。至庭审时，依据天津市北辰区北仓镇某村民委员会出具的证明，确认证载的案涉宅基地的实际使用人为李某成，故可以认定该协议中赠与财产的权利并未转移。李某花、李某敏有权撤销该赠与协议。

三、案涉拆迁利益应当如何分割

被继承人李某成与刘某芬系夫妻关系，二者生前均未留有遗嘱，故其遗产应按照法定继承办理。李某成、刘某芬的父母均已先于其二人去世，二人生前生育三个子女。故李某成、刘某芬去世后，遗产继承人为李某花、李某敏、李某旺。李某旺去世时间晚于其父母，故对于李某旺应继承的父母遗产的份额应由其女儿李某潼进行转继承。李某旺与两被继承人共同生活时间相对较长，两被继承人安葬事宜也由李某旺办理。考虑上述因素，李某旺对遗产可以适当多分，故认定该拆迁利益由李某潼继承40%份额，李某花、李某敏每人继承30%份额为宜。

编写人：天津市北辰区人民法院　周杨

43

无亲子鉴定意见情况下非婚生子女继承权的认定

——张甲诉王某、柳某继承案

【案件基本信息】

1. 裁判书字号

北京市第二中级人民法院（2021）京02民终4084号民事判决书

2. 案由：继承纠纷

3. 当事人

原告（被上诉人）：张甲

被告（上诉人）：王某

被告：柳某

【基本案情】

被继承人董乙与被告王某系夫妻关系，被告柳某是被继承人董乙的母亲，被继承人董乙的父亲于2005年10月死亡。柳某夫妇育有子女七人：长子董甲、二子董乙、三子董丙、四子董丁、长女董戊、二女董己、三女董庚。董乙于2017年3月死亡，生前未留有遗嘱。原告张甲主张其系被继承人董乙与张乙的非婚生子，并提交了以下证据：1. 张乙住院生育张甲时病案首页所留电话与董乙电话一致；2. 住院费用清单上患者签字处所签的名字是董乙；3. 张甲的

《新生儿卡介苗接种知情同意书》《接种乙型肝炎疫苗知情同意书》《北京市新生儿耳聋基因筛查知情同意书》《北京市新生儿疾病筛查采血卡》上监护人处均有董乙的签字；4. 董乙给张甲的红包，其中三个红包祝福语上有“爸董乙”的字样。在案件审理中，经鉴定，上述董乙的签名均系董乙本人所签。此外，经鉴定，张甲与董丙具有叔侄关系。但是，张甲的《出生医学证明》上所登记的父亲为案外人尹某，母亲为张乙。尹某与张乙于2014年5月7日结婚，张乙于2014年7月13日生下张甲，后张甲随尹某办理了户籍手续。被告王某认为上述证据仅能证明张乙与董乙关系密切，无法证明张甲与董乙具有血缘关系，因此不同意张甲的诉讼请求。

【案件焦点】

张甲是否与被继承人董乙具有血缘关系，能否作为董乙的法定继承人继承董乙的遗产。

【法院裁判要旨】

北京市西城区人民法院经审理认为：首先，司法鉴定意见书证明董丙与张甲之间具有叔侄关系，虽然该鉴定结论不能排除董乙的其他同父母兄弟系张甲父亲的可能性，但可以证明董丙的同父母兄弟之一应系张甲的父亲；其次，原告母亲张乙在医院住院生育张甲时的住院病案、住院费用清单及新生儿注射疫苗的知情同意书，上述文件中均有董乙的签名，经鉴定为董乙本人所签，可以证明董乙在张乙住院生育期间为张甲办理各种手续并在新生儿监护人处签名；再次，红包上显示“爸董乙”经鉴定系董乙本人所签；最后，被告王某亦未否认张甲之母与董乙曾经关系密切，结合原告提交的其他在案证据，认为张甲系董乙亲生子女的可能性已达到高度的盖然性。因此，认定张甲系董乙的法定继承人，可以依法继承董乙的遗产。

综上，北京市西城区人民法院依照《中华人民共和国继承法》第三条、第十条、第十三条、第二十六条及《中华人民共和国民事诉讼法》第一百四十四条之规定，判决如下：

一、登记在董乙名下的位于北京市西城区×路×号院×号房屋由王某、柳某、张甲继承，其中王某占三分之二份额，柳某占六分之一份额，张甲占六分之一份额；

二、登记在董乙名下的北京市海淀区×路×号院×号楼×门×层×房屋由王某、柳某、张甲继承，其中王某占三分之二份额，柳某占六分之一份额，张甲占六分之一份额；

三、驳回原告张甲其他诉讼请求。

王某不服原审判决，提起上诉。

北京市第二中级人民法院经审理认为：张甲亦提交了其与案外人尹某之间不存在亲子关系的《法医物证鉴定意见书》及《公证书》，综合本案证据，张甲系董乙之子的事实达到高度盖然性标准，一审法院认定张甲系董乙的合法继承人并无不当。综上所述，原审判决认定事实清楚，适用法律正确，应予维持。北京市第三中级人民法院依据《中华人民共和国民事诉讼法》第一百七十条第一款第一项之规定，判决如下：

驳回上诉，维持原判。

【法官后语】

《中华人民共和国民法典》第一千一百二十七条规定，配偶、子女、父母为第一顺序的法定继承人。子女包括婚生子女、非婚生子女、养子女和有扶养关系的继子女。由于非婚生子女是法定第一顺序的继承人，司法实践中不可避免会遇到非婚生子女身份的认定问题。而在被继承人死亡，无法进行亲子鉴定的情况下，如何认定非婚生子女与被继承人的亲子关系，就势必会成为本案以及其他与本案情况类似案件的争议焦点和审理难点。具体而言：

第一，亲缘关系鉴定无法强制进行。对于亲子鉴定能否强制进行，已经形成了统一的意见。《最高人民法院关于适用〈中华人民共和国民法典〉婚姻家庭编的解释（一）》第三十九条第二款规定："父或者母以及成年子女起诉请求确认亲子关系，并提供必要证据予以证明，另一方没有相反证据又拒绝做亲子鉴定的，人民法院可以认定确认亲子关系一方的主张成立。"该条规定基本沿袭了此前《最高人民法院关于适用〈中华人民共和国婚姻法〉若干问题的解释（三）》第二条的规定，释明了在当事人一方不配合进行亲子鉴定的情况下，法院不能强制启动鉴定程序，可以采用推定的方式确认亲子关系的成立。根据“举轻以明重”的原则，对强制启动鉴定的限制在因被继承人死亡导致直接亲子鉴定无法进行时会更加凸显。也就是说，即使非婚生子女或其法定代理人向法院申请进行亲缘关系鉴定，因亲缘关系鉴定的被申请方一般为案外人，并非案件本身的当事人，在被申请方不愿配合鉴定的情况下，法院更无法要求被申请方进行配合。

第二，即便上述被申请方同意鉴定，亲缘关系鉴定所鉴定的内容一般也无法直接证明非婚生子女与被继承人存在亲子关系，无法单独作为认定案件的证据。例如，在本案中，亲缘关系鉴定虽然能够证明张甲与董丙具有叔侄关系，即张甲的父亲与董丙为兄弟关系，但董丙有兄弟三人，并非仅有董乙，故仅凭该鉴定结论无法单独作为定案依据并认定亲子关系的成立。

第三，在缺乏亲子鉴定结论这样的直接证据的情况下，不意味着亲子关系必然成为无法认定的法律事实，只要结合案件其他证据能够达到高度盖然性的标准，仍然可以依法推定非婚生子女与被继承人存在亲子关系。因缺乏亲子鉴定结论这样的直接证据，本案无法直接确定亲子关系的成立，需要进一步要求当事人对相关事实进行举证，并依法审查这些证据，以判断事实成立是否满足高度盖然性的法定标准。严格来说，该种事实判断是基于对间接证据的审查和认定所进行的合法推定。具体到本案中，除上述亲缘关系证明外，合议庭注意到：董乙在原告母亲住院生育原告期间为原告及其母亲办理了各种手续，所签内容表明董乙知道并认可是原告的监护人；而董乙送给原告的红包也是其本人所写，并非董乙其他兄弟所写，结合亲缘鉴定结论，可以排除董乙的其他兄弟系张甲父亲的可能性。前述事实能够让人产生张甲与董乙存在亲子关系的内心确信，因此可以合法推定张甲与董乙之间亲子关系的成立。

第四，需要特别指出的是，本案与一般案件相比的另一个事实认定难点，是原告张甲的出生医学证明上所载明的父亲是案外人尹某，且张甲是在其母张乙与尹某婚姻存续期间出生，故根据法律规定，张甲系张乙与尹某的婚生子。因此，本案除了要认定原告张甲和董乙的亲子关系，还必须要有效地否定尹某与张甲的亲子关系，该等认定同样需要相关的证据。因此，原告在二审审理中补充提交的张甲与尹某之间不存在亲子关系的鉴定意见书也是十分必要的。

编写人：北京市西城区人民法院　程乐　李碧函

44

农村房屋拆迁获得的补偿利益应作为遗产进行分割

——张甲诉张乙法定继承案

【案件基本信息】

1. 裁判书字号

山东省淄博市中级人民法院（2021）鲁03民终2689号民事判决书

2. 案由：法定继承纠纷

3. 当事人

原告（上诉人）：张甲

被告（被上诉人）：张乙

【基本案情】

张甲、张乙系姐弟，张丙、吴某系二人父母。1990年8月20日政府土地登记审批表记载，张丙名下有某村编号为0502755的宅基地使用权，宅基地上附着物为本户所有。1991年12月12日，张甲的户籍迁至某街88号院99号，服务处所为某煤矿，现为户主。2000年9月28日，张丙去世。2010年7月，某村制订《某村旧房改造还房方案》，确定按《集体土地使用证》或镇建委的批示，以宅基地核准的面积乘以1.244系数还房。2010年7月5日，张乙作为张丙户的户主填写《某村村民户型申报表》。2010年7月28日，张乙、吴某的户籍从某街88号院99号迁入某村201号，该家庭户的户主变更为张乙，其登记婚姻状况为未婚。2012年2月1日，吴某去世。上述宅基地上房屋一直未予分割。2013年6月7日，某村村民委员会与张乙签订《某村拆迁及还房协议书》。2013年6月10日，某村给张乙出具《某村拆房户验收单》，证明（张丙）张乙户宅基地内外一切地上附着物已经全部清理完毕。2021年1月25日，某村村民委员会给张乙出具《证明》：张乙于2010年7月28日迁入该村后享受村民待遇。2021年4月1日，某村村民委员会给张甲出具《说明》：登记在张丙名下宅基地共计还房3套楼房，关于该宅基地的还房事宜、户型申报表、拆迁协议书均由张丙之子张乙与村委签订，并自行拆除房屋，经村委验收合格后再由其抓阄，现三套楼房均分房到张乙。

后张甲与张乙因宅基地拆迁所得利益是否属于遗产并应依法分割等问题产生纠纷，诉至法院。

【案件焦点】

农村房屋拆迁获得的补偿利益应否作为遗产进行分割。

【法院裁判要旨】

山东省淄博市张店区人民法院经审理认为：本案中在张丙、吴某去世后，其所建合法地上附着物属于遗产，可以被继承，但登记在张丙名下的宅基地使用权不属于遗产范围，即使是成为遗产的地上附着物，也依法不得被翻建、修葺，村集体可待该地上附着物灭失或失去使用功能后依法收回该宗宅基地。现张甲提交的某村村民委员会《说明》《某村拆迁及还房协议书》与张乙提交的《某村旧房改造还房方案》等证据可以互相印证：在2013年6月7日某村村民委员会与张乙签订《某村拆迁及还房协议书》时，涉案0502755号宅基地的登记使用权人张丙及其妻子吴某已经去世，户内仅余二人成年未婚儿子张乙，某村依据宅基地还房，还得的新房与原宅基地上附着物的面积、价值均没有对应关系，该还房协议涉及村民待遇及村民自治权利，根据该协议，涉案新房并非张丙、吴某夫妇老宅基地上所建房屋的置换物，张甲不能证明该房产属于张丙、吴某夫妇去世时的遗产，其要求将上述三套新房作为遗产分割没有事实及法律依据。据此，一审判决如下：

驳回原告张甲的诉讼请求。

张甲不服一审判决提起上诉。山东省淄博市中级人民法院经审理认为，遗产是自然人死亡时遗留的个人合法财产。张丙、吴某系夫妻关系，根据政府土地登记审批表涉案宅基地登记在张丙名下，能够认定张丙、吴某对涉案宅基地享有使用权，对地上附着物享有所有权。因被继承人张丙与吴某均已去世，法律未禁止非集体组织成员因继承获得涉案房屋产权性质的所有权，张甲与张乙均依法享有继承上述房屋的权利。根据涉案某村拆迁还房协议和村民户型申报表可以看出，某村村民委员会虽是与张乙签订的相关协议，但协议内容是将张丙户上的房屋拆除并将宅基地交还某村村委，某村村委给予相应的补偿，故相应的补偿应包括对张丙户上房屋及退还宅基地进行的补偿，宅基地面积仅是作为确定拆迁补偿利益的计算方式，张乙名下某村三套楼房属于拆迁利益部分，因当事人未对张丙户上房屋进行分割处理，现因涉案房屋拆迁获得了补偿，该补偿应当作为遗产进行分割。被继承人未留有遗嘱，故应当按照法定继承分割。同一顺序继承人继承遗产的份额，一般应当均等，但鉴于某村村委出具《证明》证明张乙户口迁入该村后享受村民待遇，村内拆迁所获得的利益是基于宅基地及地上附着物的安置补偿和村民安置补偿，具有一定的身份性和村民的福利待遇性，故酌定张甲分得上述三套房屋三分之一份额。据此，二审判决如下：

一、撤销一审判决；

二、张甲分得张乙名下某村三套楼房产权的三分之一份额；

三、驳回张甲其他诉讼请求。

【法官后语】

本案主要涉及被继承人的农村房屋拆迁获得的补偿利益应否作为遗产进行分割的认定问题。

本案一审认为涉案新房并非张丙、吴某夫妇老宅基地上所建房屋的置换物，张甲不能证明该房产属于张丙、吴某夫妇去世时的遗产，其要求将上述三套新房作为遗产分割没有事实及法律依据，并判决驳回原告张甲的诉讼请求。二审则认为因涉案房屋拆迁获得了补偿，该补偿应当作为遗产进行分割并据此改判。因而厘清农村房屋拆迁获得的补偿利益应否作为遗产分割的问题有利于司法实践中正确妥善处理此类纠纷。

一、法律规定的遗产范围

《中华人民共和国民法典》第一千一百二十二条规定，遗产是自然人死亡时遗留的个人合法财产。依照法律规定或者根据其性质不得继承的遗产，不得继承。依照法律规定不能继承的财产权利主要有：自然资源利用权（如采矿权、探矿权等)、宅基地使用权、生前租用或借用他人的财产、指定了受益人的保险等。依照权利性质不能继承的财产主要指与被继承人人身有关的专属性债权，这类财产因具有严格的人身专属性和依附性，不能与他人分享。比如，子女对父母的抚养费请求权、父母对子女的赡养费请求权、夫妻间的扶养费请求权、被继承人的人身损害赔偿请求权及以特别信任关系为前提的财产权利，如因雇佣或者委托合同发生的权利等。一旦权利人死亡，因给付义务没有对象，则该权利也即丧失，不能予以转让和继承；被继承人死亡而发放的死亡赔偿金。死亡赔偿金虽源于被继承人之死亡，但该赔偿金真正的产生时间是被继承人死后，其本质是对死者近亲属的抚恤或赔偿，因此不属于被继承人遗留的财产范围。

二、农村房屋拆迁获得的补偿利益应否作为遗产

农村宅基地房屋拆迁补偿原则上可以分为农村房屋拆迁补偿和宅基地使用权补偿。宅基地属于集体土地，所有权归集体所有，本集体经济组织成员只享有使用权。宅基地使用权是指民事主体以修建住宅为目的而利用集体土地的权利，该权利与特定社员身份有关，具有很强的身份属性和一定的福利色彩，具有专属性，只能由特定的民事当事人享有。换言之，申请建房人因死亡等原因而不再为集体经济组织成员时，即丧失宅基地使用权，故该项权利不发生继承。因此，宅基地使用权不可以转让，也不能成为继承的遗产。但因为宅基地往往

与房屋不可分离，而法律并未限制房屋的转让和继承，故基于“地随房走”的原则，在房屋被转让和继承时，宅基地使用权也随之转移；但如果宅基地上尚未建有房屋，该宅基地不能作为遗产予以分配。[①] 而农村房屋拆迁补偿是一种财产性权益，应当归属房屋权利人，房屋原权利人已经死亡的，拆迁补偿利益可以由继承人依照《中华人民共和国民法典》的规定进行继承。

具体到本案中，根据政府土地登记审批表涉案宅基地登记在张丙名下，能够认定张丙、吴某夫妇对涉案宅基地享有使用权和对地上附着物享有所有权。因被继承人张丙与吴某均已去世，法律未禁止非集体组织成员因继承获得涉案房屋产权性质的所有权，故张甲与张乙均依法享有继承上述房屋的权利。某村村民委员会虽是与张乙签订的相关协议，但协议内容是将张丙户上的房屋拆除并将宅基地交还某村村委，某村村委给予相应的补偿。故相应的补偿应包括对张丙户上房屋及退还宅基地进行的补偿，宅基地面积仅是作为确定拆迁补偿利益的计算方式，张乙名下某村三套楼房属于拆迁利益部分。因当事人未对张丙户上房屋进行分割处理，现因涉案房屋拆迁获得了补偿，该补偿应当作为遗产进行分割。当然被继承人未留有遗嘱，故应当按照法定继承分割。尽管同一顺序继承人继承遗产的份额一般应当均等，但鉴于某村村委出具《证明》证明张乙户口迁入该村后享受村民待遇，村内拆迁所获得的利益是基于宅基地及地上附着物的安置补偿和村民安置补偿，具有一定的身份性和村民的福利待遇性，故本案二审酌定张甲分得上述三套房屋三分之一份额和张乙分得上述三套房屋三分之二份额亦是合理适当的。

编写人：山东省淄博市张店区人民法院　刘晓辉
山东省淄博市中级人民法院　荣明潇

① 最高人民法院民法典贯彻实施工作领导小组主编：《中华人民共和国民法典婚姻家庭编继承编理解与适用》，人民法院出版社2020年版，第499~501页。

（二）遗嘱继承纠纷

45

不符合法定形式要件的录像遗嘱应属无效

——杨甲等诉杨戊、杨己继承案

【案件基本信息】

1. 裁判书字号

北京市第三中级人民法院（2021）京 03 民终 9831 号民事判决书

2. 案由：继承纠纷

3. 当事人

原告（被上诉人）：杨甲、杨乙、杨丙、杨丁

被告（上诉人）：杨戊

被告：杨己

【基本案情】

位于顺义区牛山镇北京维尼纶厂生活区×楼×门××号房屋（以下简称诉争房屋）登记于杨某和名下，系杨某和的福利分房，该房屋属于棚户区改造土地开发项目范围。

杨某和与赵某系夫妻关系，杨某和 2007 年去世，赵某 2020 年去世。二人育有六个子女：长女杨甲，次女杨乙，三女杨己，长子杨丙，次子杨丁、三子杨戊。因杨某和已故，2018 年 7 月，征收人（甲方）与被征收人赵某、六原被告（乙方）签订了征收补偿协议及补充协议。杨戊作为乙方的委托代理人代为

办理补偿协议相关事宜并领取了款项。

原告杨甲、杨乙、杨丙、杨丁因继承纠纷起诉被告杨戊、杨己，四原告要求继承杨某和、赵某遗留下拆迁补偿款520万元，因拆迁款被杨戊领取，要求杨戊支付四原告每人86.66万元及利息。

诉讼中，杨戊不同意返还四原告应当继承的补偿款，并提交2018年视听资料，证明其母赵某立遗嘱明确将涉案房屋及财产留给杨戊继承。该视听资料，为杨戊录制的视频，长达40余分钟。

【案件焦点】

1. 赵某是否订立遗嘱对遗产进行分配；2. 该遗嘱是否属于录像遗嘱，是否有效。

【法院裁判要旨】

北京市顺义区人民法院经审理认为：赵某是否订立遗嘱对遗产进行分配应从以下三个方面考虑。

一、被继承人订立遗嘱方式的审查

本案中，被告杨戊提交一份2018年录制的视听资料，其主要录像内容记录被继承人去世后如何分配遗产，该种方式虽然在《中华人民共和国继承法》中并未规定，但按照法律精神适用民法典的规定更有利于保护民事主体合法权益，有利于弘扬社会主义核心价值观的应适用民法典，故根据《中华人民共和国民法典》第一千一百三十七条的规定，该案属于录像立遗嘱的方式。

二、判断录像遗嘱的效力

遗嘱是否具有法律效力，最关键的一点是符合法定的形式要件，录像遗嘱应当有两个以上见证人在场见证。遗嘱人和见证人应当在录音录像中记录其姓名或者肖像，以及年、月、日，见证人亦要符合《中华人民共和国民法典》规定。该录像内容遗嘱人和见证人均没有在遗嘱中口述姓名和日期，虽然提交的在场邻居签字的声明中包含签字和日期，但录像遗嘱应当是在录像中口述姓名和日期，所以该录像遗嘱不符合法定形式要件；另外，本案整个视频过程均是在见证人于某花的询问下进行的聊天形式的对话，整个聊天过程中继承人之一的杨戊一直参与谈话，与遗嘱只能由遗嘱人自己独立自主地做出，不能由他人的意思辅助或者代理的法律要求相悖。综上，案涉录像遗嘱应属无效。

三、录像遗嘱无效后遗产分配的确定

本案中，诉争房屋拆迁转化的补偿款系杨某和、赵某夫妻共同财产转化为的遗产，杨某和去世前未立遗嘱，杨某和的遗产应当法定继承，赵某无权对杨某和的遗产进行处理。原、被告六人系二人子女，属于同一顺序继承人，应按照法定继承原则处理。综上，判决如下：

一、被告杨戊于本判决生效之日起七日内支付原告杨甲、杨乙、杨丙、杨丁及被告杨己每人八十万元及利息（以八十万元为基数，自2021年3月2日起至实际付清之日止，按照全国银行间同业拆借中心公布的贷款市场报价利率的标准计算）；

二、驳回原告杨甲、杨乙、杨丙、杨丁的其他诉讼请求。

杨戊不服，提起上诉。

北京市第三中级人民法院同意一审法院裁判意见，判决如下：

驳回上诉，维持原判。

【法官后语】

录像遗嘱是《中华人民共和国民法典》在原《中华人民共和国继承法》原有录音遗嘱的形式上新增加的一种订立遗嘱的形式，主要是指以可以录制声音和影像的器材来录制遗嘱人所口述的遗嘱内容。这种遗嘱可以记录遗嘱人的声音和影像，相比于录音遗嘱而言，更为直观，也更容易体现遗嘱人的真实意愿，不仅丰富了订立遗嘱的形式，还给遗嘱人带来更多选择，也使遗嘱人能够更轻易地订立遗嘱。有效的遗嘱必须符合法定条件，即遗嘱人在立遗嘱时必须具有完全行为能力，遗嘱必须是遗嘱人的真实意思表示，遗嘱的内容必须合法，遗嘱的形式必须符合法律规定。

一、录像视听资料需具备完整性

录制的过程应一镜到底，不能存在剪辑、删减，否则应当认定遗嘱无效。

一方面，要对订立遗嘱的周围环境进行采集确保录制地点安全、不受外界或利害关系人干扰，最好固定机位保持录像过程的稳定性，全程无休地录制，在录制设备出现故障时应重新录制；另一方面，要完整地采集遗嘱人和见证人的肖像或其明确姓名、身份的过程。《中华人民共和国民法典》虽要求姓名和肖像有其一即可，但录像遗嘱相比其他形式遗嘱的主要特点就在于能够通过动态画面辨识遗嘱人、见证人的身份及订立遗嘱时的精神状态，最好姓名和肖像同时体现，且在订立遗嘱的全过程中尽量要始终保持在录制画面中。

二、录像遗嘱需明确订立遗嘱的意思表示，意思表示需独立不受干扰和引导

由于遗嘱与其他民事法律行为不同，它是一种与立遗嘱人的人身关系有直接联系的法律行为，要求遗嘱人亲自进行，不能由他人代为办理。《中华人民共和国民法典》规定了关于遗嘱见证人资格的限制性条件，其初衷不仅是保证遗嘱见证人的中立性，也是保证遗嘱人订立遗嘱时其意志不被他人左右，这里当然包括利害关系人也不能出现在现场，遗嘱人和见证人的行为更不能受利害关系人的引导。也就是说遗嘱人在立遗嘱时要独立、自主、不受诱导和没有不当引导的情况下表达他的真实意思并能够正确判断自己行为所产生的法律后果。录像遗嘱所记录的内容为口述，首先，就要求遗嘱人在录像开头明确表示其录制视频的目的是订立遗嘱，分配自己去世后的遗产，只有这样才能通过录像内容确定遗嘱人的真实意思，防止日常生活中的某段录像被误认定为遗嘱混淆视听，同时也确认录像中遗嘱人的表示是其严肃、认真而作出的；其次，见证人和遗嘱人的姓名、身份地位等信息和对其财产的分配情况也应当清晰表示；最后，遗嘱人和见证人在录像中要表明录制的具体时间即年、月、日。对于遗嘱的用词只要符合正常的逻辑不存在歧义，法院亦应不苛求规范专业的表述。

本案中，审查录像遗嘱的法定形式要件时：一是遗嘱人和见证人均没有在遗嘱中口述自己的姓名和日期，不符合录像遗嘱的法定形式要件；二是本案整个视频过程均是在见证人的询问下所做陈述且见证人还不时看手中记录事项的本子，作为继承人之一的被告杨戊在场且参与谈话。从这一系列行为和利害关

系人在场的事实分析，该录像遗嘱显然违背了独立自主订立遗嘱的原则，故丧失了遗嘱代表遗嘱人真实意思的基础条件，应属无效。

编写人：北京市顺义区人民法院　涂琳　张志鹏

46

打印遗嘱的效力认定问题

——黄某甲、冯某诉黄某乙等继承案

【案件基本信息】

1. 裁判书字号

广东省深圳市罗湖区人民法院（2020）粤 0303 民初 33242 号民事判决书

2. 案由：继承纠纷

3. 当事人

原告：黄某甲、冯某

被告：黄某乙、方某贞、黄某丙

【基本案情】

被继承人黄某某和被告方某贞为夫妻，育有被告黄某乙、黄某丙，原告黄某甲三子女。原告冯某系原告黄某甲的配偶。2002 年 11 月 26 日，被告方某贞代被继承人黄某某书写一份遗嘱，称因其与方某贞分得的单位房改房系由原告冯某父母出资，故在其死后将其名下的该房产由小儿子黄某甲和小儿媳冯某继承。2003 年 8 月 26 日，被继承人黄某某与其妻子方某贞订立合立遗嘱，约定被继承人去世后其名下涉案房产的 1/2 份额归其小儿子黄某甲和小儿媳冯某所有；小儿子与小儿媳为方某贞养老送终，在两个人都去世后，涉案房产归小儿子黄某甲和小儿媳冯某所有。本遗嘱在两位遗嘱人中任何一人去世后均生效，但只能生效属于去世者遗产部分。该遗嘱系打印件，在两位律师的见证下作出，遗嘱人和见证人均在该遗嘱上签名，注明年、月、日。被继承人黄某某于2003年9月7日去世。被告方某贞于2016年3月10日做了一份公证遗嘱，称其去世后将涉案房产其名下的份额归小儿子黄某甲和小儿媳冯某所有。2016年3月25日，方某贞又以公证声明的方式撤销了2016年3月10日的遗嘱。后原告黄某甲与其哥哥被告黄某乙因涉案房产的权属发生争议，被继承人的小儿子黄某甲和小儿媳冯某诉至法院，要求按照被继承人黄某某遗嘱的内容将涉案房产被继承人黄某某名下的1/2份额确认归二人所有。

【案件焦点】

1. 2002年11月26日订立的代书遗嘱的效力；2. 2003年8月26日订立的打印遗嘱的效力。

【法院裁判要旨】

广东省深圳市罗湖区人民法院经审理认为：本案所涉遗嘱以及继承开始的时间虽然在民法典生效前，但是，因本案涉及打印遗嘱，且遗产尚未处理，故应适用民法典相关规定。2002年11月26日订立的遗嘱，因代书人系被继承的配偶，不符合代书人的条件；且该代书遗嘱无其他见证人签名。故该遗嘱不符合代书遗嘱的法定形式，该代书遗嘱无效。2003年8月26日订立的遗嘱，从形式上看，该遗嘱为打印件，两位遗嘱人和两位见证人均在该打印遗嘱上签名，遗嘱上注明了年、月、日，符合打印遗嘱的形式要件。从内容上看，首先，该遗嘱系遗嘱人对其个人合法财产死后的处分，且未取得遗产的继承人不存在缺乏劳动能力且无生活来源的情形。其次，该遗嘱中称在被继承人黄某某去世后被告方某贞由二原告养老送终，该遗嘱属于附义务的遗嘱，遗嘱继承人黄某甲和受遗赠人冯某应尽到赡养被告方某贞的义务。根据被告方某贞在庭审中确认的事实以及原告提交的证据可知，二原告已履行了遗嘱所附的赡养方某贞的义务。最后，尽管被告方某贞通过公证的方式撤销了其在2016年3月10日所做的遗嘱，该撤销声明的内容与被告方某贞之前的两份遗嘱内容相反，应视为被告方某贞对其遗嘱内容的撤回。但是，本案所涉及的遗产系被继承人黄某某的遗产，且2003年8月26日的遗嘱中明确“本遗嘱在我们两个人中任何一人去世后均生效，但只能生效属于去世者遗产部分”。也就是说两人对共有的涉案房产所做的处分并无相互制约、互为条件的意思。因此，被告方某贞的该撤回行为不影响本案被继承人黄某某遗嘱效力问题。综上所述，2003年8月26日订立的遗嘱中被继承人黄某某的遗嘱内容有效。

广东省深圳市罗湖区人民法院依照《中华人民共和国民法典》第一千一百二十二条、第一千一百三十三条、第一千一百三十六条、第一千一百四十二条、第一千一百四十四条，《最高人民法院关于适用〈中华人民共和国民法典〉时间效力的若干规定》第十五条，原《中华人民共和国民事诉讼法》第六十四条第一款、第一百四十二条之规定，判决如下：

一、登记在被继承人黄某某名下的位于广东省深圳市罗湖区××路××村×栋××房中的1/2产权归原告黄某甲和冯某所有，被告黄某乙、黄某丙、方某贞应在本判决生效之日起十五日内配合原告黄某甲、冯某办理房屋产权变更登记手续；

二、驳回原告黄某甲和冯某的其他诉讼请求。

判决后，双方当事人均未上诉，本判决现已生效。

【法官后语】

随着电脑、打印机等科技设备的普及化，人们的书写习惯发生了巨大的变化，打印输出成了文本记录的重要方式。为顺应时代变化，呼应社会需求，《中华人民共和国民法典》（以下简称《民法典》）在原《中华人民共和国继承法》规定的基础上增加了打印遗嘱等遗嘱形式，并对打印遗嘱的法定形式要件予以明确规定。《民法典》对遗嘱形式的丰富为生活中已经出现的新的遗嘱形式提供了法律依据，从而使遗嘱人选择订立遗嘱的方式更加多样、便捷、自由。因打印遗嘱系《民法典》新增加的内容，对打印遗嘱的认定以及打印遗嘱与代书遗嘱的区别等，在实践中还存在争议，结合本案，分析如下：

一、打印遗嘱的要件分析

（一）打印遗嘱的形式要件

根据《民法典》第一千一百三十六条的规定，打印遗嘱的形式要件包括以下三个方面：1. 遗嘱是借助电子计算机设备制作并经打印机输出的载体形式；2. 打印遗嘱应由两个以上适格的见证人在场见证。为了保障遗嘱见证人能够客观地进行见证，《民法典》第一千一百四十条对见证人的条件进行了限制，对打印遗嘱效力认定时应注意审查见证人的条件；3. 遗嘱人和见证人均要在该打印遗嘱的每一页签名，并注明年、月、日。这里有两个问题需要注意：第一，是要在每一页都签名，这是因为打印遗嘱无法体现书写笔迹的一致性，容易被删除、篡改，因此特别要求打印遗嘱应保证立遗嘱人和见证人在遗嘱的每一页签名并注明时间。如果是多页的打印遗嘱，没有签名的部分是无效的，如果没有签名的部分和签名的部分为一个整体，认定没有签名的部分无效后无法认定有签名的部分的具体内容时，应认定遗嘱全部无效为宜。第二，在签署时间时，年、月、日缺一不可。这样一方面便于确定立遗嘱人订立遗嘱时的身体和精神状况，另一方面是为了确定多份遗嘱的前后顺序。

具体到本案，案涉2003年8月26日订立的遗嘱，是用电脑制作并打印输出的，为打印遗嘱。尽管在订立遗嘱时，原继承法对于遗嘱的订立方式并无打印遗嘱形式，但遗产尚未处理，故本案可适用民法典关于打印遗嘱的相关规定。本案打印遗嘱有立遗嘱人和见证人签名并注明年、月、日，见证人为两名律师，且与本案的被继承人无利害关系，符合见证人的条件。因此，案涉打印遗嘱从形式上符合法律规定。

（二）打印遗嘱的内容要求

在内容上，遗嘱系被继承人对其生前取得的合法财产的处分。在司法实践中，也存在房产登记在夫妻一方名下，立遗嘱人在订立遗嘱时未区分，将全部房产均视为个人财产而订立遗嘱的情况。如果出现上述情况，该遗嘱就无效吗？对此，《最高人民法院关于适用〈中华人民共和国民法典〉继承编的解释（一）》第二十六条规定，遗嘱人以遗嘱处分了国家、集体或者他人财产的，应当认定该部分遗嘱无效。因此，遗嘱中该部分应认定无效，遗嘱仅对立遗嘱人自己的合法财产的处分发生效力。也就是说，如果出现此种情况，并不必然导致遗嘱全部无效，遗嘱中处分他人财产的部分无效，对自己合法财产的处分仍然有效。

本案中，案涉房产是被继承人与其配偶在婚姻关系存续期间取得的夫妻共同财产，其中的50%属于被继承人的遗产，被继承人有权处分。

二、打印遗嘱与代书遗嘱的区别

在《民法典》施行前，原继承法并没有规定打印遗嘱的形式，审判实践中，打印遗嘱通常被认定为通过打印形成的自书遗嘱或者代书遗嘱。《民法典》施行后，对于在《民法典》施行前已经订立的由他人代为打印形成的遗嘱，若遗嘱所涉遗产尚未处分，也应按照打印遗嘱的规定予以审查。

对于打印遗嘱和代书遗嘱的区别如下：1. 载体形式上不同。打印遗嘱的载体是电脑打印件，代书遗嘱为代书人代为书写形成的。2. 制作主体要求不同。打印遗嘱对打印主体并未规定，打印人既可以是立遗嘱人，也可以是见证人，甚至是第三人。而代书遗嘱制作主体必须是代书人。3. 形式要件不同。打印遗嘱要求立遗嘱人和见证人要在遗嘱的每一页签名，注明年、月、日，而代书遗嘱并没有要求在每一页都签名。

案涉2002年11月26日订立的遗嘱，从形式上看为代书遗嘱，遗嘱系被继承人的配偶代书，因该代书人为继承人，不符合代书人的条件，故该代书遗嘱无效。

编写人：广东省深圳市罗湖区人民法院　栾媛

47

打印遗嘱效力的认定标准

——马甲、马乙诉裴甲继承案

【案件基本信息】

1. 裁判书字号

北京市西城区人民法院（2020）京0102民初831号民事判决书

2. 案由：继承纠纷

3. 当事人

原告：马甲、马乙

被告：裴甲

【基本案情】

刘甲与裴乙系夫妻，共生育子女二人，即裴甲、裴丙。原告马甲、马乙系裴丙之子女。裴乙于2000年2月5日死亡，裴丙于2013年3月20日死亡，刘甲于2017年5月17日死亡。

刘甲生前居住在崇效胡同某号房屋，2016年上述地址被列为棚户区改造范围。2016年1月15日，刘甲与北京投资管理公司签订《协议书》，约定北京投资管理公司出售上述房屋；刘甲同意从其所购房屋的征收补偿款中扣除上述房价款。2019年，项目指挥部（甲方）与马甲（乙方）签订《房屋征收补偿协议》及《房屋征收补偿补充协议》，约定征收房屋，乙方自愿选择货币补偿方式。

本案拆迁协议及补充协议所涉款项金额为5266802.75元、128513.88元，均未发放。

原、被告对上述《房屋征收补偿协议》及《房屋征收补偿补充协议》的效力予以认可，认可协议所涉补偿款为刘甲之遗产。二原告请求二分之一补偿款归二原告共同所有；被告主张应按刘甲所留遗嘱继承遗产。

裴甲主张刘甲生前对补偿款进行了分配，提交遗嘱一份，内容如下："遗嘱立遗嘱人（下称'本人'）：刘甲……针对以上财产，本人做如下处分：1. 上述财产中的被征收房屋评估合计金额的贰佰零贰万伍仟壹佰伍拾壹元整由儿子裴甲（身份证号码：×××）继承；2. 上述财产中的被征收房屋评估合计金额中的壹佰万整遗赠给孙女裴丁（身份证号码：×××）继承；3. 上述财产中的被征收房屋评估合计金额中的伍万元整由外孙（女）马甲（身份证号码：×××）和外孙（子）马乙（身份证号码：×××）姐弟二人共同代位继承。立遗嘱人：（手印） 见证人：牛某（手印）、张某（手印）、刘乙（手印）2016 年 12 月 25 日。"上述引用部分中的内容为手书，其余内容为打印。庭审中，裴甲称遗嘱由刘乙起草并打印，手书部分系刘乙书写，因刘甲是文盲，不会写字，且当时瘫痪在床，故仅在遗嘱中摁手印。

【案件焦点】

涉案遗嘱是否符合打印遗嘱的形式要件，是否有效。

【法院裁判要旨】

北京市西城区人民法院经审理认为：根据原、被告的陈述意见以及本院调查情况，涉案补偿款应认定为刘甲之遗产。本案争议焦点为被告所提交遗嘱是否有效。

对于涉案遗嘱是否符合我国法律对于代书遗嘱的规定，从形式上看，不符合代书遗嘱的法律规定。对于涉案遗嘱是否符合民法典关于打印遗嘱的规定，打印遗嘱应当有两个以上见证人在场见证。遗嘱人和见证人应当在遗嘱每一页签名，并注明年、月、日。根据庭审查明的事实，涉案遗嘱形式上不符合民法典对于打印遗嘱的规定。综上，被告提交的遗嘱不符合代书遗嘱、打印遗嘱的相关规定，不具备遗嘱的法律效力。

本案中，涉案补偿款应按照法定继承的方式办理。裴丙先于刘甲死亡，二原告作为裴丙之子女代位继承裴丙应继承之份额。被告主张对刘甲尽了主要赡养义务，证据不足，本院不予采信。涉案补偿款应由二原告和被告平均继承。

综上，北京市西城区人民法院依照《中华人民共和国继承法》第二条、第五条、第十条、第十一条、第十二条第一款，《中华人民共和国民法典》第一千一百三十五条、第一千一百三十六条，《最高人民法院关于适用〈中华人民共和国民法典〉时间效力的若干规定》第一条、第二条、第十五条之规定，作出如下判决：

一、《西城区菜园街及枣林南里棚户区改造项目房屋征收补偿协议》所涉款项5266802.75元由原告马甲、马乙与被告裴甲共同继承，继承后，原告马甲、马乙分得2633402元，被告裴甲分得2633400.75元；

二、《西城区菜园街及枣林南里棚户区改造项目房屋征收补偿补充协议》所涉款项128513.88元由原告马甲、马乙与被告裴甲共同继承，继承后，原告马甲、马乙分得64256.94元，被告裴甲分得64256.94元。

判决后，双方当事人均未上诉，本判决现已生效。

【法官后语】

打印遗嘱作为一种新形式的遗嘱，文字通过电脑制作形成，缺乏与个人特征的关联性，判断真实性难度大。在审查时，应谨守遗嘱形式法定原则。

一、打印遗嘱的相关法律规定

打印遗嘱是指遗嘱人通过电脑制作遗嘱，再用打印机打印出来的遗嘱。打印遗嘱是民法典所确立的新的遗嘱形式，随着科技的发展和生活方式的变化，文件以打印形式呈现的情况越来越多，因此民法典顺应时代发展，确立了打印遗嘱这一新形式，并在第一千一百三十六条规定：“打印遗嘱应当有两个以上见证人在场见证。遗嘱人和见证人应当在遗嘱每一页签名，注明年、月、日。”

在民法典施行前，司法实践中已经出现了诸多涉及打印遗嘱的继承纠纷案件。为规范打印遗嘱的审查，《最高人民法院关于适用〈中华人民共和国民法典〉时间效力的若干规定》第十五条规定，民法典施行前，遗嘱人以打印方式立的遗嘱，当事人对该遗嘱效力发生争议的，适用民法典第一千一百三十六条的规定，但是遗产已经在民法典施行前处理完毕的除外。

二、打印遗嘱的法定形式要件

1. 两个见证人在场见证。打印遗嘱应当有两个以上见证人在场见证。鉴于打印遗嘱的真实性更难鉴定，遗嘱人的真实意思表示也更难判断，对见证人见证时空一致性的要求不应低于代书遗嘱的审查标准，即见证人应全程在场，见证电脑制作遗嘱与打印遗嘱文本两个步骤。

2. 遗嘱人和见证人在每一页签名，注明年、月、日。因打印遗嘱字体是印刷字体，文字与立遗嘱人的关联性大幅度减弱，不易确定真实性。因此，如果遗嘱为多页，遗嘱人和见证人都要在每一页中签名，注明年、月、日。

三、审查难点之认定

1. 遗嘱内容部分为手写、部分为打印，如何判定遗嘱效力。笔者认为，此类遗嘱应区别审查。如打印部分与手写部分形成一个整体，分割后影响意思表示，则全部分均视为打印遗嘱，按照打印遗嘱的形式要件审查。如打印与手写部分无密切关联，分割不影响意思表示，则打印部分按打印遗嘱形式审查，手写部分以自书或代书遗嘱审查，既不符合自书遗嘱又不符合代书遗嘱的，遗嘱全部无效，按法定继承处理。

2. 遗嘱为多页，部分页面未签名并注明年、月、日。笔者认为，此种情况也应严格审查遗嘱的形式要件。如多页遗嘱是不可分割的整体，缺失形式不完整的页面后无法判断意思表示，则应认定遗嘱全部无效。如多页可以分割理解，则没有遗嘱人、见证人签名并注明年、月、日的遗嘱部分是无效的，而不是指遗嘱全部无效。

四、总结

打印遗嘱在日常生活中日渐普遍，司法实践中也多有打印遗嘱引发的纠纷。民法典确立了这一新形式遗嘱，适应了时代发展，弥补了我国遗嘱形式的空白。但打印遗嘱的形成过程和字体特点增大了判断遗嘱真实性的难度，增加了伪造遗嘱的风险，对法院审查遗嘱效力提出了更高要求。谨守遗嘱形式法定原则，严格审查打印遗嘱的形式要件才能最大限度地避免虚假遗嘱的产生，保障继承人权益，维护家庭团结和社会稳定。

编写人：北京市西城区人民法院　魏祥胜

48

打印遗嘱适用民法典的时间效力及裁判标准

——朱某某诉佟甲遗嘱继承案

【案件基本信息】

1. 裁判书字号

北京市第三中级人民法院（2021）京03民终17592号民事判决书

2. 案由：遗嘱继承纠纷

3. 当事人

原告（上诉人）：朱某某

被告（被上诉人）：佟甲

第三人：佟乙、佟丙、佟丁、佟戊

【基本案情】

案外人佟某与朱某某系夫妻，二人共生育子女五人，即长子佟乙、次子佟丙、三子佟丁、长女佟甲、次女佟戊。佟某已经死亡，于2017年9月12日注销户籍。佟某与朱某某均为北京市通州区于家务乡农民，坐落于北京市通州区某村174号院的土地使用权登记在佟某名下。

2011年12月18日，佟某、朱某某在北京马某兰律师事务所律师谢某飞、付某的见证下订立遗嘱一份，载明："立遗嘱人佟某与朱某某有位于北京市通州区某村174号和175号的宅院两处，因上述宅院的房屋年久失修，无法居住，经立遗嘱人佟某与朱某某同意，由长女佟甲在上述两处宅院拆除旧房屋，并经二立遗嘱人同意，由佟甲单独全部出资，自2000年起至2011年，陆续新建北房59间，南房23间，东房5间，西房4间，厕所2间。现因立遗嘱人年事已高，为了防止身故后子女因遗产问题产生纠纷，现立遗嘱人自愿立下此遗嘱。……三、立遗嘱人对本遗嘱所涉财产的处理意见：立遗嘱人身故后，位于北京市通州区某村174号（以下简称174号院）和175号宅院（以下简称175号院）及宅院房屋等所有建筑设施中属于立遗嘱人的全部份额，以及如果以后涉及拆迁等，所有相关补偿（包括但不限于宅院土地使用权的补偿、房屋的补偿、其他建筑设施的补偿、搬迁补助、人均优惠购房面积等）中属于二立遗嘱人的全部份额均由长女佟甲全部继承……”同日，北京马某兰律师事务所出具的《律师见证书》载明，“2011年12月18日，佟某、朱某某在北京马某兰律师事务所律师谢某飞、付某面前，在谢某飞根据其口述为其代书的《遗嘱》上签名、摁手印。其意思表示自愿、真实”。

后各继承人因涉案遗嘱形式及效力认定产生纠纷，诉至法院。

谢某飞、付某律师就上述遗嘱的签订过程出庭作证，当庭提交接案笔录、非诉讼委托代理协议、非诉讼授权委托书、加盖北京马某兰律师事务所发票专用章的发票联（显示付款个人为佟某、朱某某，支付金额2000元）。佟甲提交佟某、朱某某订立遗嘱时拍摄的视频光盘作为证据。

另查明，2017年5月4日，北京市通州区于家务派出所对被询问人朱某某的询问笔录载明：“问：174号、175号的房屋所有人是谁？答：是我老伴佟某，已经死亡了，房本上的所有人还是佟某。问：174号、175号的房屋是谁翻盖的？答：是我大女儿佟甲盖的。”

【案件焦点】

民法典实施后打印遗嘱的形式要件及效力认定问题。

【法院裁判要旨】

北京市通州区人民法院经审理认为：夫妻在婚姻关系存续期间取得的财产为夫妻共同财产。174号院、175号院内房屋系佟某、朱某某在婚姻存续期间取得并登记在佟某名下，该两院的房屋应为佟某与朱某某的夫妻共同财产。本案的争议焦点系涉案遗嘱是否合法有效。根据《最高人民法院关于适用〈中华人民共和国民法典〉时间效力的若干规定》（以下简称《民法典时间效力规定》）第十五条规定："民法典施行前，遗嘱人以打印方式立的遗嘱，当事人对该遗嘱效力发生争议的，适用民法典第一千一百三十六条的规定，但是遗产已经在民法典施行前处理完毕的除外。"本案中，从佟某、朱某某订立遗嘱的形式来看，应属于打印遗嘱。从时间来看，该遗嘱的订立虽然发生在民法典施行之前，但涉及的遗产尚未处理完毕。现各方对该遗嘱效力发生争议，依据上述规定，应当适用《中华人民共和国民法典》（以下简称《民法典》）第一千一百三十六条有关打印遗嘱的规定，即"打印遗嘱应当有两个以上见证人在场见证。遗嘱人和见证人应当在遗嘱每一页签名，注明年、月、日"。具体到本案来看，涉案遗嘱全文共一页，遗嘱全文均采取打印形式，遗嘱内容完整并注明立遗嘱时间，落款处有两名见证人谢某飞、付某的签字及立遗嘱人佟某、朱某某的签字、摁手印，故该遗嘱符合打印遗嘱的形式要件。根据谢某飞、付某律师当庭提交的接案笔录、非诉讼委托代理协议、非诉讼授权委托书、加盖北京马某兰律师事务所发票专用章的发票联，可以认定系由佟某、朱某某委托律师见证并支付费用，现有证据亦未显示谢某飞、付某律师与继承人佟甲有利害关系，故该二人可以作为遗嘱见证人。综合涉案遗嘱形成过程、接案笔录、视频等证据并参考两位遗嘱见证人谢某飞、付某律师出庭作证的情况，可以认定佟某、朱某某在立遗嘱过程中意识清楚、头脑清醒，该打印遗嘱系佟某、朱某某的真实意思表示，根据上述规定，该遗嘱符合打印遗嘱的要件，应为合法有效。现朱某某、佟丁、佟乙虽不予认可涉案打印遗嘱，但并未提供充分的反驳证据，故法院对其主张不予采信。朱某某要求判令其与佟某于2011年12月18日订立的遗嘱无效的诉讼请求，缺乏事实及法律依据，法院不予支持。

北京市通州区人民法院依照《中华人民共和国民法典》第一千一百三十六条，《最高人民法院关于适用〈中华人民共和国民法典〉时间效力的若干规定》第十五条，《中华人民共和国民事诉讼法》第六十四条、第一百四十四条之规定，判决如下：

驳回原告朱某某的全部诉讼请求。

朱某某不服一审判决，提起上诉。北京市第三中级人民法院经审理认为：综合双方诉辩主张及证据，本案二审争议焦点主要在于遗嘱形式认定及效力问题。对此，朱某某主张涉案遗嘱属于代书遗嘱，而非打印遗嘱，且不符合这两类遗嘱的法定形式要件，应属无效遗嘱；佟甲主张涉案遗嘱是代书遗嘱，符合法律规定的代书遗嘱形式要件，应属合法有效。本案中，所涉遗嘱系打印机打印出来的遗嘱，落款有当事人签字，虽形成于《民法典》实施前，但符合《民法典时间效力规定》的相关规定，应当直接适用《民法典》第一千一百三十六条，即通过判断涉案遗嘱是否符合打印遗嘱的法律要件判断其效力。朱某某主张应当按照代书遗嘱处理，缺乏法律依据，本院不予采信。根据已经查明的事实，涉案遗嘱仅有一页，落款处有佟某、朱某某签字并摁手印，北京马某兰律师事务所两位律师谢某飞、付某签字作见证，并标注年、月、日，符合打印遗嘱的形式要件。从遗嘱内容、《律师见证书》、接案笔录、视频等证据来看，可以认定佟某、朱某某在立遗嘱的过程中意识清楚，是二人的真实意思表示。因此，从上述案情综合分析，涉案遗嘱应属合法有效。

北京市第三中级人民法院依照《中华人民共和国民事诉讼法》第一百七十七条第一款第一项之规定，判决如下：

驳回上诉，维持原判。

【法官后语】

综合双方诉辩主张及证据，本案二审争议焦点主要在于遗嘱形式认定及效力问题。对此，朱某某主张涉案遗嘱属于代书遗嘱，而非打印遗嘱，且不符合这两类遗嘱的法定形式要件，应属无效遗嘱；佟甲主张涉案遗嘱是代书遗嘱，符合法律规定的代书遗嘱形式要件，应属合法有效。笔者认为，关于涉案遗嘱的形式以及效力的认定，应当厘清以下三个问题：

第一，《民法典》关于打印遗嘱的相关规定。《民法典》实施前，原继承法并未就打印遗嘱作出单独规定，在司法实践中涉及打印遗嘱的继承纠纷案件，主要基于尊重立遗嘱人真实意思表示，对原继承法中的“自书”或“代书”作扩大解释，根据打印遗嘱制作人的不同，分别按照自书遗嘱或代书遗嘱的法律要件审查遗嘱的性质和效力。《民法典》施行后，在第一千一百三十六条专门对打印遗嘱作出规定：“打印遗嘱应当有两个以上见证人在场见证。遗嘱人和见证人应当在遗嘱每一页签名，注明年、月、日”。至此，打印遗嘱成为我国新的法定遗嘱形式的一种，不再因打印遗嘱的制作人是本人还是他人而归类为自书遗嘱或代书遗嘱。从形式要件来看，打印遗嘱与代书遗嘱几乎标准相同，主要原因在于二者都不是遗嘱人亲自书写，而是通过电子计算设备制作或由他人代为书写。因此，二者都需要遗嘱人本人在落款处签名和书写日期，也要求两名在场的见证人签名。同时，由于打印遗嘱的底稿在真实性和存储性方面都存在辨识困难的问题，每页都存在拼接的可能，因此打印遗嘱的形式要求更为严格，需要遗嘱人和见证人在遗嘱每一页都要签名、书写日期，以确认每页内容的真实性。

第二，关于打印遗嘱适用《民法典》的时间效力问题。《民法典时间效力规定》第二条规定：“民法典施行前的法律事实引起的民事纠纷案件，当时的法律、司法解释有规定，适用当时的法律、司法解释的规定，但是适用民法典的规定更有利于保护民事主体合法权益，更有利于维护社会和经济秩序，更有利于弘扬社会主义核心价值观的除外。”该条款主要是针对旧法有规定而新法改变了旧法规定时如何适用法律的规定，包括“法不溯及既往”原则和有利溯及适用规则。由于我国继承制度采取的是法定遗嘱形式制度，故原法律体系中的遗嘱形式实际属于封闭性规定，也即除《中华人民共和国继承法》列举的法定遗嘱形式外，其他非列举的遗嘱形式在法律上均为无效。《民法典》第一千一百三十六条实际上是在原有法定遗嘱形式以外新增打印遗嘱的形式，应当属于《民法典时间效力规定》第二条对原有体系的一种修改，即将非列举的无效遗嘱形式改为法定有效情形。《民法典》第一千一百三十六条关于打印遗嘱的规定即符合该条规定的适用条件。同时由于该打印遗嘱的条款满足《民法典时间效力规定》第二条有利溯及中“三个更有利于”的标准，因此在《民法典时间效力规定》第十五条明确作出规定：“民法典施行前，遗嘱人以打印方式立的遗嘱，当事人对该遗嘱效力发生争议的，适用民法典第一千一百三十六条的规定，但是遗产已经在民法典施行前处理完毕的除外。”本案中，所涉遗嘱系打印机打印出来的遗嘱，落款有当事人签字，虽形成于《民法典》实施前，但符合《民法典时间效力规定》的相关规定，应当直接适用《民法典》第一千一百三十六条，即通过判断涉案遗嘱是否符合打印遗嘱的法律要件判断其效力。本案中，双方对涉案遗产并未进行分割，符合《民法典》第一千一百三十六条的相关规定，因此朱某某主张仍按照代书遗嘱进行认定和处理，缺乏事实及法律依据。

第三，涉案遗嘱是否符合《民法典》中关于打印遗嘱的形式要件。作为一种新型遗嘱，打印遗嘱的形式要件是遗嘱人和两名见证人在遗嘱每一页均签名、书写日期。之所以在形式上作如此严格的规定，主要因为打印件缺乏带有个人特色的书写痕迹，难以辨别制作者，极有可能存在从中调换的风险。为保证打印遗嘱系被继承人的真实意思表示，减少纠纷，《民法典》对打印遗嘱形式要件作了严格的规定。本案中，朱某某上诉主张即便按照打印遗嘱的相关法律规定处理，涉案遗嘱亦不符合遗嘱相关形式要求，属于无效遗嘱；佟甲认可打印遗嘱的效力。根据已经查明的事实，首先，涉案遗嘱仅有一页，落款处有佟某、朱某某签字并摁手印，北京马某兰律师事务所两位律师谢某飞、付某签字作见证，并标注年、月、日，符合打印遗嘱的形式要件；其次，从遗嘱内容来看，遗嘱中对涉案宅院的建造、出资等信息描述详尽，对所涉财产的处理意见表述清晰，同时有《律师见证书》、接案笔录、视频等对两位遗嘱人的签字过程予以记录，可以认定佟某、朱某某在立遗嘱的过程中意识清楚，是二人的真实意思表示；最后，从见证人的情况来看，谢某飞、付某两位律师办理了相应的手续接受佟某、朱某某的委托进行见证，并按照行业规定收取相应费用，现有证据未显示出其与继承人佟甲之间存在利害关系，二人作为遗嘱见证人见证佟某、朱某某的遗嘱形成过程，形式上并未违反法律的相关规定。因此，从上述案情综合分析，涉案遗嘱应属合法有效。

编写人：北京市第三中级人民法院 杨夏

49

代书遗嘱形式存在瑕疵时的效力认定

——钱某甲诉钱某乙等继承案

【案件基本信息】

1. 裁判书字号

江苏省无锡市惠山区人民法院（2021）苏0206民初1491号民事判决书

2. 案由：继承纠纷

3. 当事人

原告：钱某甲

被告：钱某乙等

【基本案情】

钱某大与朱某仙系夫妻，先后生育五个儿子、两个女儿，分别为长子钱某清、次子钱某某、三子钱某乙、四子钱某甲、五子钱某戊、长女钱某英、次女钱某丁。

钱某某终生未婚未育，生前立有代书遗嘱，将位于大松坟头1号的房屋交由钱某甲继承。戴某余作为代书人，潘某良作为见证人在代书遗嘱上签字。大松坟头1号房屋拆迁安置得无锡市惠山区501室、无锡市惠山区502室、无锡市惠山区904室共计3套安置房。其后，8名继承人因房屋继承产生纠纷，钱某甲诉至法院请求按照代书遗嘱内容继承相关房屋。

庭审中，戴某余陈述，其与钱某某系同一生产队的，2002 年 5 月 10 日，钱某某叫其至大松坟头 1 号房屋内代书遗嘱，由钱某某口述遗嘱，其进行记录，其写好遗嘱后交给钱某某签字，再由潘某良签字。潘某良陈述，其与钱某某系同一生产队的，当时钱某某身体不好，他说想把房子给钱某甲，想找戴某余写个纸头，让其签个字作为证据，后来有一天钱某某将其叫至大松坟头 1 号房屋，其到场时戴某余在写，遗嘱基本已经写好，未听到钱某某本人口述遗嘱内容，但看到戴某余和钱某某在遗嘱上签字，其看遗嘱内容与钱某某之前说过的要把房子给钱某甲一致，遂亦在遗嘱上签字，钱某甲当时也在场。钱某某生前与钱某甲一起生活，晚年的医疗费由钱某甲承担，丧葬事宜由钱某甲操办。

【案件焦点】

代书遗嘱的效力认定问题。

【法院裁判要旨】

江苏省无锡市惠山区人民法院经审理认为：代书遗嘱应当有两个以上见证人在场见证，由其中一人代书，注明年、月、日，并由代书人、其他见证人和遗嘱人签名。从形式上看，代书遗嘱并未要求立遗嘱人、代书人及见证人必须摁手印，也未要求立遗嘱人、代书人、见证人均注明年、月、日。被告认为，钱某某有能力自书遗嘱，无须代书遗嘱，遗嘱上的签字由三支笔形成不合常理，遗嘱在钱某某去世多年后才出现，故而遗嘱无效，均系被告主观推断，本院不予采信。被告认为代书遗嘱系钱某某被迫签字，未提交证据证明，本院不予采信。关于代书遗嘱不符合时空一致性要求的抗辩，本院认为，在立遗嘱之前，钱某某已向潘某良告知要将房屋留给钱某甲，潘某良虽未听到钱某某口述遗嘱内容，但亲眼见证了戴某余、钱某某在遗嘱上签字，也确认过遗嘱的内容与钱某某之前的意思表示一致，代书人、见证人均为钱某某同一生产队的乡邻，并非律师，在遗嘱见证的过程中虽有瑕疵，但将房屋交由钱某甲继承确系钱某某真实意思表示。两位证人虽然对立遗嘱的地点及在场人的陈述不一致，但考虑到立遗嘱至今已近二十年，记忆可能会出现偏差，两位证人的陈述并未出现重大矛盾，故本院认为证人的证言可以采信。被告申请对遗嘱上钱某某的笔迹真伪进行鉴定，而根据钱某乙的陈述，被告所提供的比对样本原件持有人亦认可遗嘱上钱某某的签字系本人所签，因被告无法提供样本原件导致鉴定被退回，应由被告自行承担相应的举证不能的法律后果。被告不认可遗嘱的形成时间，未提交证据，本院对其抗辩不予采信。根据两位证人的证言，再结合钱某某生前与钱某甲共同生活，晚年由钱某甲照顾并垫付医疗费、操办丧事，钱某某将遗产留给钱某甲具有合理性，故本院认为钱某某所立代书遗嘱系其真实意思表示，该代书遗嘱有效。根据该代书遗嘱，大松坟头 1 号房屋由钱某甲继承，故大松坟头 1 号房屋拆迁安置所得 3 套安置房亦应由钱某甲继承。

江苏省无锡市惠山区人民法院依照《中华人民共和国继承法》第三条、第五条、第十六条、第十七条第三款，《最高人民法院关于适用〈中华人民共和国民法典〉时间效力的若干规定》第一条第二款，《中华人民共和国民事诉讼法》第六十四条第一款、第一百四十四条之规定，判决如下：

一、无锡市惠山区 501 室、无锡市惠山区 502 室、无锡市惠山区 904 室房屋归钱某甲所有；

二、钱某乙等于本判决生效之日起十日内协助钱某甲办理上述房屋的不动产权证至钱某甲名下。

判决后，双方当事人均未上诉，本判决现已生效。

【法官后语】

在过去，摄影摄像技术不发达，部分老百姓文化程度不高，因此代书遗嘱成了民间常见的一种遗嘱方式。一份有效的代书遗嘱，需要同时满足实质要件和形式要件。代书遗嘱需要符合以下形式要件：1. 由两个以上见证人在场见证；2. 代书人为见证人之一；3. 落款时间需注明年、月、日；4. 代书人、其他见证人和遗嘱人均需要在遗嘱上签名。其中，由两个以上见证人在场见证又包含代书遗嘱应当符合时空一致性要求，包括时间上的同步性和空间上的一致性，也即遗嘱人口述遗嘱内容、代书人代为书写、见证人在旁见证必须在同一时间、同一空间进行，不得在代书人代书完遗嘱后再另行找人作为见证人签字。

由此可见，代书遗嘱的形式要件要求较高，那么不符合时空一致性要求的代书遗嘱是否必然无效？

笔者认为，不符合时空一致性要求的代书遗嘱并不必然无效。遗嘱的本质是遗嘱人生前对其财产所作自由处分，这一处分通常与其生前的生活状态、情感状况息息相关。遗嘱安排的是私人领域的事务，应有充分的遗嘱自由，确保社会利益与个人利益的平衡。贸然以遗嘱形式上存在瑕疵即全盘否认遗嘱的效力，无视遗嘱人的生前意愿，有违当事人意思自治原则，同时也与人民群众最朴素的价值观念不符，同时也会打击人民群众通过自治自理的方式解决内部矛盾的积极性，阻碍矛盾纠纷多元化解体机制建设。从立法趋势来看，较之原继承法，民法典增加了遗嘱的形式，增设了打印遗嘱、录像遗嘱等新的遗嘱形式，取消了公证遗嘱的优先效力，这也体现了司法理念由重形式完整性向重意思真实性的转变。遗嘱的形式要素可分为本体要素和证据要素。本体要素指的是具有遗嘱人人格痕迹、能直接反映遗嘱人意思表示、遗嘱形式中不可或缺的要素，如遗嘱人的签名、摁印等。证据要素指的是增加遗嘱形式的证据证明效力的要素，时空一致性要求即属于遗嘱形式要素中的证据要素，在不符合时空一致性要求的情况下，应当允许当事人通过提供其他证据的方式补强遗嘱的证明力。

对于存在形式上的瑕疵的遗嘱，法院应当综合考察订立遗嘱的时间、代书人及见证人的身份、遗嘱内容的合理性、遗嘱人的真实意思表示，以此判断遗嘱的效力。就本案而言，判断遗嘱效力应综合相关情形进行认定。首先，从遗嘱订立时间来看，本案订立遗嘱至起诉时已经将近20年，记忆难免会出现一定的偏差，代书人和见证人的证言虽然有不同的地方，但对于订立遗嘱的时间地点以及遗嘱的内容、签字的顺序等大部分情况，证人之间的证言均能够相互印证，故证人证言的可信度还是较高的。其次，从身份上来看，如果代书人和见证人是从事法律工作的专业人士，应当对代书遗嘱时空一致性要求有明确的认知，但是本案的代书人和见证人仅是遗嘱人的同村乡邻，对法律的认知程度不高，如对其提出极为严格的时空一致性要求，无疑会超出一般人的接受范围，增加了法律和人民群众的距离感，打击到人民群众自我化解内部矛盾的积极性。

再次，从遗嘱的内容看，遗嘱人与遗产遗留对象系兄弟关系，遗嘱人生前主要由其弟弟负责照顾，二人的房屋相邻，甚至中间打通以方便照顾。遗嘱人死后丧葬亦由其弟弟负责操办，将遗产交给弟弟也符合一般人情感上的寄托。最后，遗嘱作为遗嘱人生前所立对自己死后财产的分配安排的载体，系遗嘱人最后的遗愿，法院应当充分尊重遗嘱人的真实意愿。本案中，见证人表示虽然没有听到遗嘱人口述遗嘱内容，但在叫其去做见证前，遗嘱人就向其表达过遗嘱分配的方案，代书遗嘱的内容与遗嘱人之前的表述是一致的，可见遗嘱上所书遗产分配方案确系遗嘱人的真实意思表示。

在现代科技不断发展的今天，民法典对遗嘱的形式也予以了扩大，增加了打印、录像等新的遗嘱形式。代书遗嘱因形式要求较高，在司法实践中可能还会发生见证人、代书人先于立遗嘱人死亡导致代书遗嘱受到质疑的情况，建议当事人在进行代书遗嘱的同时可以同步录音录像，或者通过公证的方式进一步提高遗嘱的合法性和可信度。对于审判人员而言，在司法裁判的过程中，也应当注意具体问题具体分析，充分结合事实和证据，合理把握裁判尺度，辩证统一地看待遗嘱的内容和形式，采取更加刚柔并济、情法兼顾的审判理念，更好地平衡遗嘱意思真实性和遗嘱形式完整性。

编写人：江苏省无锡市惠山区人民法院　邹迪凡

50

录像遗嘱效力审查标准

——王某新、王某霞诉王某全等继承案

【案件基本信息】

1. 裁判书字号

北京市第三中级人民法院（2021）京03民终10077号民事判决书

2. 案由：继承纠纷

3. 当事人

原告（被上诉人）：王某新、王某霞

被告（上诉人）：王某全、王某逸

被告（被上诉人）：王某敏

【基本案情】

王某玲与王某增系夫妻关系，双方均系初婚；二人共育有四名子女分别为：王某敏、王某全、王某新、王某霞。王某增于2000年10月16日去世，王某玲于2019年7月11日去世；王某逸系王某全之子。王某增、王某玲留有位于北京市朝阳区东大桥路三居室房屋（以下简称涉案房屋）一套。

王某逸提交2016年10月11日王某玲留有的名为代书遗嘱的书面资料两份，其中一份上载：我的遗嘱 涉案房产归我的孙子王某逸所有。2016年10月11日，见证人：车某芬、司某英、孔某姨；另一份上载：本人王某玲，在2016年10月11日，在家以录像和文字的形式立遗嘱（注：涉案房屋）。本人在东大桥16号楼809号名下的房产，在我百年之后归孙子王某逸所有，为此特邀请朋友、车某芬、司某英、孔某姨现场作证。证明人：车某芬、司某英、孔某姨，房产遗嘱人：王某玲。

一审期间，王某逸提交2016年10月11日录像遗嘱光盘一张，表示无法提交录像遗嘱的原始载体。二审期间，王某逸提交录像遗嘱原始载体，其称王某全在一审期间因刑事案件被羁押，二审期间王某全获得取保候审机会，才得以在库房找到原始载体手机。

遗嘱见证人车某芬、司某英、孔某姨以及遗嘱代书人杨某玉出庭作证，陈述订立遗嘱的过程。

王某新、王某霞诉至法院请求判令王某新、王某霞分别继承涉案房屋四分之一的份额。王某全、王某逸主张王某玲留有代书遗嘱和录像遗嘱，要求王某逸依据遗嘱继承王某玲对涉案房屋所享产权份额。王某敏要求继承涉案房屋四分之一的产权份额。

【案件焦点】

1. 王某逸提交的录像遗嘱是否合法有效；2. 遗嘱存在形式瑕疵时是否影响其效力认定。

【法院裁判要旨】

北京市朝阳区人民法院经审理认为：遗产是公民死亡时遗留的个人合法财产。继承开始后，按照法定继承办理；有遗嘱的，按照遗嘱继承或者遗赠办理。涉案房屋系王某增与王某玲夫妻共同财产，二人去世后应作为遗产予以分割。两份代书遗嘱均没有代书人签名，不符合代书遗嘱形式要件要求，应认定为无效遗嘱。

录像遗嘱应提供储存该视听资料的原始载体，遗嘱人和见证人应当清晰地在录像中记录其姓名；在记录肖像时，遗嘱人和见证人上半身影像和全身影像都应在录像中有所反映，尤其是脸部图像更需要清晰地呈现出来。王某逸未提交录像遗嘱的原始载体，且在该录像过程中，见证人孔某姨未全程露面，见证人车某芬、司某英、孔某姨均未自述自己的姓名和身份信息，综上，法院认定录像遗嘱无效。

北京市朝阳区人民法院依据《中华人民共和国民法典》第一千一百三十五条、第一千一百三十七条之规定，作出如下判决：

一、被继承人王某增名下的涉案房屋由王某新、王某霞、王某全、王某敏共同继承，各享有四分之一的产权份额；

二、驳回王某逸的其他诉讼请求。

判决后，王某全、王某逸提起上诉，北京市第三中级人民法院经审理认为：王某逸二审中提交了录像遗嘱的原始载体。录像较为连贯清晰，王某玲在录像中较为清晰地表达了自己对遗产处理的意愿，录像中亦能够体现出两名以上在场见证人进行了见证。王某玲生前所立遗嘱应认定真实有效。在此基础上，涉案房屋属于王某玲的60%份额应按照遗嘱由王某逸享有，属于王某增的份额应由王某新、王某霞、王某敏、王某全进行法定继承，各继承10%。

北京市第三中级人民法院依照《中华人民共和国民法典》第一千一百三十

五条、第一千一百三十七条之规定，作出如下判决：

一、撤销北京市朝阳区人民法院（2021）京0105民初15258号民事判决；

二、被继承人王某增名下的涉案房屋由王某逸享有60%的产权份额，由王某新、王某霞、王某全、王某敏各享有10%的产权份额；

三、驳回王某新、王某霞的其他诉讼请求。

【法官后语】

《中华人民共和国民法典》中增加了录像遗嘱的相关规定，系回应科技发展背景下民众对于获取证据的便捷性需求。通过录像设备将遗嘱人订立遗嘱的过程进行录制并保存，可以给人们呈现出视听双重景象，有利于查知遗嘱人的真实意思表示，维护遗嘱人及相关继承人的合法权益。

法律对于录像遗嘱这种形式的确认丰富了遗嘱形式，但因为录像遗嘱具有可反复复制、播放的数字化特性，其存在容易被伪造、修改、编辑的特点，因此要对录像遗嘱的基本构成要件作出要式规定。现行法律对于录像遗嘱的具体形式和内容审查标准未作详细规定，在此情况下，录像遗嘱应同时满足“见证遗嘱”和“视听资料、电子数据”的效力要求。

一、录像遗嘱的基本形式要件

（1）录像遗嘱必须录制遗嘱人和见证人的肖像。如果当事人提供的录像视频中没有遗嘱人和见证人完整的正面肖像，全程展示了侧面像或者因为角度原因无法看清正面肖像，在这种情况下，不能认定录像遗嘱的效力。

（2）有两名以上见证人在场。为了保证录像遗嘱的真实性，需要两名以上无利害关系的见证人在场，全程见证录像遗嘱的形成过程。如果录像遗嘱中见证人的见证过程存在瑕疵，如拍摄角度等原因导致个别见证人的见证过程存在瑕疵，并不影响录音录像遗嘱的整体效力，但如果根本没有见证人在场，则属于在形式要件上的重大缺陷，依法不应认定其法律效力。

（3）录像必须有指定内容。首先，为了区别录像遗嘱与普通谈话的录像，录像遗嘱必须在开头由遗嘱人宣示所录内容为遗嘱；其次，遗嘱人和见证人要在录像中明确自己的姓名、身份；最后，遗嘱人和见证人要在录像中表明录制的具体时间。

二、录像遗嘱作为视听资料、电子数据的真伪审查

（1）当事人以视听资料作为证据的，应当提供存储该视听资料的原始载体。当事人以电子数据作为证据的，应当提供原件。电子数据的制作者制作的与原件一致的副本，或者直接来源于电子数据的打印件或其他可以显示、识别的输出介质，视为电子数据的原件。

（2）电子数据的真实性认定应综合考量电子数据的生成、存储、传输所依赖的计算机系统的硬件、软件环境是否完整、可靠，是否处于正常运行状态，或者不处于正常运行状态时对电子数据的生成、存储、传输是否有影响，是否具备有效地防止出错的监测、核查手段，电子数据是否被完整地保存、传输、提取，保存、传输、提取的方法是否可靠，电子数据是否在正常的往来活动中形成和存储，保存、传输、提取电子数据的主体是否适当等影响电子数据完整性和可靠性的因素。必要时，可以通过鉴定或者勘验等方法，审查判断录像有无拼接、录像帧数是否自然完整。

本案中，一审期间王某逸未提交录像遗嘱原始载体，二审期间补充提交原始载体并对于逾期提交原因作出合理说明，故满足了录像遗嘱的基本构成要件。

同时，为了尊重立遗嘱人的真实意思表示，判断遗嘱是否有效需综合考虑遗嘱的要式性和立遗嘱人的真意。虽然录像遗嘱中见证人孔某姨未全程露面，见证人车某芬、司某英、孔某姨均未自述自己的姓名，但前述瑕疵应属于轻微瑕疵，不影响确认遗嘱内容系王某玲真实意思表示，故二审认定录像遗嘱有效更为合理。

除此以外，法律虽然未对录像遗嘱的保存形式进行规定，但如果法律规定录像制作完毕后，应当密封保存，并在封面上由遗嘱人、见证人签名，注明年、月、日，由遗嘱人或交见证人保管或通过区块链技术进行存储，更有助于减少录像遗嘱被篡改的风险，增加录像遗嘱的证明力。

编写人：北京市朝阳区人民法院　张玉倩

51

遗嘱的形式要件瑕疵对遗嘱效力的影响

——田甲诉田乙等继承案

【案件基本信息】

1. 裁判书字号

北京市西城区人民法院（2019）京0102民初42018号民事判决书

2. 案由：继承纠纷

3. 当事人

原告：田甲

被告：田乙、田丙、田丁、田戊、田己

【基本案情】

被继承人田庚与刘甲育有三名子女，即田戊、田己、田丁，双方结婚时田庚带有未成年子女田乙、田丙共同生活。田甲系田戊之子。田庚于2012年1月15日死亡，未留有遗嘱。刘甲于2019年1月7日死亡。

二人生前共有房屋两套，即北京市西城区××号房屋与北京市海淀区××号房屋。

刘甲生前留有2份内容相同的遗嘱，现分别由田甲和田己持有。遗嘱内容为“在2002年时我和田庚商量好，待我们百年之后，西城区××号房屋赠给长孙田甲，海淀区××号房屋赠给次子田己”，落款处为“20010年10月1号 刘甲”。田甲持有的遗嘱中，另有“特此证明是刘甲亲笔立此遗嘱。王某、刘乙 2016年1月18号”内容，王某出庭作证，表示“特此证明是刘甲亲笔立此遗嘱”是其所写，但没有看到刘甲书写遗嘱的过程。上述遗嘱经笔迹鉴定确定为刘甲本人书写。

2019 年 9 月 11 日、9 月 12 日、9 月 13 日，田戊、田己、田丁分别出具声明书，表示 2019 年 1 月 13 日，田己、田甲向其他亲友告知接受遗赠的房产，其认可父母所立遗嘱的真实性，同意按照遗嘱内容进行房产的分配。

2021 年 3 月 13 日、3 月 14 日、3 月 15 日，田戊、田丁、田己分别出具声明书，表示同意按照父母的遗嘱将所继承的西城区房屋份额赠与田甲。2021 年 3 月 13 日、3 月 14 日，田戊、田丁分别出具声明书，表示同意按照父母的遗嘱将所继承的海淀区房屋份额赠与田己。

但各继承人因遗嘱效力认定问题产生纠纷，诉至法院。关于遗嘱的效力，田甲主张遗嘱为刘甲和田庚的共同意思表示，遗嘱真实有效，遗嘱订立日期为 2010 年 10 月 1 日。田戊、田丁、田己认可遗嘱内容真实有效。田乙、田丙认为遗嘱形式不符合自书遗嘱规定，自书遗嘱应注明年、月、日，而田甲提交的遗嘱日期记载为 20010 年 10 月 1 日，不能确定遗嘱形成日期为田甲主张的 2010 年 10 月 1 日，不能确定最后一个 0 是否为他人添加。

【案件焦点】

1. 刘甲所立遗嘱是否符合法律规定的形式要件；2. 遗嘱的内容是否全部合法有效。

【法院裁判要旨】

北京市西城区人民法院经审理认为：第一，刘甲所立遗嘱符合法律规定的形式要件。遗嘱落款处有刘甲的签字和“20010 年 10 月 1 号”字样，根据落款字样的位置和样式特点，并结合本案其他证据可以看出，该遗嘱并非未注明年、月、日，而是存在一定瑕疵，是立遗嘱人在书写年份时存在笔误。关于立遗嘱的具体年份，刘甲所书写的“20010”系五位数，比正常年份多写了一位数，结合现在的年份来推断，只能是 2001 年、2000 年或者 2010 年，而遗嘱的内容中出现了“因此在 2002 年时我和田庚商量好”字样，可见立遗嘱的时间在 2002 年之后，即立遗嘱的时间只可能是 2010 年，具体时间为 2010 年 10 月 1

日。因此，该遗嘱符合法律规定的自书遗嘱由遗嘱人亲笔书写，签名，注明年、月、日的形式要件。

第二，遗嘱的内容部分有效。遗嘱中虽有“因此在2002年时我和田庚商量好，待我们百年之后”字样，但遗嘱的落款处并无田庚的签字。公民立遗嘱时只能处分个人所有的财产，而涉案的西城区房产和海淀区房产中有田庚的份额在内，刘甲无权通过遗嘱将田庚所有的房产份额进行处分，刘甲处理田庚所有的房产份额部分无效。田庚的遗产份额按照法定继承处理。

综上，涉案两套房屋中属于刘甲的份额（包括刘甲从田庚处继承的份额）按遗嘱继承办理，刘甲所有的西城区房屋份额由田甲继承，海淀区房屋份额由田己继承，属于田庚的房屋份额按法定继承办理。田戊、田丁、田己将应由其继承的西城区房屋份额赠与田甲，田戊、田丁将应由其继承的海淀区房屋份额赠与田己，本院对此不持异议。

北京市西城区人民法院依照《中华人民共和国继承法》第二条、第三条、第五条、第十条、第十三条、第十六条、第十七条、第二十五条、第二十六条、第二十七条，《最高人民法院关于适用〈中华人民共和国民法典〉时间效力的若干规定》第一条之规定，判决如下：

一、登记在刘甲名下位于北京市西城区××号房产由原告田甲、被告田乙、被告田丙共同继承，其中原告田甲继承5/6份额，被告田乙和被告田丙各继承1/12份额；

二、登记在田庚名下位于北京市海淀区××号房产由被告田己、被告田乙、被告田丙共同继承，其中被告田己继承5/6份额，被告田乙和被告田丙各继承1/12份额；

三、被告田己保管的田庚、刘甲遗留的存款20万元由被告田己继承，被告田己于本判决生效后十日内向被告田戊、被告田丁、被告田乙、被告田丙各支付4万元；

四、驳回原告田甲和被告田戊、被告田丁、被告田己、被告田乙、被告田丙的其他诉讼请求。

判决后，双方当事人均未上诉，本判决现已生效。

【法官后语】

遗嘱的实质要件瑕疵当然导致遗嘱无效，司法实践中，更多的是因遗嘱形式要件瑕疵引起遗嘱效力争议的情形，这是继承案件的审理重点和难点。

一、遗嘱瑕疵的类型

遗嘱的要件分为实质要件和形式要件，相对应，遗嘱的瑕疵，可以分为实质要件瑕疵和形式要件瑕疵。

《中华人民共和国民法典》（以下简称《民法典》）第一千一百四十三条和《最高人民法院关于适用〈中华人民共和国民法典〉继承编的解释（一）》第二十六条对遗嘱的实质要件作了详尽规定，遗嘱的实质要件瑕疵主要有三个方面的情形：一是立遗嘱人在遗嘱中处分了国家、集体或他人财产的，对于该部分内容应属无效。本案中刘甲订立遗嘱对田庚所享有的份额作出处分，应属无效，对于田庚的遗产应按法定继承；二是立遗嘱人在订立遗嘱时并非完全民事行为能力人，其订立遗嘱无效；三是遗嘱内容并非立遗嘱人真实意思表示，如受欺诈、胁迫订立遗嘱、伪造遗嘱、遗嘱被篡改等情形。

《民法典》第一千一百三十四条至第一千一百三十九条对遗嘱的形式要件作了较为详尽的规定，遗嘱的形式要件瑕疵主要有三个方面：一是签名瑕疵，自书遗嘱和代书遗嘱要求立遗嘱人本人签名，打印遗嘱要求立遗嘱人在每一页均签名；二是日期瑕疵，未注明日期或注明日期不全均属于日期瑕疵。本案中刘甲订立自书遗嘱，在落款日期中注明“20010年10月1日”即属于日期瑕疵的情形；三是见证人瑕疵，代书遗嘱、打印遗嘱、录音录像遗嘱、口头遗嘱均要求有见证人在场见证。

二、瑕疵对于遗嘱效力的影响

对于立遗嘱人欠缺民事行为能力、受胁迫订立遗嘱等实质要件存在瑕疵的遗嘱，根据法律规定当属无效。而形式要件的瑕疵并不必然导致遗嘱无效。遗嘱要式性的立法目的在于最大限度地确保遗嘱的真实性，保障立遗嘱人的遗嘱自由并最终实现对死者人格尊严的维护。在现实生活中，由于立遗嘱人文化水平的高低不一，对相关法律规定了解程度也深浅不一，会导致立遗嘱人真实意思表示的自书遗嘱在形式上出现不同程度的瑕疵。一味严格机械地套用法律条文，不对各种情况加以甄别、区分，则可能导致既否定了遗嘱人的真实意愿，也违背了法律设立遗嘱严格要件性制度的初衷。

3. 遗嘱瑕疵的补足

要式是手段，保真是目的。在认定遗嘱效力时，不应为了便于操作，便将不符合形式要件的遗嘱“一刀切”地认定为无效，而应首先重点查清立遗嘱人意思表示的真实性，遵循遗嘱自由原则。对于有形式要件瑕疵的遗嘱，可通过证据补强规则，由主张遗嘱有效的一方当事人承担进一步的举证责任，若确有充分证据可以弥补形式要件瑕疵，则应认定为遗嘱有效。本案中立遗嘱人虽将遗嘱日期注明为“20010 年 10 月 1 日”，但通过证人证言以及常理推定，可以确认立遗嘱日期为 2010 年 10 月 1 日，故涉案遗嘱有效。

编写人：北京市西城区人民法院　胡正喜　陈思桦

52

遗嘱要求遗产“不能传给外姓人”的性质分析及对遗嘱继承的影响

——严某秋诉严某遗嘱继承案

【案件基本信息】

1. 裁判书字号

北京市第二中级人民法院（2021）京 02 民终 4133 号民事判决书

2. 案由：遗嘱继承纠纷

3. 当事人

原告（被上诉人）：严某秋

被告（上诉人）：严某

【基本案情】

严某洲与王某华系夫妻关系，二人育有一子严某1、一女严某秋。严某1与康某雯育有一子严某，严某1于1998年12月8日去世。

2002年5月23日，严某洲及王某华至北京市丰台区公证处申请公证。严某洲申请事项为：因年老体弱，为避免去世之后房产发生财产纠纷，故立此遗嘱为证。王某华申请事项为：因年迈多病，为避免死后发生财产纠纷，故立遗嘱，并申办公证。

2002年6月18日，北京市丰台区公证处出具0722号公证书。被公证《遗嘱》的内容为：我和我的夫人均为部队离休干部，育有一子一女。子严某1，女严某秋，儿媳康某雯、孙严某。我们共有军队售给我们两人的六居室房子一套，存有郭沫若亲笔书写的字一幅、黄胄的画一幅，以及名贵的若干字画，以及家中一切生活物品……我和夫人自1950年至今，结婚50多年，历经坎坷，同甘共苦，患难与共。在我现今身体尚健，神志清楚之时，我将属于我的房子、字画及家中一切物品，全部给予我的夫人王某华，由她根据实际情况决定身后继承人。如夫人先我去世，上述财产全部由女儿严某秋继承。时间为2000年6月1日。

同日，北京市丰台区公证处出具0723号公证书。被公证的《遗嘱》的内容为：今天是我七十岁生日，回顾我坎坎坷坷，历经磨难的一生……在我身体尚健，头脑清醒，根据《中华人民共和国继承法》第十三条、第十七条，亲笔立下我的遗嘱：我和我丈夫严某洲均为部队离休干部，我们育有一子一女，子严某1，女严某秋，儿媳康某雯、孙严某。我和我丈夫严某洲有六居室房子一套，是军队按照国家政策，根据我和严某洲的军龄、级别售予我们二人的，是我和严某洲共有的房产……我的孙儿严某，出生于一九八一年，我还没有离休，工作繁忙，没有亲自帮助抚养，但在他成长的各个阶段都给予了力所能及的经济上的帮助……根据上述情况，在我去世后，我遗留的一切，包括我丈夫给予我的房产、黄胄的画、郭沫若的字等，均归我女儿严某秋继承。但有一条规定：父母遗留的房产及名画墨宝，不能传给外姓人……时间为2001年6月23日。

2014年6月11日，王某华去世。2018年6月21日，严某洲去世。另查，位于北京市丰台区六里桥的涉案房屋为军队房改成本价售房，房屋产权证的填发日期为2000年1月12日，登记建筑面积为157.24平方米。

王某华就房产、黄胄的画及郭沫若的字及名画墨宝等中属于其所有的部分，要求严某秋“不能传给外姓人”，严某据此要求严某秋应先行承诺对该部分财产不得处分。双方未能协商一致，严某秋遂起诉要求：1. 请求判令被继承人位于北京市丰台区六里桥房屋归严某秋所有，严某协助办理该房屋的过户手续。2. 诉讼费由被告承担。

【案件焦点】

立遗嘱人出于家族传承目的，在遗嘱中对特定继承财产作出“不能传给外姓人”等属于限定或指定遗产的再度处分或再次继承的遗嘱内容性质及效力如何认定，以及对遗嘱继承人继承遗产有何影响。

【法院裁判要旨】

北京市丰台区人民法院经审理认为：继承法规定：公民可以立遗嘱将个人财产指定由法定继承人的一人或者数人继承。自书、代书、录音、口头遗嘱，不得撤销、变更公证遗嘱。本案原北京市丰台区公证处所公证的两份遗嘱，经严某一方申请公证复查后该公证处作出维持公证书的决定，而严某仅针对公证书所存在的个别形式或程序性瑕疵进行了质疑，但并未就其质疑举证证明公证处所公证的遗嘱人订立遗嘱这一民事法律行为的本身存在效力上的瑕疵，且根据在案证据亦足以认定二被继承人经公证的遗嘱系二人真实意思表示，故涉案公证书应当作为认定事实的依据。根据在案事实，王某华于2014年先于严某洲去世，其公证遗嘱明确将其“遗留的一切财产”均归严某秋继承，严某洲于公证遗嘱中明确“将属于我的房子、字画及家中一切物品，全部给予我的夫人王某华”，如王某华先于其去世，则上述财产均由严某秋继承，故王某华与严某洲的财产均应由严某秋继承。其中，王某华就房产、黄胄的画及郭沫若的字及名画墨宝等中属于其所有的部分，要求严某秋“不能传给外姓人”，严某据此要求严某秋应先行承诺对该部分财产不得处分。本院对此注意到：从该遗嘱的指向性上看，系针对传承人的限制，且其内容并未违背当前公序良俗；从义务的履行来看，所限制的时间为财产的再行继承或处分时，时间在本案财产继承之后，且时间并未确定；从遗嘱的内容来看，该要求仅对严某秋的所继承该部分份额设定了消极义务，即系对取得财产后的另行处分给予一定的约束，而非对取得财产本身的约束，故仅在义务违反且损害了利害关系人权益时才发生相应的责任。因此，该遗嘱内容并非严某秋继承遗产设定的先决条件。故严某要求严某秋作出承诺没有事实及法律依据，但如严某秋在获得该部分财产后违反遗嘱中的约束要求并损害到严某利益的，严某可就此向严某秋另行主张相应责任。综合上述分析，被继承人王某华、严某洲名下的全部财产、字画及家中一切物品均应由严某秋继承。

一审判决后，严某上诉至北京市第二中级人民法院，二审法院同意一审法院裁判意见，判决如下：

驳回上诉，维持原判。

【法官后语】

本案中，两名立遗嘱人经公证所立遗嘱的真实性自不待言，但立遗嘱人王某华在其遗嘱中指定遗产继承人后又对遗产再次继承、处分作出的限制，成为本案审理中的难点。王某华于遗嘱中强调：“在我去世后，我遗留的一切，包括我丈夫给予我的房产、黄胄的画、郭沫若的字等，均归我女儿严某秋继承。但有一条规定：父母遗留的房产及名画墨宝，不能传给外姓人。”两审的审理过程中，诉辩双方均围绕此项遗嘱内容产生激烈争议，案件审理团队注意到：王某华的该项遗嘱内容的实质，是对继承人严某秋取得财产所有权后另行处分财产加以限制，审理团队需要面对这一法律问题：立遗嘱人（被继承人）通过遗嘱指定遗产的再度处分或再次继承的做法法律性质为何？是否能够得到法律保护？我国此前的继承法及现行民法典继承编对此均未予规定，审判团队经历了以下认识过程：

首先，该项遗嘱内容的效力问题。立遗嘱人通过遗嘱指定未来遗产的再次处分、再次继承，其限制的对象是遗嘱继承人。前物权法及现行民法典均明确：因继承取得物权的，自继承开始时发生效力①。此种情况下，立遗嘱人通过遗嘱对未来遗产的再次处分或再次继承进行指定的做法，与继承人在继承遗产后作为遗产的所有权人所享有的物权权利②相冲突，因此审理中，有意见认为：立遗嘱人的该项遗嘱内容与物权法关于所有权的规范相冲突，违反法律强制性规定，应当属于无效的遗嘱内容。

其次，在承认该遗嘱内容效力的情况下，该项遗嘱的内容无法得到执行。原继承法中仅规定附义务遗嘱③，所规范对象为遗嘱继承人违反义务的后果。而在继承发生之后，遗嘱继承人即已取得了遗产的所有权，对继承遗产享有完整的所有权人权益，立遗嘱人此时已去世，既无法监督遗产依照遗嘱内容进行再次处分或再次继承，也无法撤销遗嘱。此种情况下，纯粹依靠继承人的道德自律履行遗嘱内容，因此遗嘱的内容很容易落空，难以得到执行，司法需对此种履行僵局予以主动介入、给予现实处理。

最后，本案有意见认为，可直接借鉴域外法中的后位继承制度④，在判决中对该遗嘱内容予以支持。

审判庭在深入研讨后，认为上述问题不妨碍本案遗嘱继承人依照遗嘱继承遗产的权利。主要原因如下：第一，效力层面。无论原民法通则还是据现行民

---

① 详见《中华人民共和国物权法》第二十九条；《中华人民共和国民法典》第二百三十条。

② 《中华人民共和国物权法》第三十九条规定，所有权人对自己的不动产或者动产，依法享有占有、使用、收益和处分的权利。

③ 《中华人民共和国继承法》第二十一条规定，遗嘱继承或者遗赠附有义务的，继承人或者受遗赠人应当履行义务。没有正当理由不履行义务的，经有关单位或者个人请求，人民法院可以取消他接受遗产的权利。

④ 后位继承，是指可以将遗产继承给尚未出生的人，给予遗嘱人更多选择，将遗产留在家族内部。

法典，订立遗嘱行为均属于依法有据的单方民事法律行为。原继承法并未将违反法律、行政法规的禁止性规定作为订立遗嘱行为的无效事由，而无论原物权法或现行民法典，债权行为及物权行为的区分性原则均系认定债权行为效力的共同原理，遗嘱内容的效力应当适用原民法通则及现行民法典关于民事法律行为无效的规范予以认定，在此情形下，立遗嘱人订立遗嘱的民事法律行为属于债权行为，仅享有请求权效力，与物权法关于所有权支配权能之间并不发生冲突。第二，遗嘱执行层面。在原继承法框架下，该遗嘱内容难以执行的问题实际系原继承法的立法技术时代局限而产生的问题。原继承法立法时代，民事主体的财产的形式单一，尚未有复杂的债权债务关系需要通过遗产形式进行处理，因而原继承法所着眼的都是财产权的一次性分配，也即所有权的特定转移，其功能在于使财产权获得静态的代际更迭。且实际上，现行民法典已通过新创设遗产管理人制度、引入遗嘱信托制度①作为实现遗嘱内容的制度性工具，并保留原继承法附义务遗嘱对违反所附义务的事后责任，完善了遗嘱的事中执行及事后监督。具体在本案中，在原继承法及现行民法典均明确规定附义务遗嘱继承人违反义务的后果的情况下，以对僵局进行处理为名的司法介入，既违背了立遗嘱人处分自身财产的权利，亦侵犯了相关利害关系人的事后救济法律权利。第三，不可直接借鉴域外法的法律制度进行处理。就当前而言，尽管不乏学者的呼声，但新颁布的民法典继承编并未确立后位继承制度。在民法典继承编积累近四十年继承法律实践后仍明确放弃引入后位继承制度的当下，于司法实践中直接借鉴国外立法颇有规范层面上的越权嫌疑。基于上述认识，审判庭对该争议焦点作出了判决中的认定：确认该部分遗嘱内容的效力，区分遗嘱内容的请求权效力及所有权的处分权能，指明继承人不遵守遗嘱内容时利害关系人有权主张相应的法律责任。

综上，民事法律行为系民事主体实现私法自治的工具，遗嘱自由系意思自治原则的体现，本案严格以规范为出发点，着眼于维护立遗嘱人对身故后财产多元化安排的权利，尊重了个案中遗嘱的效力，妥善处理了案件诉讼请求与争

---

① 参见《中华人民共和国民法典》第一千一百三十三条、第一千一百四十五条。

议焦点的法律适用。

编写人：北京市丰台区人民法院 庄永生 冯大伟

53

民法典中居住权的司法设定

——于某、孙某诉张某、于某海遗嘱继承案

【案件基本信息】

1. 裁判书字号

北京市第三中级人民法院（2021）京03民终10685号民事判决书

2. 案由：遗嘱继承纠纷

3. 当事人

原告（反诉被告、上诉人）：于某、孙某

被告（反诉原告、上诉人）：张某、于某海

【基本案情】

于某海与张某系夫妻，于某龙系二人之子。于某龙与孙某系夫妻，于某系二人之子。于某龙于2019年12月28日死亡。2019年12月5日，于某龙订立遗嘱一份，载明："我叫于某龙，防止日后因财产争议，在我神志清楚下订立遗嘱：1. 位于通州区艺苑东街的某房屋中属于我自己应有的全部财产份额归孙某所有。2. 在我名下的全部拆迁款及夫妻共同存款累计金额截至2019年12月4日总金额为280万元及相应利息。在280万元及相应利息中，属于我自己应有的全部财产份额归孙某所有，具体数额以银行对账单为准。3. 小圣庙村某房屋折迁分得三套房屋归于某全部所有。4. 在我名下全部公积金中，属于我自己应有的全部财产份额归孙某所有，具体数额以银行对账单为准。5. 我死后应获

得的抚恤金全部归孙某所有。6. 登记在我名下的车辆全部归孙某所有，车牌号办理转移登记孙某名下。以上是我真实意思表示没有受任何胁迫的情况。立遗嘱人：于某龙。”

因北京市通州区永顺镇小圣庙村某房屋折迁，2019年10月25日，于某龙、孙某、于某、于某海、张某经充分协商一致，决定安置房按照如下方案登记：棚改项目安置房A区1号楼（A-3地块）2单元7层E1号、5号楼（A-4地块）1单元5层C1反号、5号楼（A-4地块）1单元5层B反号三套房屋登记产权人为于某。最后，位于北京市通州区8号某房屋登记权利人于某龙。

其后，双方发生争议，于某、孙某向一审法院起诉请求：1. 判令北京市通州区8号某房屋归孙某所有，张某、于某海配合孙某办理房产过户手续。2. 判令被继承人于某龙名下的银行存款归孙某所有。3. 判令北京市通州区棚改项目安置房A区1号楼（A-3地块）2单元7层E1号房屋，5号楼（A-4地块）1单元5层C1反号房屋及5号楼（A-4地块）1单元5层B反号房屋的相关权益归于某所有。张某、于某海一审反诉请求：1. 请求人民法院依法确认位于通州区棚改项目安置房A区5号楼（A-4地块）1单元5层C1反号房屋相关权益归张某、于某海所有；2. 请求人民法院依法判令于某、孙某返还张某、于某海因小圣庙村某房屋折迁所获得的折迁补偿款1312025元。

【案件焦点】

拆迁房屋及其拆迁款应如何分割。

【法院裁判要旨】

北京市通州区人民法院经审理认为：继承开始后，按照法定继承办理；有遗嘱的，按照遗嘱继承或者遗赠办理。根据查明的事实，位于北京市通州区某房屋系于某龙与孙某夫妻共同财产，该房屋归孙某所有，张某、于某海配合办理房产过户手续。于某龙名下的银行存款归孙某所有。鉴于北京市通州区棚改项目安置房A区5号楼（A-4地块）1单元5层C1反号房屋于某海、张某已另案起诉，双方可待另案审理结果确定后再行主张相关权益，本案暂不处理；

北京市通州区东方厂周边棚改项目安置房 A 区 1 号楼（A-3 地块）2 单元 7 层 E1 号房屋、5 号楼（A-4 地块）1 单元 5 层 B 反号房屋归于某所有。关于住房公积金、丧葬费补助、抚恤金等争议，一审法院依法处理。据此，一审法院作出民事判决：

一、北京市通州区 8 号某房屋归孙某所有，张某、于某海配合孙某办理房产过户手续；

二、于某龙名下的银行存款由孙某继承；

三、坐落于北京市通州区棚改项目安置房 A 区 1 号楼（A-3 地块）2 单元 7 层 E1 号房屋、5 号楼（A-4 地块）1 单元 5 层 B 反号房屋的相关权益归于某所有；

四、于某龙名下住房公积金归孙某继承所有；

五、于某龙的丧葬费补助 5000 元归孙某所有，抚恤金 219302 元由于某、孙某、张某、于某海每人各享有 54825.5 元；

六、车牌号为京×××别克牌小汽车归孙某继承所有；

七、于某、孙某支付于某海、张某村级补贴奖励费 36 万元；

八、驳回于某、孙某的其他诉讼请求；

九、驳回于某海、张某的其他反诉请求。

一审判决后，双方均不服一审判决提起上诉，于某、孙某上诉请求：改判位于北京市通州区棚改项目安置房 A 区 5 号楼（A-4 地块）1 单元 5 层 C1 反号房屋归于某所有。张某、于某海上诉请求：1. 改判于某、孙某支付张某、于某海村级补贴奖励费 562500 元，于某、孙某支付张某、于某海拆迁补偿款 1312025 元。二审审理中，双方均同意本院对于涉案北京市通州区棚改项目安置房 A 区 5 号楼（A-4 地块）1 单元 5 层 C1 反号房屋在二审中一并处理。

北京市第三中级人民法院作出民事判决：

一、维持北京市通州区人民法院一审判决第一项、第二项、第三项、第四项、第五项、第六项、第七项。

二、撤销北京市通州区人民法院一审判决第八项、第九项。

三、坐落于北京市通州区棚改项目安置房A区5号楼（A-4地块）1单元5层C1反号房屋的相关权益归于某所有；但是，于某海、张某享有居住使用该房屋直至死亡之日的权利。

四、于某、孙某给付于某海、张某60万元。

五、驳回于某、孙某的其他诉讼请求。

六、驳回于某海、张某的其他反诉请求。

【法官后语】

本案二审审理中还存在一个重要问题需要厘清，即居住权在司法实践中的适用及认定问题。笔者以此案例为契机，在考察国内外居住权理论与立法实践的基础上，对我国民事法律中对居住权的理解适用进行研究并提出建议，以减少对居住权的理解偏差。

2020年出台的《中华人民共和国民法典》（以下简称《民法典》）新增设了居住权制度，主要是为了解决弱势群体的居住问题，该制度在保障弱势群体居住利益、充分实现房屋的使用价值和完善住房保障体系等方面具有重要的研究价值。目前，我国大多数居民对这一制度还比较陌生，因居住问题而引发的各类纠纷经常发生。

一、设立居住权制度的价值取向

（一）居住权的功能及其类型划分

设立居住权制度主要是为了保障某些人群在房屋居住方面的权益。居住权这一概念最初出现在罗马法中，其保障的就是弱势群体的居住权益。随着经济、社会的不断发展，传统意义上的居住权在其功能上逐渐由单一性向综合性发展，现代社会中的居住权分为社会性质的居住权和投资性质的居住权。前者是由罗马法中的居住权延伸而来，主要保障特定人群的基本居住需要；后者除了具有居住权的基本法律特征之外，还可进行转让、租赁等，这两类在当前的社会现实中都存在。

（二）关于居住权制度的不同观点

关于居住权制度设立，学术界和立法部门存在较大争议：一种观点认为，应该在法律中设立居住权，因为居住权可以解决社会中一部分弱势群体的居住问题，而且可通过房屋的转让、租赁等，实现房屋利用的最大化；另一种观点则认为不应该在法律中设立居住权，居住权的适用对象并不是整个社会群体，有一定的局限性，只能解决少数人的居住问题，为少数人设立一种新的制度是不合理的。第一种观点更符合我国当前社会的实际情况，民法典亦是采信了这种观点。

（三）在我国法律中设立居住权制度的必要性。

在我国现实社会中，将居住权明确入法可以有效改善和解决部分弱势群体的房屋居住问题，保障其基本居住权益，有利于促进房屋居住形式的多元化。

1. 保障特定人群的居住权益。居住权起源于罗马，以保障特定人群的基本居住为目的，到了现代社会，居住权的立法根本仍是基于此种观念。《民法典》中居住权的相关制度所保障的不仅是少数人的居住权益，而是所有缺乏基本居住条件的群体。虽然以前的单行法律与司法解释中，已经存在保护居住权益的相关规定，但并未形成一项制度。《民法典》规定了居住权，对于房屋居住问题的相关规定更加详细和科学。

2. 实现房屋利用的最大化。随着社会经济的不断发展，居住权的范围已经不仅仅局限于家庭和财产继承关系，同时存在于经济领域，如房屋的转让、租赁等。房屋的居住权人除了保障自身的居住权益之外，还可以通过房屋投资来获得实际收益，实现对房屋的有效利用。比如，在住房养老问题中，反向抵押或者售后租赁等形式，过去因制度瓶颈而无法解决的问题，现在有居住权作为依据，老人既有了基本居住保障，同时也多了一份收入。出资多的一方可以享受所有权，而较少的一方可以享受居住权，实现房屋居住的合理分配。

二、关于我国《民法典》中的居住权制度的分析

《民法典》物权编的第十四章六个法律条文确立了居住权制度，顺应了社会发展需要。对此，应从立法本意和当前社会现实出发，围绕其具体功能及内容进行分析、解释，发挥该制度在我国社会生活中的积极作用。

（一）居住权的主体和客体

《民法典》第三百六十六条规定了居住的基本要素，明确规定了居住权的主体是“居住权人”，客体是“他人的住宅”。

1. 关于居住权人的具体范围。《民法典》第三百六十六条规定，居住权的主体是“居住权人”，但并未明确自然人、法人和非法人组织是否都能成为居住权主体。部分学者认为居住权主体应该是以自然人为界限，而持相反意见者则认为居住权既可以是自然人，也可以是法人、非法人组织。居住权设立之初就是为了解决特定人群的生活居住问题，在我国，居住权制度也是为了满足特定人群的居住需求，前者更符合实际。但是，我们认为，随着社会形势的发展变化，人民对生活居住的需求也在不断变化，社会性质的居住权已经不能满足人们更多的需求，也无法适应社会的发展需要，投资性质的居住权发展空间在不断上升。在这一居住权性质产生的主客体关系中，法人和非法人组织有着和自然人同等的主体地位，他们在一定程度上或者说在某些特殊情形下不应被排除在居住权的主体之外。

2. 关于客体的分析。《民法典》第三百六十六条关于居住权客体的描述是“他人的住宅”。对此，可以结合这一章的其他规定，以及住宅、房屋的概念来进行分析与理解。房屋和住宅在概念上是有区别的，房屋的概念外延要大一些，其中就包括住宅。房屋不仅可以为人们提供住处，还可以供人们在其中办公和开展生产经营，有的商住两用房屋同时具有居住与经营、办公的功能；而住宅则是指规模比较大的住房，主要功能仅限于满足人们生活居住的需要。基于以上分析，笔者认为《民法典》中的居住权客体应该理解为“他人所有的房屋”，将这里的“住宅”解释为“房屋”更加准确。只有这样，才不会将商住两用性质的房屋排除在居住权客体范围之外。作为居住权客体的房屋类型，应该包括各类商品房、经济适用房、廉租房、安置房、小产权房、民俗住房和农村住宅。

（二）对于居住权的有关限制

《民法典》中第三百六十八条和第三百六十九条规定了居住权行使的限制。主要体现为以下两个方面：

1. 对于有偿设立或无偿设立的限制从国外的立法情况来看，有的国家规定设立居住权必须是无偿的，有的国家则允许有偿设立居住权。我国《民法典》正式颁布的时候，明确规定了居住权无偿设立，但是当事人另有约定的除外。对于有偿设立的绝对限制改变为相对限制。这就意味着，法律允许当事人对居住权的取得自行约定有偿或无偿。虽然我国法律规定无偿设立是一般情形，但是如果当事人双方自愿以有偿的形式签订居住权设立合同，也应该准予有偿设立居住权。

2. 对于转让、继承和出租的限制。对于居住权的转让和继承，《民法典》第三百六十九条明确禁止。由于《民法典》对居住权的功能定位主要是以社会性质的居住为主，所凸显的也是居住权最基本的一项功能：保障特定人群的生活居住需求。很多国家这类居住权性质的法律都强调居住权不能转让或者继承。从当前社会性质的居住权设立的目的来看，对居住权转让和继承在一定程度上也符合现阶段的社会要求。而对于租赁，《民法典》第三百六十九条规定，设立居住权的住宅不得出租，但是当事人另有约定的除外，这表明设立居住权的住宅是相对地限制出租。只要当事人约定允许出租，关于不得出租的规定便不能约束居住权人。

三、进一步完善《民法典》中居住权制度的建议

结合我国社会实际情况，笔者认为应当从以下几个方面或者从相关司法实践中对居住权制度进行相应的完善，促进居住权更好地为现实生活服务。

1. 增设法定居住权。法定居住权就是根据相关法律规定产生的居住权，具有强制性的特点。在《民法典》中有关家庭关系中，房屋居住的问题只在其他法律中有所提及，但并未详细地说明如何保障家庭关系中弱势群体一方的居住权益，同时也缺乏具体的规范。居住权最明显的一个特征就是保障弱势群体的居住权益，就应该按照《民法典》中的法律规定，未成年人、老年人等特定的人群可以直接享受法定居住权。当然，这些居住权的设立往往跟家庭关系有关，因此在设立法定居住权时，可以增设按照法律规定的条例，以此保障这一居住权制度的完整性。

2. 区分居住权的主体和房屋所有权人以及与房屋所有权人共同居住的人的法律关系。为了更好地保障房屋使用人的居住权和正常生活的进行，在司法实践中，可能存在与房屋所有权人共同生活的人与居住权人一同生活在设置有居住权房屋中的情形。在此种情形下，我们需要厘清各方主体的权利义务关系。就居住权主体而言，不但可以享有居住权，而且可以对所使用的房屋进行合理规划。但居住权主体的合理规划房屋的权利需要以保障房屋所有权人的所有权为前提，不得损害房屋所有权人的所有权。就房屋所有权人而言，其需要对居住权主体行使居住权提供一定的保障。就与房屋所有权人共同生活的人而言，一般情形下其只享有房屋的居住权利。

3. 为投资性质的居住权预留一定的空间。居住权除了社会性质的居住权之外，投资性质的居住权也是我们所要考虑到的。针对我国当前居住权的具体内容和形式，再来决定居住权是否可以转让或者继承。投资性质的居住权在一定程度上有其合理的地方，在现代社会中，投资性质的居住权可以为居住权主体创造更多的价值。

社会性质的居住权虽然有一定的意义，但是结合当下的社会发展趋势来看，投资性质的居住权在转让和租赁方面有着更加迫切的需求，如果居住权在一定条件下允许转让和继承，这对于居住权的市场环境来说有很大程度的积极作用。我国对于居住权制度的进一步完善，可以结合当前我国社会的发展形势和其他国家对于居住权制度的相关法律规定，创设更加科学合理的居住权法律制度，减少居住权在流通性上的限制，使投资性质的居住权可以有更加宽广的利用空间，提升居住权的利用效益。

4. 强化对居住权的全面保护。居住权是物权的一种，《民法典》物权编关于物权保护的相关规定都适用于居住权。例如，在居住权主体和他人因房屋问题产生纠纷时，有权请求确认居住权；当房屋被他人占有时，居住权主体可以按照法律规定要求强制返还。

编写人：北京市第三中级人民法院　林存义　眭立

（三）被继承人债务清偿纠纷

54

受益人为被保险人的人身保险金属于被保险人的遗产

——汽车服务公司诉张某英等被继承人债务清偿案

【案件基本信息】

1. 裁判书字号

北京市朝阳区人民法院（2021）京 0105 民初 55776 号民事判决书

2. 案由：被继承人债务清偿纠纷

3. 当事人

原告：汽车服务公司

被告：张某英、魏某雪、魏某雲、谭某梅、魏某怀

【基本案情】

被告张某英系魏某之妻，被告魏某雪、被告魏某雲为魏某与张某英的子女。被告谭某梅、被告魏某怀为魏某的父母。2020 年 4 月 22 日，魏某因心梗去世。2019 年 1 月 8 日，原告汽车服务公司（出租方）与魏某（承租方）签订了《车辆租赁合同》，汽车服务公司将车牌号为京 HEE×××的广汽丰田雷凌油电混合汽车出租给魏某用于网约车运营。魏某一直使用该车辆至 2020 年 4 月 22 日。魏某在承租车辆期间有拖欠租金，且汽车服务公司代魏某交纳了租赁期间违章罚款 1400 元。魏某去世后，汽车服务公司要求五被告清偿魏某拖欠的租金 43600 元、违章罚款 1400 元。五被告称魏某没有任何遗产，不同意承担租金及

违章罚款。经本院向某出行科技有限公司（以下简称某网约车公司）调查魏某去世后获得的各项补偿、补助、赔偿等情况，2021 年 10 月 15 日，某网约车公司回复本院经核查，其给予援助 27 万元。经本院向众安在线财产保险股份有限公司（以下简称众安保险公司）调查魏某的保单理赔情况，众安保险公司向本院出具《情况说明》、保险单、理赔通知书、个人定额给付保险理赔申请书，显示魏某在众安保险公司投保的个人重大疾病保险发生理赔，理赔金额为 133380 元。《保单》显示的投保人、被保险人都是魏某，个人重大疾病保险条款第五条受益人约定为："除另有约定外，本合同的受益人为被保险人本人。"而魏某并未指定其他人员为受益人。《理赔通知单》显示 133380 元理赔款转入了魏某雪名下的中国建设银行账户。

【案件焦点】

1. 案涉人身保险金是否属于被继承人魏某的遗产；2. 被告张某英、魏某雪、魏某雲、谭某梅、魏某怀是否应当清偿被继承人魏某生前的债务。

【法院裁判要旨】

北京市朝阳区人民法院经审理认为：关于魏某去世后其债务的清偿问题，根据《中华人民共和国民法典》第一千一百六十一条的规定，继承人以所得遗产实际价值为限清偿被继承人依法应当缴纳的税款和债务。超过遗产实际价值部分，继承人自愿偿还的不在此限。根据《中华人民共和国保险法》第四十二条规定，被保险人死亡后，有下列情形之一的，保险金作为被保险人的遗产，由保险人依照《中华人民共和国继承法》的规定履行给付保险金的义务：（一）没有指定受益人，或者受益人指定不明无法确定的……本案魏某投保的个人重大疾病保险并未指定其他受益人，根据保险条款的约定，魏某本人是受益人，因此众安保险公司理赔的 133380 元属于魏某的遗产，且该笔款项已经由五被告委托魏某雪实际领取。所以，魏某欠付原告的租金 33380.65 元、代缴违章罚款费用 1400 元，应当由其继承人进行清偿。

综上，北京市朝阳区人民法院依照《中华人民共和国民法典》第一千一百二十二条、第一千一百六十一条,《最高人民法院关于适用〈中华人民共和国民事诉讼法〉的解释》第一百零八条之规定,作出判决如下:

一、被告张某英、被告魏某雪、被告魏某雲、被告谭某梅、被告魏某怀于本判决生效之日起七日内给付原告汽车服务公司租金33380.65元、代缴违章罚款费用1400元;

二、驳回汽车服务公司的其他诉讼请求。

判决后,双方当事人均未上诉,本判决现已生效。

【法官后语】

遗产债务,是被继承人生前所负未清偿之债务,是被继承人遗产中的消极部分,处理遗产债务的相关规则,就是被继承人债务清偿制度。该制度的设立,旨在平衡债权人和继承人的合法权益,我国继承法律中发展出了以限定继承为价值理念的被继承人债务清偿制度,避免了继承人承担债务范围的泛化,体现出继承权利和义务的对等性和公平性。本案是一起典型的被继承人债务清偿纠纷,对界定何种情形下人身保险金属于被保险人的遗产具有指导意义。

一、《中华人民共和国民法典》中被继承人债务清偿相关规则

根据《中华人民共和国民法典》第一千一百六十一条的规定:"继承人以所得遗产实际价值为限清偿被继承人依法应当缴纳的税款和债务。超过遗产实际价值部分,继承人自愿偿还的不在此限。继承人放弃继承的,对被继承人依法应当缴纳的税款和债务可以不负清偿责任。"根据上述立法规定,被继承人生前债务的承受主体是继承人,债权人对继承人的债权请求权,限定在继承遗产的实际价值,继承人在该范围内清偿被继承人生前欠缴的税款和因合同、侵权、无因管理等产生的债务,除非继承人自愿偿还超过遗产价值的税款或债务。被继承人债务清偿基于以下条件:一是被继承人死亡;二是被继承人生前负有未清偿之债务;三是继承人继承了遗产。

二、被继承人的遗产范围

遗产是自然人死亡时遗留的个人合法财产。原《中华人民共和国继承法》第三条以列举的方式说明遗产范围包括:(1)公民的收入;(2)公民的房屋、

储蓄和生活用品；（3）公民的林木、牲畜和家禽；（4）公民的文物、图书资料；（5）法律允许公民所有的生产资料；（6）公民的著作权、专利权中的财产权利；（7）公民的其他合法财产。此外，有价证券、履行标的为财物的债权、承包人死亡时尚未取得的承包收益等也属于继承人的遗产。随着经济的高速发展，人们获取财富的生产经济活动形式和渠道多元化，出现了多种与传统资产不同的财产类型，如网络虚拟财产。因此，《中华人民共和国民法典》对遗产的定义取消了列举式规定，而是采用概括遗产特征的方式，即遗产必须是财产或者财产性权益、属于被继承人个人、具有合法性。基于遗产的法律特性，土地承包经营权、宅基地使用权、城市公租房、死亡赔偿金、有受益人的保险金等，在司法实践中被明确排除在遗产范围之外。

三、保险金能否作为被保险人的遗产

（一）保险的种类

按保险标的区分，保险主要包括人身保险和财产保险两大类别。人身保险是指以人的寿命和身体为保险标的的保险，通常有人寿保险、健康保险、意外伤害保险等险种。财产保险是以财产及其有关利益为保险标的的保险，通常有财产损失保险、责任保险、信用保险、保证保险等险种。保险金则是保险事故发生时，保险公司对事故进行审核定损后，按照保险合同的约定给付的金额，是一种有形财产。

（二）保险金是否属于遗产的法律界定

关于保险金能否作为遗产问题，在1988年3月24日《最高人民法院关于人身保险能否作为被保险人的遗产进行赔偿问题的批复》中已经作出了明确答复，即人身保险能否作为被保险人的遗产，取决于被保险人是否指定受益人。指定受益人的，其人身保险金应付给受益人；未指定受益人的，被保险人死亡后，其人身保险金应作为其遗产处理，可以用来清偿债务或赔偿。财产保险不存在受益人的问题，因而财产保险属于被保险人的遗产，可以用来清偿债务或赔偿。上述批复所依据的我国保险法规有关条文，是《中华人民共和国保险法》第四十二条第一款："被保险人死亡后，有下列情形之一的，保险金作为被保险人的遗产，由保险人依照《中华人民共和国继承法》的规定履行给付保险金的义务：（一）没有指定受益人，或者受益人指定不明无法确定的；（二）受益人先于被保险人死亡，没有其他受益人的；（三）受益人依法丧失受益权或者放弃受益权，没有其他受益人的。”即人身保险没有指定受益人、受益人无法确定、受益人先于被保险人死亡、受益人丧失或者放弃受益权的，保险金是被保险人的遗产。

（三）被继承人债务清偿纠纷中遗产范围查明问题

鉴于现有的被继承人债务清偿制度缺乏相应的程序性规定，虽然《中华人民共和国民法典》增设遗产管理人制度，并规定遗产管理人的职责包括处理被继承人的债权债务，但具体如何处理没有进一步明确。在司法实践中，关于在被继承人债务清偿纠纷中是否需要查明遗产范围，有不同的裁判思路。一种裁判思路是考虑到审判阶段调查手段有限，无须在诉讼中查明遗产范围，在判决主文中概括性表述继承人在遗产实际价值范围内对被继承人的债务承担清偿责任。这种裁判方式将遗产范围的查明放到执行阶段，但是从执行程序的现状来看，一方面执行中存在难以查明遗产范围的困境，另一方面执行中难以甄别、定性哪些财产属于遗产。另一种裁判思路是在查明遗产范围的基础上作出判决，这种观点认为确定继承的事实是继承人对被继承人债务承担清偿责任的前提，所以遗产范围应当作为案件审理重点进行查明。无论从制度设计还是纠纷解决的角度，第二种裁判思路显然更为合理，符合被继承人债务清偿制度的法理。如何使查明遗产范围更简便、快捷，是程序设计需要解决的疑难问题。

（四）受益人为被保险人的人身保险金是被保险人的遗产

本案中，法院通过当事人陈述及调查发现，被继承人魏某生前投保有一份个人重大疾病保险，该保险属于人身保险的一种，是在发生合同约定的特定重大疾病时，保险公司根据保险合同约定支付一定保险金的商业保险。该份个人重大疾病保险发生理赔，且魏某的继承人已实际收到保险金。关于保险受益人，根据《保单》约定：“除另有约定外，本合同的受益人为被保险人本人。”作为投保人、被保险人的魏某并未另行指定受益人，因此根据合同约定，《保单》

的被保险人魏某同时也是保险合同受益人。保险受益人享有保险金的请求权，该笔保险金虽然是在魏某去世后取得，但仍属于魏某死亡时遗留的合法财产，是魏某的遗产。所以，魏某的五位继承人继承了作为遗产的人身保险金，法院据此直接判决五位继承人向债权人清偿魏某生前所负债务。

人身保险金能否作为被保险人的遗产，核心在于是否指定受益人。如果指定受益人且不存在《中华人民共和国保险法》第四十二条第一款的情形，人身保险金属于受益人，不是被保险人的遗产。如果被保险人同时是受益人或者符合《中华人民共和国保险法》第四十二条第一款的情形，人身保险金可以作为被保险人的遗产，其继承人应当在获得人身保险金的范围内清偿被保险人生前所负债务。

编写人：北京市朝阳区人民法院　刘茵茵

（四）遗产管理纠纷

55

人民法院可以适用特别程序指定部分继承人担任遗产管理人

——欧某士申请指定遗产管理人案

【案件基本信息】

1. 裁判书字号

福建省厦门市思明区人民法院（2021）闽0203民特224号民事判决书

2. 案由：申请指定遗产管理人

3. 当事人

申请人：欧某士

被申请人：辜某珍、欧某文、欧某武、欧某冬、陈某萍、陈某芬、陈某强、潘某义

【基本案情】

厦门市思明区某处302室、303室两套房屋，原业主为姜某，尚未办理不动产权登记。姜某身前主要随其女魏二霞一家共同生活，未留有遗嘱，未指定遗产管理人。自姜某去世以来，案涉两套房屋未进行析产分割，相继由魏二霞及其丈夫陈某以及二人之女孙子陈某萍及陈某芬实际管业并居住，并曾由陈某为主操持涉危改造事项。

姜某及其配偶已故，其去世时可查证的继承人有长女魏大霞、次女魏二霞、三女魏小霞，另有可能继承人其子魏某万，其中魏小霞、魏某万及各自子嗣情况不明。长女魏大霞一支谱系情况为：魏大霞已故，丈夫欧某靖情况不明；魏大霞之子女、女婿均已故，儿媳为辜某珍；魏大霞之孙子女为欧某士、欧某文、欧某武、欧某冬；魏大霞之外孙已故，外孙女情况不明；魏大霞之曾外孙女（外孙之女）情况不明。次女魏二霞一支谱系情况为：魏二霞及其丈夫陈某已故；魏二霞之子女及各自配偶均已故；魏二霞孙子女为陈某萍、陈某芬、陈某强，外孙为潘某义。

因姜某家族有多名继承人散布境外、信息不明，居住在境内的继承人们历经两代近十年时间，仍未能顺利对姜某的遗产房屋进行继承析产，导致遗产房屋因管养维护责任不明晰而日渐旧损。因此，姜某之曾外孙欧某士向法院提出申请：指定由魏大霞一支继承人共同管理其中一套房屋，由魏二霞一支继承人共同管理另一套房屋。魏大霞一支继承人辜某珍、欧某文、欧某武、欧某冬附议。

姜某之曾外孙女陈某萍、陈某芬则主张：姜某生前主要由魏二霞赡养，姜某的遗产房屋长久以来也是由魏二霞一支居住使用，管业至今；姜某遗产房屋曾涉危翻建改造需要资金，除魏二霞一支继承人外，其余继承人均无响应出资，且长期以来从未对姜某的遗产房屋尽到管养维护义务；陈某萍、陈某芬现实际居住在遗产房屋内，并无其他住处，二人自幼在遗产房屋内长大成家已逾三代，

对遗产房屋具有深厚情感，对周边社区邻里环境也极为熟悉，故应由该二人作为案涉遗产房屋的共同管理人。魏二霞一支继承人陈某强、潘某义附议。

【案件焦点】

1. 部分继承人下落不明时，能否暂由其余部分继承人担任遗产管理人；2. 其余部分继承人争当遗产管理人时，应如何选定合适的遗产管理人。

【法院裁判要旨】

福建省厦门市思明区人民法院经审理认为：姜某遗产的多名继承人目前下落不明、信息不明，案涉遗产房屋将在较长时间内不能明确所有权人，其管养维护责任可能长期无法得到有效落实，确有必要在析产分割条件成就前尽快依法确定管理责任人。而姜某生前未留有遗嘱，未指定其遗嘱执行人或遗产管理人，在案各继承人之间就遗产管理问题又分歧巨大、未能协商达成一致意见，故当秉承最有利于遗产保护、管理和债权债务清理的原则，在综合考虑被继承人内心意愿、各继承人与被继承人亲疏远近关系、各继承人管理保护遗产的能力水平等方面因素，确定遗产房屋的合适管理人。首先，姜某生前主要随其女魏二霞一家共同生活，由魏二霞一家养老送终，与魏二霞及其子女关系较为亲近，由魏二霞一支后人管理姜某之遗产当更为符合先人遗愿。其次，自姜某去世以来，遗产房屋由陈某萍、陈某芬随父母兄弟长期实际居住使用，对案涉遗产房屋具有更为深厚的历史情感，对周边人居环境也更为熟悉，陈某萍、陈某芬当更有实际能力管养维护遗产房屋。再次，遗产房屋历经翻建改造重新安置，相应投入和相关手续主要由陈某萍、陈某芬之祖父陈某操办，继续由陈某萍、陈某芬管理遗产房屋，更加有利于将来析产分割时清理可能存在的债权债务。最后，欧某士、辜某珍、欧某文、欧某武、欧某冬等人均住漳州市，在厦门市并未长期生活且无住处，客观上无法对遗产房屋尽到充分、周到的管养维护责任。故欧某士申请由其本人会同辜某珍、欧某文、欧某武、欧某冬共同管理遗产房屋的其中一套，暂不具备客观条件，不利于遗产房屋的管养维护；陈某萍、陈某芬申请共同管理遗产房屋，潘某义、陈某强对此予以支持，符合遗产效用最大化原则。

福建省厦门市思明区人民法院依据《中华人民共和国民法典》第一千一百四十五条、第一千一百四十六条的规定，作出如下判决：

指定陈某萍、陈某芬为姜某位于厦门市思明区某处302室、303室房屋的遗产管理人。

【法官后语】

《中华人民共和国民法典》（以下简称《民法典》）增设了遗产管理人制度，但按照《民法典》第一千一百四十五条确定的遗产管理人选任范围，却无法直接解决继承人众多并争当遗产管理人的情形：首先，正是因为没有明确的遗嘱安排，继承人也无法达成推选遗产管理人的一致意见，众多继承人才会就争当遗产管理人发生争议，此时无法由遗嘱执行人或继承人推选的人担任遗产管理人；其次，继承人之间就遗产管理权纷争不断，就意味着共有人对共有财产已陷入管理僵局，此时已不宜让全体继承人共同担任遗产管理人；最后，继承人的客观存在且对权利的积极主张，又使民政部门或村委会无从介入。好在《民法典》第一千一百四十六条规定了解决遗产管理人争议的司法指定程序，为解决上述矛盾留出了制度窗口。本案作为全国首例指定部分继承人担任遗产管理人的典型案例，为《民法典》第一千一百四十六条的灵活适用提供了一个很好的实践样本。

一、指定部分继承人为遗产管理人与《民法典》第一千一百四十五条的规定并不冲突

《民法典》第一千一百四十五条只规定有全体继承人共同担任遗产管理人的情形，而并没有提供部分继承人担任遗产管理人的选项。但认真解读《民法典》第一千一百四十五条对起用第二顺位遗产管理人的法定条件的表述，继承人“应当”及时推选遗产管理人，意即在没有遗嘱执行人的情况下，各继承人是负有“及时推选”遗产管理人的法定义务的。则只有在全体继承人怠于行使“及时推选”遗产管理人的法定义务而又并不表示放弃继承时，才会起用第三顺位遗产管理人，令全体继承人共同担任遗产管理人。换言之，共同承担遗产

管理责任，某种程度上是对继承人怠于履行“及时推选”遗产管理人义务的一种法律责任负担。故在各继承人争当遗产管理人时，也就是继承人未怠于“及时推选”遗产管理人而只是“推选不成”时，根据《民法典》第一千一百四十五条的文义精神，其实恰恰是无须起用第三顺位遗产管理人（全体继承人）的。故由人民法院依据《民法典》第一千一百四十六条的争议解决条款，来指定部分继承人担任遗产管理人，才应当是法律规定之本有精神。

二、指定部分继承人为遗产管理人的非讼审查方式

《民法典》并未明确规定遗产管理人的适格条件，民事诉讼法目前对遗产管理人案件的审查原则或审理程序也尚未明确规定。笔者认为，就继承人争当遗产管理人的情形，因为争议发生在各继承人之间，是为了最终的继承析产做好过渡性准备，故实体审查要件可以参照继承诉讼的审理原则确定；但同时考虑到遗产管理人指定案件的非讼性质，审理程序又应当更加灵活高效。具体而言：一是要初步审查遗产的权属，但又不必须进行确权。如本案中，虽然讼争房屋尚未办理产权登记，但根据历史档案记载，可以确定讼争房屋为姜某的遗产，故可以就讼争房屋的当前物理形态指定遗产管理人。二是要初步审查遗嘱的情况及其效力，但又不必须对遗嘱效力作出确定性的认定。本案被继承人未留有遗嘱，可以不用考虑遗嘱执行人担任遗产管理人的情况。三是要尽可能查明被继承人的可能遗愿。通过被继承人的身前行为、与被继承人的亲疏远近关系等客观事实线索，尽可能循证被继承人的遗愿。如本案中，从姜某身前随魏二霞一家共同生活以及身后由魏二霞一家送终入殓的客观事实来看，由魏二霞一支后人管理姜某之遗产当更为符合姜某的遗愿。四是要审查继承人的继承资格和行为能力，但并不必须穷尽对全部继承人身份的审查。如本案中，申请人欧某士起初只将遗产房屋的实际占有人陈某萍、陈某芬列为被申请人，法院经梳理姜某后人谱系后，将有明确联系方式的魏大霞一支继承人和魏二霞一支继承人全部追加为被申请人，以保证让相关利害关系人尽可能地就遗产的管养问题发表意见；但对目前确无条件核实其身份和下落的其他两支继承人，则未列入当前遗产管理人的考量范围。五是要查明继承人管理遗产的能力。如本案中，

魏二霞一支继承人长期居住在讼争房屋内，分家后也均居住在讼争房屋的所在市，相较于从未在讼争房屋内居住且长期居住在其他城市的魏大霞一支继承人，在对遗产房屋的感情寄托、熟悉程度、管养便利等方面都具有相对优势，更适合成为遗产管理人。六是要兼顾考虑继承人将来可能实际取得的遗产份额，但并不必须对继承份额作出清晰的认定。如本案中，虽然暂无法最终认定姜某遗产全体继承人的各自份额，但客观上考虑到魏二霞一支继承人对姜某尽到了更多赡养义务，将来在继承析产时很可能会给予较多份额，是更为适当的遗产管理人人选。

编写人：福建省厦门市思明区人民法院　张希华

三、申请人身安全保护令

56

未成年人遭受家暴，人民法院应及时签发人身安全保护令

——郑某申请人身安全保护令案

【案件基本信息】

1. 裁判书字号

湖北省荆州市沙市区人民法院（2021）鄂 1002 民保令 2 号民事裁定书

2. 案由：申请人身安全保护令

3. 当事人

申请人：陈乙

申请法定代理人：郑某

被申请人：陈甲

【基本案情】

郑某（女）与陈甲系夫妻，婚后育有一子陈乙。2021 年 10 月 18 日，郑某向法院申请人身安全保护令，称陈甲常因生活琐事殴打儿子陈乙，使陈乙身体多次受伤，并给其造成了严重的心理阴影，导致其放学后不敢回家甚至离家出走等情形。郑某同时向法院提交了公安机关接处警工作记录，陈乙的伤情照片等证据。法院依法审查相关证据后，于同日作出人身安全保护令，并及时送达

申请人、被申请人、公安机关、居民委员会、村民委员会等有关组织。

【案件焦点】

1. 陈甲对陈乙作出的相关行为是否属于家庭暴力；2. 当未成年人遭受家庭暴力时，其母亲作为陈乙的法定代理人是否有权向法院申请人身安全保护令。

【法院裁判要旨】

湖北省荆州市沙市区人民法院经审查认为：根据申请人陈乙向法院提供的照片及公安机关的接处警记录等证据，被申请人陈甲确与申请人陈乙发生纠纷且存在肢体冲突，各种迹象表明申请人陈乙及其近亲属有可能正面临着家庭暴力的威胁。故申请人陈乙的申请符合《中华人民共和国反家庭暴力法》第二十七条规定的作出人身安全保护令的条件。综上，湖北省荆州市沙市区人民法院依照《中华人民共和国反家庭暴力法》第二十七条、第二十九条、第三十条、第三十一条之规定，裁定如下：

一、禁止被申请人陈甲对申请人陈乙实施家庭暴力；

二、禁止被申请人陈甲骚扰、跟踪、接触、威胁申请人陈乙及其相关近亲属；

三、禁止被申请人陈甲在申请人陈乙就读的学校及经常出入的场所 200 米范围内活动。

【法官后语】

保护未成年人就是保护国家的未来，对未成年人给予司法保护是法院工作的一项重要内容。父母作为未成年人的法定监护人，本应对子女精心呵护、悉心教育，为被监护人的健康成长创造一个和睦美满的良好氛围。但在生活中，有些父母因自身或者其他原因，将不满情绪发泄在未成年子女身上，或者打着“教育”之名行“暴力”之实。由于未成年人绝大多数缺乏完全民事行为能力，缺少自我保护的意识和方法，在面对家庭暴力时，缺乏相应的鉴别和判断能力，或者即便意识到自身遭受了家暴行为，但由于施暴者是父母，而选择隐忍或逃避，致使自身权益不断遭受侵害，甚至造成严重的心理疾病。在司法实践中，签发人身安全保护令应重点关注以下问题：

一、人身安全保护令的申请主体

具体来说，人身安全保护令的申请主体可以分为两类，一类为遭受家庭暴力或者遭受家庭暴力威胁的当事人，另一类为其他相关主体，包括遭受家庭暴力或遭受家庭暴力威胁的当事人的近亲属，以及公安机关、妇女联合会、居民委员会、村民委员会、救助管理机构等。同时，法律还规定了某些主体的强制报告义务。

（一）遭受家庭暴力或者遭受家庭暴力威胁的当事人

依据《中华人民共和国民法典》第九百九十七条，《中华人民共和国反家庭暴力法》（以下简称《反家庭暴力法》）第二十三条的规定，当事人申请人身安全保护令需满足以下条件：一是存在家庭暴力发生或再发生的高度风险；二是不及时阻止家暴行为将造成难以弥补的损害后果。具体而言，当事人可申请人身安全保护令的主要情形包括：1. 当事人遭受殴打、残害、捆绑、冻饿等身体伤害；2. 当事人被限制人身自由；3. 当事人因受恐吓、威胁等已危及其人身安全；4. 当事人被跟踪、骚扰，或遭受经常性谩骂、诽谤等精神侵害；5. 法律规定的其他家庭暴力侵害情形。当事人遭受上述侵害或者面临上述侵害现实危险的，即可向人民法院申请人身安全保护令。

（二）其他相关主体

其他相关主体是指在当事人不能自行申请时可以代当事人申请的主体。具体包括：1. 近亲属；2. 机关团体，包括公安机关、民政部门、妇女联合会、残疾人联合会；3. 其他社会组织和机构，包括居民委员会、村民委员会、依法设立的老年人组织、救助管理机构等。

根据《反家庭暴力法》第二十三条，《最高人民法院关于办理人身安全保护令案件适用法律若干问题的规定》第二条的规定，存在以下情形其他相关主体可以代当事人申请：1. 当事人系无民事行为能力人或限制民事行为能力人；2. 当事人因受强制、威吓等而无法自行申请；3. 当事人因年老、残疾或者疾病等自身客观原因无法递交申请的。

（三）强制报告义务的主体

强制报告是指负有报告义务的机构及其工作人员，在工作中发现未成年人遭受或者疑似遭受不法侵害以及面临不法侵害危险的，应当立即向公安机关报案或举报。根据最高人民检察院、国家监察委员会等九部门印发的《关于建立侵害未成年人案件强制报告制度的意见（试行）》（以下简称《意见（试行）》）第二条、第三条规定；最高人民法院、全国妇联等七部门印发的《关于加强人身安全保护令制度贯彻实施的意见》（以下简称《意见》）第九条、第十条规定，强制报告义务的责任主体大致可分为三类：(1) 国家机关、法律法规授权行使公权力的各类组织及法律规定的公职人员；(2) 密切接触未成年人行业的各类组织及其从业人员，该类主体对未成年人负有教育、看护、医疗、救助、监护等特殊职责；(3) 其他虽不负有特殊职责但具有密切接触未成年人条件的企事业单位、基层群众自治组织、社会组织及上述单位或组织的工作人员。

当强制报告责任主体在发现未成年人遭受侵害时，应第一时间向公安、民政、教育等部门报告。根据《意见（试行）》第十六条、第十七条以及《中华人民共和国未成年人保护法》（以下简称《未成年人保护法》）第一百一十七条的规定，不履行强制报告义务主要有两种法律后果：一是对于负有报告义务的单位及其工作人员未履行报告职责，造成严重后果的，由其主管行政机关或者本单位依法对直接负责的主管人员或者其他直接责任人员给予相应处分；构成犯罪的，依法追究刑事责任。二是公职人员长期不重视强制报告工作，不按规定落实强制报告制度要求的，根据其情节、后果等情况，监察委员会应当依法对相关单位和失职失责人员进行问责，对涉嫌职务违法犯罪的依法调查处理。

二、法院的审查内容

（一）家暴行为之识别

《反家庭暴力法》第二条规定："本法所称家庭暴力，是指家庭成员之间以殴打、捆绑、残害、限制人身自由以及经常性谩骂、恐吓等方式实施的身体、精神等侵害行为。”《未成年人保护法》第十七条第一款规定：“未成年人的父母或者其他监护人不得实施下列行为：（一）虐待、遗弃、非法送养未成年人或者对未成年人实施家庭暴力……”家暴行为一般表现为在家庭或准家庭成员之间。根据侵害方式的不同，家暴行为可分为两种：一是身体暴力，施暴者通过持续、经常性地殴打、体罚以及限制人身自由等行为，给受害人身心健康造成了严重影响，会导致其出现身体受损、心理扭曲、性格突变等情形，情节严重的甚至构成犯罪。施暴者在实施身体暴力过程中一般会对受害者造成身体、器官不同程度的损伤，通常也会留下明显的伤痕，易于识别。二是精神暴力，施暴者通过长期挖苦、言语羞辱的作为方式以及冷淡、疏远、漠视和放任等不作为方式，给对方带来精神创伤。具体包括长期言语谩骂、恐吓，经常孤立、冷落和经济上控制等行为，从行为结果看一般会使对方长期遭受精神和心灵伤害，甚至造成对方产生精神障碍或者疾病。

当厘清了家暴行为的两种基本形式，如何在实务中对家暴行为予以认定，笔者认为应注意以下几点：一是单次暴力行为的伤害程度，不能因仅实施一次行为而否定家暴的存在。在认定某行为是否构成“家暴”时，可以该行为所导致的伤害结果是否已达轻微伤作为衡量标准。二是实施行为的发生频次，如未达到轻微伤标准，则需考察暴力实施的频次①，即多次实施行为均未达到轻微伤标准，但施暴次数累计叠加一定数量，亦可能符合家暴标准。因家暴行为一般具有持续性和经常性特征，故而在考量时可将家暴行为“反复性”和“周期性”特征作为其构成要件予以考量。三是考量家暴行为是否具有侵害性，即重点关注施暴者是否实施了侵犯受害者身体或者精神方面的暴力行为。家暴行为的目的是一种对自身负面情绪的发泄，一般表现为将长期积聚的负面情绪以暴力的形式向未成年人进行发泄，抑或施暴者由于其自身童年时期的受暴经历影响了其对子女的教育方式。该行为无法对子女的教育形成积极引导作用，反而会使子女产生生理与心理上的不良影响。

---

① 张维娟、王卉、陈蒙：《家庭暴力情节司法认定规则研究》，载《山东审判》第38卷。

（二）法院的审查与认定

实践中，受害方大都处于弱势地位，且法律意识和证据意识普遍不足，在遭受家暴时一般不知道及时保留证据，缺乏收集证据的意识，也就未留存相应的证据，使“家暴事实”无法予以认定。而家暴事实的认定正是申请人能否申请到人身安全保护令的关键所在。

1. 当事人举证“难”

受家庭暴力的隐蔽性特征，以及“家丑不可外扬”等观念的影响，受害者一般不愿意让外人知晓，同时家庭暴力发生于当事人的私密空间，外人难以知晓。在申请人无法证明伤情系施暴者所为时，使“家暴行为”举证陷入窘境，影响了家暴事实的认定。另外，精神暴力等隐形暴力一般不会对受害方形成明显外伤，在受害方不积极举证的情况下，也加剧了家暴事实证明的困难。

家庭暴力不仅会危及受害方的人身安全，还将导致家庭关系的破裂。从该层面而言，家庭暴力不是“私事”，更关乎整个家庭、道德伦理乃至社会的和谐，带有强烈的公益色彩。鉴于家暴事实难以认定之困境，在申请人已完成初步证明，但无法凭借自身收集其他证据，同时有明确取证方向时，此时法院应更多地承担起取证职责，采取多种方式帮助受害人更好地取得证据，以保障其合法权益。

2. 证据的审查和判断标准

根据《反家庭暴力法》第二十七条的规定，申请人身安全保护令需提供能够证明“有遭受家庭暴力或者面临家庭暴力现实危险”的证据。审判实践中，申请人向法院申请人身安全保护令应提交哪些证据？笔者认为，申请人所提交的证据需达到其已遭受家庭暴力或有面临家庭暴力现实危险的证明标准。具体来说，证据包括但不限于施暴过程的照片或者视频、伤情照片、报警记录、医院诊断证明、证人证言、社会机构的相关记录或证明、加害人保证书、带有危险内容的通信聊天记录等。同时法院可结合实施暴力所采取的方式、受害者的受伤部位和受伤程度、施暴者施暴时的主观动机、申请人与被申请人的情感现状、纠纷产生原因，以及被申请人的品格证据①等进行综合考量。

申请人身安全保护令不同于一般的民事诉讼，其本质上属于非讼程序，且保护令的签发旨在及时有效给予申请人必要的保护，加之家暴认定难的现实困境，因此人身安全保护令要求有面临家庭暴力的可能性即可申请，故而没必要使用“高度盖然性”的证明标准，法官可借助生活经验、客观事实进行推断，即在申请人所提交的证据能够让法官对初步证据进行审查的基础之上，运用经验法则进行判断。此外，如何对因果关系成立进行推定，因家暴行为多发生于家庭成员之间，具有一定的隐蔽性，且不易被外人所察觉，因而在受害方提供的证据初步证明受侵害事实及伤害后果并指认对方所为时，举证责任相应随之转移。若对方否认侵害由其所为但无反证时，可以推定其为加害人，由此可认定家庭暴力存在。

本案中的受害人陈乙在遭受家暴后，其母亲及时向公安机关寻求帮助，并通过拍摄受伤照片等方式留存了陈乙遭受家庭暴力的证据材料，足以证明受害方遭受过暴力，再结合报警记录、受伤照片、受害方陈乙的陈述等证据，可推知事发当日陈甲与陈乙发生过争吵，陈乙的母亲在发现陈乙伤痕后报警处理，根据逻辑推理以及经验法则内心确信陈甲存在家暴行为并可能存在对陈乙及其近亲属家暴的现实危险，故签发人身安全保护令，在合理限度范围内保护受害方陈乙的合法权益。

三、具体执行等其他问题

通常情况下，人民法院在受理申请后72小时内作出人身安全保护令或者驳回申请，情况紧急时应在24小时内作出。向家暴受害者签发人身安全保护令也是当前人民法院依法适度干预家庭暴力的有效做法之一。

同时，为强化人身安全保护令的落地执行，人民法院在作出人身安全保护令后应依法送达申请人与被申请人（施暴者）以及公安机关、居民委员会、村民委员会、妇女联合会、学校等组织或机构。上述机构在收到法院裁定后会采取相应的措施对申请人予以保护，并对被申请人的行为予以监督。根据《意

① 品格证据是指证明当事人的品格是什么样或者品格具有什么样特征的证据。

见》第十六条、第十七条、第十八条的规定，上述组织或机构会对人民法院予以协助执行，并对被申请人违反保护令的情况及时通报给人民法院，让保护令能够得到充分的执行。

具体到本案中，人民法院向学校德育科送达保护令的第一时间与申请人陈乙的班主任进行了沟通，由学校对申请人进行心理疏导，并明确了学校负有强制报告义务。同时告知陈乙的法定监护人郑某，如发现在保护期间被申请人有殴打、威胁受害者等行为，可采取报警等方式维护申请人陈乙的合法权益，公安机关亦可依照有关规定对被申请人进行行政处罚，构成犯罪的追究刑事责任。而法院也可依据相关规定，根据被申请人的情节轻重，对其进行罚款，严重者甚至可以对施暴者采取拘留措施。同时辖区派出所协同居委会定期了解申请人与被申请人的情况，并及时与法院做好沟通工作。

实务中，未成年人的其他监护人、近亲属或学校、公安机关、妇女联合会、居（村）民委员会、救助管理机构等职能部门都可对其提供帮助。通过法院不定期走访以及社区、辖区派出所、学校以及妇联等单位的反馈情况来看，被申请人陈甲在收到人身安全保护令后，已认识到自己不当的行为，并积极改正了自己的教育方式。

保护好未成年人是一项战略任务，事关长远。不仅需要法院充分发挥司法职能，为未成年人提供司法救助，依法惩治侵害未成年人身心健康的违法犯罪行为，更需要社会、政府、家庭、学校等各方面共同发力，积极履行各自职能，让孩子对家暴行为敢于说“不”，为未成年人的身心健康构筑起一道坚实有力的“保护墙”，为未成年人茁壮成长营造和谐稳定的环境。

编写人：湖北省荆州市沙市区人民法院　刘朔峰

57

婚姻关系已解除但共同生活的人可向法院申请人身安全保护令

——谢某玲等申请人身安全保护令案

【案件基本信息】

1. 裁判书字号

福建省晋江市人民法院（2021）闽0582民保令3号民事裁定书

2. 案由：申请人身安全保护令

3. 当事人

申请人：谢某玲、谢某锦、谢某鑫

被申请人：谢某

【基本案情】

谢某玲与谢某于2008年12月25日在晋江市民政局登记结婚，于2009年10月13日生育婚生子谢某锦、谢某鑫。谢某于2020年8月12日向本院提出离婚诉讼，本院于2020年9月21日作出（2020）闽0582民初10558号民事判决，判决不准予双方离婚。谢某于2021年4月29日再次起诉。经本院主持调解，双方达成调解协议，婚生子谢某鑫、谢某锦由谢某玲抚养教育，谢某支付抚养费。（2021）闽0582民初6698号民事调解书现已发生法律效力。

2021年6月29日，申请人谢某玲、谢某锦、谢某鑫向本院申请人身安全保护令。其三人诉称，双方经诉讼调解离婚，但双方未就离婚后的住所达成一致意见，谢某玲与两位婚生子尚居住于被申请人谢某的家中。离婚后谢某通过微信威胁谢某玲及两位婚生子谢某锦、谢某鑫要搬离原住址，否则就要强行清除谢某玲及两位婚生子的物品。因此，特申请法院出具人身安全保护令以限制谢某与谢某玲母子保持安全距离，保证谢某玲母子的人身安全。

被申请人谢某辩称，双方已经经法院调解离婚，婚生子谢某锦、谢某鑫的抚养权归谢某玲，故谢某玲、谢某锦、谢某鑫应搬离其居住的房屋。双方已经调解离婚，其行为不属于家庭暴力。

【案件焦点】

人民法院是否可以向婚姻关系已经解除的当事人开具人身安全保护令。

【法院裁判要旨】

福建省晋江市人民法院经审理认为：被申请人谢某于婚姻存续期间多次对申请人谢某玲进行家暴，2011 年 10 月 10 日，谢某殴打谢某玲致其头部、右肩、右手多处骨折受伤；2012 年 4 月 16 日经晋江市公安局鉴定谢某玲右肩部及右手损伤程度均达轻伤；2021 年 4 月 7 日，谢某因琐事与谢某玲吵架并用手掐住谢某玲，被晋江市公安局处以罚款 500 元；2021 年 5 月 6 日，谢某玲报警称被谢某殴打。上述谢某多次对谢某玲家暴的行为，以及离婚后继续存在要挟谢某玲母子搬离住处的行为，已经对申请人谢某玲母子的正常生活以及人身安全构成重大威胁。申请人谢某玲、谢某锦、谢某鑫确有遭受家庭暴力或者面临家庭暴力的现实危险，其申请符合《中华人民共和国反家庭暴力法》第二十七条规定的发出人身安全保护令的条件。

福建省晋江市人民法院依照《中华人民共和国反家庭暴力法》第二十七条之规定，作出如下裁定：

一、禁止被申请人谢某殴打、威胁申请人谢某玲、谢某锦、谢某鑫；

二、禁止被申请人谢某骚扰、接触申请人谢某玲、谢某锦、谢某鑫。

本裁定有效期为六个月，自送达之日起生效，送达后立即执行。

【法官后语】

人民法院是否可以向婚姻关系已经解除的当事人开具人身安全保护令？由

于立法规定的原则性和技术限制，实践中不好把握，存在较大争议。第一种观点认为，人身安全保护令旨在保护家庭暴力受害者及其子女和特定亲属的人身安全、确保婚姻案件诉讼程序正常进行，适用范围仅限于具有家庭成员关系的人。第二种观点认为，当事人在离婚后的一定时间内无论是否共同生活，仍可能继续面临被另一方暴力伤害的危险，应对“家庭暴力”做扩大解释，认定曾共同稳定生活过相当时间的人均符合申请主体资格。

笔者赞成第二种意见，理由如下：

1. 适当扩大人身安全保护令适用范围，更符合《中华人民共和国反家庭暴力法》（以下简称《反家庭暴力法》）的立法精神。《反家庭暴力法》第二条、第二十三条规定，家庭暴力是指家庭成员之间的侵害行为，当事人因遭受家庭暴力或者面临家庭暴力的现实危险，可以向人民法院申请人身安全保护令。从字面条文看，人身安全保护令申请人仅限于家庭成员。但《反家庭暴力法》在第三十七条规定：“家庭成员以外共同生活的人之间实施的暴力行为，参照本法规定执行。”可见，该法调整的不仅是家庭成员之间的暴力行为，还包括不属于家庭成员关系、但基于特殊的亲密关系或因法律规定而产生类似家庭成员之间的共同生活的人，如未婚同居、离婚不离家的前配偶等共同生活的人。但未共同生活的近亲属、分手后的情侣、前配偶等关系是否适用人身安全保护令问题，同样存在争议。在2022年3月3日最高人民法院会同全国妇联等七部门发布的《关于加强人身安全保护令制度贯彻实施的意见》中仍未明确人身安全保护令的适用范围。笔者认为，把人身安全保护令不限于婚姻存续期间的当事人是为了推进离婚诉讼顺利进行的一种强制措施，更符合法律保障家庭成员特别是妇女儿童权益的立法初衷。

2. 适当扩大人身安全保护令适用范围，更符合社会现实生活的发展需要。现实生活中，家庭暴力的发生往往具有一定的连续性。婚姻存续期间多次家庭暴力的当事人，在离婚后仍可能继续对曾经共同生活的人施以暴力，加害人在找不到受害人住所时，往往通过电话、短信、微信等方式威胁、恐吓、骚扰受害人及其亲属等，一旦加害人发现受害人，将有可能对受害人实施暴力行为，对受害人身心造成严重危害。所以不管是否居住在一起，前配偶及子女同样可能面临家暴的危险，因此广义地理解《反家庭暴力法》在第三十七条的“共同生活”既包括施暴时正共同生活，也包括施暴时未共同生活，认定曾共同生活过的人均符合申请主体资格，这样更符合复杂多样的社会现实生活的需要。

3. 适当扩大人身安全保护令的适用范围，更符合及时、全面保障妇女儿童权益的需要。由于家暴隐蔽性强、个别地区传统思想观念根深蒂固，妇女儿童缺乏取证意识。法律缺乏可操作性，是法院陷入家庭暴力认定困境的原因之一。我国很多省市针对人身安全保护令也专门制定了实施细则或指引，但效力层级低，很难对人身安全保护令的操作作出统一性和普遍性规范。各地做法不同，显然不利于妇女、儿童权益保护的全覆盖。因此，扩大人身安全保护令的适用范围，是预防和制止家庭暴力、维护受暴者权利、解决现行法律不足的迫切需要，能为司法人员保护家庭暴力受害者提供具体、明确的执行依据和规范标准，为受害者提供更加有力的保护。

本案中，法院根据申请人谢某玲及两婚生子的申请及时开具人身安全保护令，及时有效地保障了“离婚不离家”的谢某玲及两婚生子的人身安全，取得了良好的法律效果和社会效果。

编写人：福建省晋江市人民法院　杨燕萍

ISBN 978-7-5216-3271-2

9 787521 632712 >

图书在版编目（CIP）数据

中国法院2023年度案例．婚姻家庭与继承纠纷／国家法官学院，最高人民法院司法案例研究院编．—北京：中国法制出版社，2023.5

ISBN 978-7-5216-3271-2

Ⅰ.①中… Ⅱ.①国… ②最… Ⅲ.①婚姻家庭纠纷-案例-汇编-中国②继承法-民事纠纷-案例-汇编-中国 Ⅳ.①D920.5

中国国家版本馆CIP数据核字（2023）第026341号

策划编辑：李小草　韩璐玮（hanluwei666@163.com）

责任编辑：韩璐玮　　封面设计：李宁

中国法院2023年度案例．婚姻家庭与继承纠纷

ZHONGGUO FAYUAN 2023 NIANDU ANLI. HUNYIN JIATING YU JICHENG JIUFEN

编者/国家法官学院，最高人民法院司法案例研究院

经销/新华书店

印刷/三河市紫恒印装有限公司

开本/730毫米×1030毫米　16开　　印张/19.5　字数/235千

版次/2023年5月第1版　　2023年5月第1次印刷

中国法制出版社出版

书号 ISBN 978-7-5216-3271-2　　定价：78.00元

北京市西城区西便门西里甲16号西便门办公区

邮政编码：100053　　传真：010-63141600

网址：http：//www.zgfzs.com　　**编辑部电话：010-63141790**

市场营销部电话：010-63141612　　**印务部电话：010-63141606**

（如有印装质量问题，请与本社印务部联系。）